体育院校通用教材

举重运动教程

杨世勇　主编

人民体育出版社

图书在版编目（CIP）数据

举重运动教程 / 杨世勇主编. -- 北京：人民体育出版社，2013（2022.8重印）
体育院校通用教材
ISBN 978-7-5009-4519-2

Ⅰ.①举… Ⅱ.①杨… Ⅲ.①举重—高等学校—教材 Ⅳ.①G884

中国版本图书馆CIP数据核字(2013)第193517号

*

人民体育出版社出版发行
北京中献拓方科技发展有限公司印刷
新 华 书 店 经 销

*

787×960 16开本 20.5印张 361千字
2013年12月第1版 2022年8月第3次印刷
印数：3,001—3,100册

*

ISBN 978-7-5009-4519-2
定价：65.00元

社址：北京市东城区体育馆路8号（天坛公园东门）
电话：67151482（发行部） 邮编：100061
传真：67151483 邮购：67118491
网址：www.psphpress.com
（购买本社图书，如遇有缺损页可与邮购部联系）

《举重运动教程》编委会

主编 杨世勇

编委 杨世勇　　谢　勇　　张　婕　　熊维志

　　　　龙望春　　张　琦　　黄明强　　覃宪勋

　　　　林振敢　　杨棠勋　　谢　莉　　左　灿

　　　　李靖文　　张　平

前 言

《举重运动教程》是根据全国体育院校教材建设的总体目标，即逐步建立适应培养社会主义现代化建设者和接班人，面向未来、能反映当代体育科学技术水平，具有中国特色的体育教育教材体系的精神组织编写的，编写时我们力求做到以下几点：

一、需要性：社会需要是科学发展的根本动力，教材建设也只有适应社会需要才能与时俱进，促进事业发展。从20世纪60年代开始至80年代，全国体育学院教材委员会曾多次组织编写，并由人民体育出版社于1961年、1978年和1985年先后出版了不同版本的体育院系通用教材《举重》，极大地促进了举重运动的发展和专业人才的培养。但是人的认识总是阶段性的，实践的无限性决定了人的认识的无限性。特别是进入21世纪以后，世界举重运动迅速发展，新理论、新知识不断涌现，因此在总结前人成果的基础上，广泛吸收最新理论与实践成果，编写适应时代需要的新教材已成为举重运动教学和训练的迫切需要。

二、科学性：既有充分的事实根据又有充分的理论依据，以科学事实和科学理论为前提。在教材编写过程中我们力求做到：在继承前人成果的基础上，把举重运动最先进、最新颖的研究成果吸纳进教材，体现出时代特色；同时又充分考虑教材内容对培养学生素质和能力、适应社会需要等方面的作用。

三、应用性：理论来源于实践，同时也要促进实践的发展并接受实践的检验。近20年来，在实践领域，举重技术、战术水平得到迅速提高；在理论方面，对举重运动的研究与认识亦达到了新的水平。因此，努力将这些成果引入到教材中是我们义不容辞的责任。在教材编写中，我们力求处理好知识的先进性与教材稳定性的关系；处理好体育院校举重普修、选修学生应掌握的基本知识、基本技术、基本技能与专修学生和举重教练员、运动员应具备的多种专项举重技能的关系；处理好举重课教学与力量训练课内容的关系，使之兼容并蓄，具有较广泛的应用性。

四、完整性和可操作性：本教材内容包括举重运动概述，举重竞赛技术，力量训练理论与方法，举重教学，举重训练，举重竞赛，举重技术规则与竞赛的组织，以及附录部分的举坛人物简介、举重专业英语摘要等，使之成为一本系统、完整的教材。同时，教材中也增加了一些相关实例，注重了层次性，使其达到在满足体育院校举重和力量训练课教学需要的同时，也能供举重教练员、运动员、裁判员、管理人员以及有关项目力量训练运用和参考。

本教材由成都体育学院组织编写，杨世勇教授主编。编写者除成都体育学院熊维志、龙望春、覃宪勋、谢莉、左灿、张平以外，特邀北京体育大学谢勇，上海体育学院张琦、林振敢，广州体育学院黄明强，遵义医学院体育部张婕，电子科技大学杨棠勋和西南大学体育学院李靖文参与了编写工作。全书框架由杨世勇提出并做了最后的统稿工作。各章节的编写如下：

第一章，杨世勇；第二章，杨世勇、张婕；第三章，杨世勇（第一、二、五节），杨世勇、张婕、谢莉（第三、四节）；第四章，张婕、杨世勇（第一、三节），熊维志（第二节），张琦（第四、五节）；第五章，谢勇（第一、九节），杨棠勋（第二节），林振敢（第三节），张平、林振敢（第四节），龙望春、杨世勇（第五节），杨世勇、左灿（第六节），覃宪勋、杨世勇（第七节），左灿（第八节）；第六章，杨世勇、张婕（第一、二节），黄明强（第三、四、五节）；第七章，杨世勇、熊维志、李靖文；附录，杨世勇、张婕。

本教材采用了奥运会冠军中国选手石智勇的抓举技术图片和白俄罗斯选手库尔洛维奇的挺举技术图片；成都体育学院运动系学生吴鹏、游凡凌、高兰、钱书贤分别做了部分技术动作示范，在此特做说明并致谢意。

在编写过程中，我们还参考了大量相关著作和教材，在此也向作品作者深致谢意。

对教材中存在的不足，诚请读者指正。

《举重》教材编写组

2013 年 10 月 7 日

目 录

第一章 举重运动概述 (1)

第一节 举重运动的定义、特点与价值 (1)
一、举重运动的定义 (1)
二、举重运动的特点 (3)
三、举重运动的价值 (4)

第二节 国际举重运动 (5)
一、举重运动的起源、传播与发展 (5)
二、国际举重联合会 (11)
三、亚洲举重联合会 (13)

第三节 中国举重运动 (13)
一、古代举重 (13)
二、近代举重 (16)
三、当代举重 (17)

第四节 举重运动的现状与发展趋势 (21)
一、举重运动的现状 (21)
二、举重运动的发展趋势 (22)

第二章 举重竞赛技术 (25)

第一节 竞赛动作的技术原则 (25)
一、近 (26)
二、快 (29)
三、短 (30)
四、稳 (31)
五、协调性 (32)

第二节 抓举技术分析 (33)
一、预备姿势 (34)
二、提铃 (38)
三、发力 (40)
四、下蹲支撑与起立 (41)
五、放下杠铃与呼吸方法 (43)

第三节 挺举技术分析 (43)
一、提铃至胸 (45)
二、上挺 (48)

第三章 力量训练理论与方法 (56)

第一节 力量素质概述 (56)
一、力量的定义与分类 (57)
二、力的力学特点 (61)
三、力量发展的敏感期 (62)
四、影响力量提高的因素 (63)
五、肌肉工作的基本形式 (67)
六、力量训练的要求 (68)

第二节 力量训练的方法 (71)
一、最大力量的训练 (73)
二、速度力量（快速力量）的训练 (80)
三、力量耐力的训练 (84)
四、各种收缩方式力量练习效果的评价 (88)

第三节 发展举重专项力量的技术 (91)
一、抓举力量训练技术 (91)
二、挺举力量训练技术 (94)
三、上拉力量训练技术 (99)
四、腿部力量训练技术 (101)
五、上推类力量训练技术 (102)
六、支撑类力量训练技术 (104)

第四节 发展一般力量的技术 (107)
一、发展上肢力量的技术 (107)

二、发展躯干力量的技术 …………………………………… (113)
　　三、发展下肢力量的技术 …………………………………… (123)
　　四、发展全身力量的技术 …………………………………… (126)
　第五节　核心力量训练 ……………………………………… (127)
　　一、核心力量概述 …………………………………………… (127)
　　二、核心力量的作用 ………………………………………… (128)
　　三、核心力量的训练方法 …………………………………… (130)
　　四、核心力量训练的安排及注意事项 ……………………… (139)

第四章　举重教学 …………………………………………… (141)

　第一节　举重教学概述 ……………………………………… (141)
　　一、举重教学的任务与内容 ………………………………… (142)
　　二、举重教学的特点与要求 ………………………………… (143)
　第二节　举重教学的方法 …………………………………… (145)
　　一、竞赛动作与辅助动作教法 ……………………………… (145)
　　二、保护与帮助方法 ………………………………………… (151)
　　三、举重教学常用方法介绍 ………………………………… (153)
　第三节　举重教学的实施 …………………………………… (160)
　　一、举重教学工作计划的制定 ……………………………… (160)
　　二、举重教学工作的组织与实施 …………………………… (166)
　　三、举重教学的检查与评定 ………………………………… (169)
　第四节　举重技术诊断 ……………………………………… (170)
　　一、技术诊断的意义与任务 ………………………………… (170)
　　二、技术诊断的常用方法 …………………………………… (171)
　　三、技术诊断标准 …………………………………………… (172)
　第五节　错误动作的纠正 …………………………………… (177)
　　一、产生错误动作的原因 …………………………………… (177)
　　二、纠正错误动作的方法 …………………………………… (178)
　　三、纠正错误动作的手段 …………………………………… (180)
　　四、纠正错误动作的要求 …………………………………… (180)

第五章　举重训练 (182)

第一节　举重训练概述 (182)
一、举重训练的任务 (183)
二、举重训练的内容 (183)
三、举重训练的原则 (184)

第二节　体能训练 (186)
一、身体形态训练 (186)
二、身体机能训练 (188)
三、运动素质训练 (190)

第三节　技术训练 (193)
一、技术训练内容及要求 (193)
二、技术泛化阶段 (195)
三、技术分化阶段 (196)
四、巩固技术阶段 (197)
五、自动化技术阶段 (198)

第四节　战术训练 (199)
一、战术的概念与分类 (199)
二、战术训练的要求 (200)
三、举重比赛的战术手段与战术方法 (201)

第五节　心理与智力训练 (205)
一、心理训练 (205)
二、智力训练 (209)

第六节　负荷量 (210)
一、举重负荷量的相关因素与指标 (211)
二、举重负荷量的统计方法 (214)
三、安排负荷量的要求 (215)
四、安排负荷量的方法 (216)

第七节　训练计划与训练日记 (217)
一、制定训练计划的要求 (217)
二、多年训练计划的制定 (218)
三、全年训练计划的制定 (221)

四、周期训练计划的制定 ……………………………………… (223)
　　五、周训练计划的制定 ………………………………………… (224)
　　六、课训练计划的制定 ………………………………………… (225)
　　七、训练日记的写作 …………………………………………… (230)
　第八节　儿童少年训练 …………………………………………… (232)
　　一、儿童少年训练的任务 ……………………………………… (232)
　　二、儿童少年训练的年龄分组 ………………………………… (233)
　　三、儿童少年训练应注意的问题 ……………………………… (233)
　　四、儿童少年训练计划示例 …………………………………… (234)
　第九节　女子举重训练 …………………………………………… (238)
　　一、体能训练 …………………………………………………… (239)
　　二、技术与心理训练 …………………………………………… (239)
　　三、经期训练与比赛 …………………………………………… (241)

第六章　举重竞赛 …………………………………………………… (243)

　第一节　举重竞赛概述 …………………………………………… (243)
　　一、举重竞赛的意义与任务 …………………………………… (243)
　　二、举重竞赛的特点 …………………………………………… (244)
　第二节　举重竞赛的制胜因素 …………………………………… (244)
　　一、突出的最大力量 …………………………………………… (245)
　　二、完善的技术 ………………………………………………… (245)
　　三、良好的心理素质 …………………………………………… (246)
　第三节　赛前准备工作 …………………………………………… (247)
　　一、赛前训练 …………………………………………………… (247)
　　二、确定参赛级别 ……………………………………………… (249)
　　三、制定开把重量 ……………………………………………… (249)
　　四、熟悉比赛环境 ……………………………………………… (251)
　第四节　比赛发挥 ………………………………………………… (252)
　　一、运动员自身竞技水平的发挥 ……………………………… (252)
　　二、教练员的临场指导 ………………………………………… (253)
　　三、比赛中的突发因素 ………………………………………… (254)

第五节　赛后总结与恢复训练 ·················· (256)
　　　一、赛后总结 ························· (256)
　　　二、恢复训练 ························· (257)

第七章　举重技术规则与竞赛的组织 ················ (262)
　　第一节　竞赛器材、场地及服装 ················· (262)
　　　一、竞赛器材 ························ (263)
　　　二、竞赛场地 ························ (264)
　　　三、竞赛服装与护具 ····················· (264)
　　第二节　竞赛动作规则 ····················· (265)
　　　一、抓举技术规则 ······················ (265)
　　　二、挺举技术规则 ······················ (266)
　　　三、两种举式通则 ······················ (266)
　　　四、犯规动作 ························ (267)
　　第三节　竞赛的组织 ······················ (268)
　　　一、竞赛的组织工作 ····················· (268)
　　　二、竞赛的进程 ······················· (275)
　　　三、竞赛的年龄分组和级别 ·················· (281)
　　　四、裁判员的职责 ······················ (283)
　　　五、竞赛裁判的设备 ····················· (290)

附录一　举坛人物简介 ······················· (295)

附录二　举重专业英语摘要 ····················· (303)

附录三　举重运动大事记 ······················ (307)

参考文献 ····························· (310)

第一章 举重运动概述

> **内容提要：**
> 举重是体育院校的专业课程之一，对于增强学生体质，发展力量，提高竞技能力有重要作用。本章主要介绍举重运动的定义、特点和价值；世界举重运动的起源、传播与发展；女子举重的兴起与发展；国际举重联合会、亚洲举重联合会；中国古代、近代、当代举重运动的发展历程及成就，举重运动的现状及发展趋势。学习本章内容有助于学生更好地掌握举重运动的基本理论，培养参与或从事举重运动实践的能力。

《举重运动教程》，是面向全国体育院校体育教育、运动训练、民族传统体育等专业学生学习的通用教材，同时也可作为基层业余体校举重班、有关举重运动队教学训练的参考用书。通过《举重运动教程》的学习，使学生掌握举重运动的基本理论、技术和技能，并能应用于指导举重教学、训练、竞赛和相关工作。

举重运动涉及多学科的知识。在学习本课程时，首先应学习和掌握举重运动的定义、特点和价值；世界、中国举重运动的发展历程及成就；举重运动的现状及发展趋势等，这对于科学地认识举重运动具有重要意义，这也是本章重点阐述的内容。

第一节 举重运动的定义、特点与价值

一、举重运动的定义

举重运动具有悠久的历史，是在人类社会生存生活、生产劳动、娱乐活动等

基础上逐渐产生和发展起来的，并与军事斗争和武艺的发展密切相关，是强身健体、发展力量、提高人体运动能力的重要手段。

百余年来，世界各国对举重运动的定义虽然有差异，但内容却基本相同，即举重运动包括举起重物等基本动作，并具有发展力量、强身健体的功能。

综合前人观点，可以表述为：举重运动（weightlifting）是通过多种方式和方法举起重物，以增强体质，特别是以发展力量为目的的运动项目。

在漫长的历史发展过程中，由于动作方式不断增多，竞赛活动日益发展，举重运动实际上分化成了以下3个相当独立的运动项目。

第一，竞技举重（weightlifting）：又称奥林匹克举重，统称举重。它是按体重分级，以抓举、挺举为竞赛手段，以举起的最大重量为成绩评定标准，以增强体质，特别是以发展身体力量为目的的竞技运动项目。从1896年第1届奥运会开始即成为正式比赛项目。领导竞技举重的世界性组织是1905年成立的国际举重联合会（International Weightlifting Federation，缩写IWF）。

第二，健美运动（bodybuilding）：1946年成立了国际健美联合会（International Federation Bodybuilding，缩写IFBB），并定期举行国际健美比赛。它主要使用与举重有关器械或组合练习器等，采用与举重有关的各种动作方式和方法进行训练，以肌肉发达程度、体型的健美和身体的各种造型表演为内容进行比赛。

第三，力量举重（Powerlifting）：是20世纪70年代初期从举重运动中分化出来的一个竞赛项目。1972年国际力量举重联合会（International Powerlifting Federation，缩写IPF）成立，1973年开始举行世界力量举重锦标赛。它以后深蹲、卧推、硬拉为比赛项目。

此外，把举重练习作为发展力量的手段，运用于其他项目运动员体能训练中，又发展和创造了一部分动作方式和方法，并逐渐形成了一部分相对集中的有关运动项目力量训练内容。

综上所述，广义的举重运动包括竞技举重、健美运动、力量举重3个运动竞赛项目和其他运动项目力量训练方法等4部分内容。

本教材主要论述竞技举重运动的内容，对有关项目发展力量的方法做适当介绍，对健美运动、力量举重不在此阐述。

举重动作方式多种多样，发展至今已不下百余种，但基本分为竞赛动作（抓举、挺举）和辅助动作两类。举重器械包括标准杠铃、普通杠铃、哑铃、壶铃、石担、石锁、组合力量练习器等。练习举重的目的是发展力量、增强体质。生产劳动中的搬运重物不在举重之列。

总之，举重是一项极有价值的体育运动，是其他运动项目发展力量的有效方法，是历届奥运会的竞赛项目，也是我国体育院校的教学课程。

二、举重运动的特点

第一，负重练习。练习举重时人体要负担重量，并且不断增加，甚至达到最大负荷，这是举重运动的基本特点。由于经常进行最大负荷的练习，在用力方式上表现出最短时间内最大用力的特性；在技术上以"近""快""低""稳""协调性"为技术原则，表现出节省化现象（因为只有技术上省力才能举得更重），所以中枢神经系统机能变得强而集中，骨骼肌的化学成分也会发生相应的变化，如收缩蛋白含量增加等，同时肌纤维增粗，肌肉体积增大；而在呼吸方面则表现出了最大用力时憋气用力的特征。由于负重练习，训练后不管是骨骼肌还是中枢神经系统，都会出现比较深度的疲劳，因此要注意消除疲劳。

第二，按年龄、性别分组，按体重分级进行比赛。力量来源于肌肉，肌肉占体重的百分比越大，力量也越大。人生主要年龄阶段肌肉重量占体重百分比分别为：出生时为16.6%，3岁时为21%，6岁时为21.7%，8岁时为27%，12岁时为29%，15岁时接近33.3%。一般成年男子肌肉重量约占体重的43.5%，女子占35%。可见少年、青年的力量比成年人小，女子的力量比男子小。因此，举重按年龄分为13~17岁的少年组，18~20岁的青年组，20岁以上的成年组；按体重将男子分为8个级别，女子分为7个级别，以体现合理性、公平性。

此外，人的力量大小与体重有密切关系。力量是肌肉收缩和舒张时表现出来的克服阻力的能力。一般来说，肌肉越发达，力量就越大。随着体重的增加，肌肉的绝对重量也增加。例如50千克体重的男子，肌肉重达21~22千克，而100千克的男子，肌肉则重达43~44千克。所以体重越重，肌肉也越重，肌肉越发达，力量也就越大。而按体重分级，可以使体重大致相近、肌肉重量也大致相近的人在一起比赛，更加合理。

第三，对场地、器材、设备要求的灵活性较大。重大国际、国内比赛对场地器材设备要求较高，规定必须有举重台、电子裁判灯光系统、计时钟、电子显示屏、投影仪、准备活动区、称量体重室、兴奋剂检查室等才能进行比赛。而一般性的小范围举重比赛，只要有4米见方的木质举重台或者4米见方的平坦地面，有标准杠铃，有一块小黑板就可以进行比赛了。而作为大众性的举重活动，只要有普通杠铃，或用铁管穿上废齿轮，以及使用石担、石锁、哑铃等器材或健身器材就可以进行锻炼。

三、举重运动的价值

第一，促进人体健壮，增进身体健康，发展力量。经常练习举重，能有效地增强骨骼、肌肉、肌腱和韧带等运动器官功能，提高内脏器官及心血管系统和呼吸系统的机能；同时中枢神经系统的机能也在运动中得到了相应的改善。在发展身体素质方面，特别能有效地提高力量素质。这些都提高了机体对外界环境的适应能力和对疾病的抵抗能力，从而增进健康，增强体质，提高了工作能力。

第二，提高心理素质，培养意志品质。举重训练需要长期坚持，持之以恒；需要克服困难，迎难而上，这就需要一定的毅力。运动员在一次训练课中需要反复举起负荷很大的重量，这种重量有时要超过自身体重的一倍甚至两倍以上。运动员的一次训练课，要举起几千甚至上万千克的重量，而且要终年不懈，持之以恒。这些都可以培养勇敢、顽强、坚毅、果断、不怕艰苦和勇于克服困难的意志品质。

第三，掌握基本劳动技能，提高身体的基本活动能力。长期进行举重锻炼可使人体各部位力量显著提高，人体机能显著改善，从而掌握提、举、负、运重物的基本劳动技能并提高身体活动能力。

第四，具有一定的医疗体育价值。杠铃、哑铃等力量练习器材和发展核心力量的有关举重练习方法和手段，已经成为医疗和康复体育的一个重要手段，被用来帮助病人增强因创伤而消退了的肌肉力量，或者恢复肢体的功能，对因疾病、创伤或先天的肢体残疾，也有显著的疗效。

第二节　国际举重运动

一、举重运动的起源、传播与发展

(一) 举重运动的起源

原始社会初期，人们为了猎取食物和防止猛兽的侵害，不得不搬起或举起很重的东西，或者拿起有一定长度和一定重量的木棍进行自卫。为了有足够的力量，人类的祖先经常用举重物来增强体质、发展力量和锻炼勇气，这就是最初的举重。

早在 2500 多年前的古希腊就已经有了举重的记载。如能举起牛的传奇大力士米隆，以及古希腊神话中的大力神赫拉克列斯。希腊人最早利用专门器械来发展力量，增强体质，这种器械称为"哈特利斯"（Halteres），用来锻炼和测验人的体力。在雅典（公元前 8 世纪—2 世纪）的运动场边曾有一个圆铁球，只有能举起这个铁球的人才有资格参加运动比赛。

罗马人在木棍的两头扎上石块来锻炼臂力。在希腊和古埃及的雕塑中，都可以看到身材魁梧、肌肉发达，持粗大圆木棒或其他物体的力士雕像。

在古代苏格兰，举起重物以显示力量的活动也很盛行。具体做法是将 100 千克重的石头从地上提起来，然后放在 1.2 米以上的高台上，凡是能做到的人，便有权戴高帽子，这是代表成年的象征。16 世纪末叶，英国的约翰·诺尔特布鲁克还建议青年人用金属的重物进行举重练习，以增强力量。

在德国、西班牙、法国的一些地区，举石头也是一种很普及的比试力量的运动项目。在德国慕尼黑的阿普特科赫夫古堡中有一块测验人的力量的著名大石，重 400 磅（约 181.4 千克）。1490 年的碑文上刻着："巴伐利亚的杜·克里斯托夫举起了这块石头，并抛了出去。"法国和西班牙巴斯克地区盛行的举石活动称"伊沙轮"（Easarone）。这种石头形似圆辊，两端有抠手或把柄。比赛时，看谁举得重或举的次数多，获胜者还能得到大笔金钱。巴斯克人创造的纪录很高，曾有一位名叫阿圭里的大力士，能将200千克的大石从地面提至肩上。

（二）举重运动的传播

竞技举重始于17世纪末至18世纪初，最初盛行于欧洲。当时在欧洲许多国家如法国、英国、瑞士、德国、奥地利等，已经开展了举杠铃和哑铃的举重活动。与举重有关的大力士比赛1825年就开始在巴黎出现，在伦敦和布鲁塞尔始于1840年，在纽约始于1868年，在华沙始于1873年，在维也纳和波士顿始于1880年，在彼得堡始于1885年，在慕尼黑始于1895年……

19世纪在伦敦的一些音乐厅和马戏团里，经常有大力士表演各种举杠铃的动作，以及显示肌肉力量的健美表演。19世纪著名的大力士是德国的欧根·先道，被人称为"世界健美之父"。他身高1.74米，全身肌肉发达，力量惊人。可以把269磅（约合121千克）的杠铃，从肩部推至头上，并双臂伸直。当时，德国的萨逊、加拿大的路易士·赛、美国的诺奎士、爱沙尼亚的赫根斯密、俄罗斯的萨姆逊等大力士都具有超人的力量。

表现出非凡力量的也有女子，如美国的杰·波莱特夫人（1869—1923）、德国的凯蒂·桑德维娜（1884—1952）、比利时的阿特雷娜等。有资料记载，1911年，桑德维娜曾将重约130千克的圆球杠铃举过头顶[1]。

当时的举重具有表演性质，以后随着举重表演活动不断增多，逐渐推广发展为竞赛。

（三）举重运动的发展

19世纪80年代初期，首先在英国随后在美国，人们开始致力组织国际性的举重竞赛活动。

1882年1月19日，英国的《体育生活》杂志编辑部在伦敦的"尔奎尔里恩"剧场组织了一次"世界举重冠军赛"，加拿大的卢斯·希里获得冠军。

1883年，来自美国、德国、瑞士、奥地利和澳大利亚的15位大力士在美国纽约展开了争夺世界冠军称号的竞赛。结果美国人戴维·肯尼迪摘得桂冠。

1891年3月28日，首届世界举重锦标赛在伦敦的莫尼克咖啡馆举行，英国人罗托斯·利维获得冠军。

1. 竞赛方式和体重级别的演变

从第 1 届奥运会到 20 世纪 70 年代，举重比赛的级别和竞赛方式都有很大的变化，这些变化是随着国际举重运动的发展而逐渐演变的，并对训练、竞赛及其发展有深远影响。

1896 年 4 月 6 — 15 日，在希腊雅典举行了首届奥运会。举重被列为 9 个正式比赛项目之一，不分体重级别。比赛只设单手举和双手举（实质上是挺举）。英国人劳·埃利奥特举起 71 千克获得单手举冠军；丹麦人维·琼森举起 111.5 千克获得双手举冠军。

1899 年 4 月 4 — 5 日，第 3 届世界举重锦标赛在意大利米兰举行，有 3 个国家的 5 名选手参赛，并第一次采用双手推举、双手抓举、双手挺举的 3 项动作比赛。德国的安尼塞分别以 145 千克、116.5 千克、160.7 千克获得双手推举、双手抓举、双手挺举冠军。安尼塞体重仅 85 千克，上述成绩在当时是相当惊人的。

从 1891 年的第 1 届世界锦标赛和 1896 年的第 1 届奥运会开始，到 1920 年止，国际举重比赛分别沿着奥运会和世界锦标赛两条线进行。世界锦标赛非常频繁，有时一年举行两次，1898—1913 年共举行了 16 届世界锦标赛，然而却没有一个正规、系统的竞赛规程可遵循，竞赛动作和体重分级很不稳定，举重器材也不规范，又经常和大力士表演结合在一起。当时的比赛动作有推举、抓举、挺举、侧举、弯身举、平举、分手举、大陆式举等，并有单手举、双手举之分。比赛时不仅比举起的重量，有时也用固定重量比连续举起的次数，参加比赛的人数也有限。1900 年、1908 年、1912 年的第 2、4、5 届奥运会，均因参赛运动员少而没有举行举重比赛。1904 年在美国圣路易举行的第 3 届奥运会上进行了举重比赛，竞赛动作还是单手举、双手举[2]。

1905 年 6 月 10 日，国际举重联合会在德国杜伊斯堡成立。同年在柏林举行的第 6 届世界举重锦标赛上，第一次按体重分为 3 个级别，即轻量级（体重不超过 70 千克）、中量级（体重 70 ~ 80 千克）、重量级（体重 80 千克以上）。比赛举法有左手抓举、右手抓举、双手推举、双手挺举 4 种。按体重分级比赛有利于体现公平和合理性，也有利于更多的人参与竞赛。

1910 年在法兰克福举行的体育游戏展览会上，首次展出了片杠铃（又称贝格杠铃）。片杠铃的使用，是世界举重发展史上的一个里程碑。

1910 年 6 月，在德国杜塞尔多夫举行的世界举重锦标赛上，增加了次轻量级（60 千克级）。

1920年在比利时安特卫普举行的第 7 届奥运会上，竞赛动作改为单手抓举、单手挺举、双手挺举，并重新划分了体重级别，增加了轻重量级，使体重级别达到了 5 级，即次轻量级（60 千克级）、轻量级（67.5 千克级）、中量级（75 千克级）、轻重量级（82.5 千克级）、重量级（+82.5 千克级），并且在世界比赛中稳定了 26 年。同年在维也纳举行的第 20 届世界举重锦标赛上，产生了以队为单位的团体比赛。

1922 年 4 月在爱沙尼亚塔林举行的第 21 届世界举重锦标赛，竞赛动作改为单手抓举、单手挺举、双手推举、双手抓举、双手挺举 5 项。

1923 年在维也纳举行的世界举重锦标赛上，取消了双手抓举，竞赛动作又改为 4 项。

1924 年在巴黎举行的第 8 届奥运会举重比赛，又恢复到 1922 年采用的 5 种比赛动作。

1928 年在阿姆斯特丹举行的第 9 届奥运会上，竞赛动作改为双手推举、双手抓举、双手挺举，并一直沿用到 1972 年。

1920—1946 年，体重级别一直稳定在 5 级。其中 1939—1945 年，因第二次世界大战没有比赛。

1947 年在美国举行的世界举重锦标赛上，增加了最轻量级（56 千克级）。1951 年在意大利米兰举行的世界举重锦标赛上，又增加了次重量级（90 千克级），同时重量级的体重也改为 90 千克以上，使级别增加到 7 级。在此期间，举重技术也发生了巨大变革，优越的下蹲式逐步取代了箭步式，促进了成绩的提高[3]。

1969 年于华沙举行的世界举重锦标赛，增加了次最轻量级（52 千克级）和特重量级（+110 千克级），同时重量级的体重限度也改为 90~110 千克，使体重级别增加到了 9 级。从这届世界锦标赛开始，对单项比赛（当时为推举、抓举、挺举，1972 年以后为抓举、挺举）的优胜者也授奖。

1973 年国际举联取消了推举比赛，使竞赛动作只有双手抓举、双手挺举两个速度力量性动作。

1977 年增加了 100 千克级，使体重级别增加到了 10 级，并以各体重级别的最高限度作为级别名称，分为 52、56、60、67.5、75、82.5、90、100、110、+110 千克级。

为了使体重分级更加合理，1993 年国际举重联合会将男子级别改为 54、59、64、70、76、83、91、99、108、+108 千克级。1998 年再将男子举重由 10 个级别压缩为 8 个级别，即 56、62、69、77、85、94、105、+105 千克级。

2. 女子举重的发展

20 世纪 40 年代，美国开始举办女子举重比赛。20 世纪 70 年代后期，美国、加拿大、法国、英国、澳大利亚等国开始组织国际比赛。

随着女子举重的发展，国际举联于 1984 年将女子举重正式列入比赛项目，并制定了 9 个级别标准，即 44、48、52、56、60、67.5、75、82.5、+82.5 千克级。同年在美国举行了第 1 届世界女子举重通讯比赛，有 12 个国家参加。

1986 年 3 月 23 日，在布达佩斯举行了首届国际举联女子举重邀请赛，有 5 个国家的 12 名运动员参加。

1987 年，在美国佛罗里达州举行了第 1 届世界女子举重锦标赛。有 22 个国家的 99 名运动员参加。中国队获 8 个级别的 22 枚金牌，并获团体冠军。

1993 年国际举联将女子体重级别改为 46、50、54、59、64、70、76、83、+83 千克级。1998 年由 9 个级别压缩为 7 个级别，即 48、53、58、63、69、75、+75 千克级。2000 年女子举重成为奥运会比赛项目。

2000—2012 年，在奥运会女子举重比赛中，中国运动员共获 14 枚金牌，占国际奥委会颁发女子举重金牌的二分之一，创造了辉煌成就。

1987—2012 年，除奥运会年外，国际举联共举行了 22 届世界女子举重锦标赛。其中，中国队荣获 21 次团体冠军。

3. 举重成绩的提高

随着举重竞赛方式的变革、级别的变化、器材的改进及竞赛规则的不断完善，参加世界举重锦标赛和奥运会举重比赛的国家和运动员不断增加，国际举重联合会的会员协会不断增多，举重训练先后从自然发展阶段、新技术阶段、大运动量阶段逐渐进入多学科综合利用即科学训练阶段，举重成绩不断提高。

例如，1896 年第 1 届奥运会不分体重级别，双手举（相当于挺举）冠军丹麦选手琼森的成绩只有 111.5 千克，到 1988 年 11 月 26 日，男子+110 千克级挺举世界纪录提高到 266 千克（由苏联塔拉年科创造）。1919 年重量级（+82.5 千克级）的抓举世界纪录为 110 千克，到 1987 年 9 月 13 日，+110 千克级抓举世界纪录提高到 216 千克（由保加利亚克拉斯特夫创造）[4]253。1998 年规定新的体重级别后，男子+105 千克级总成绩世界纪录已经提高到 472（212+260）千克（伊朗雷扎扎德创造），女子+75 千克级总成绩世界纪录提高到 333（146+187）千克（由中国周露露创造）。

在世界举重发展的历史上，涌现出了许多具有代表性的著名男子举重运动员。如 20 世纪 50 年代美国的科诺、安德森，70 年代苏联的阿列克谢耶夫（图 1-1）、里格尔特、瓦尔达尼扬，80 年代保加利亚的鲁谢夫，90 年代至 21 世纪初土耳其的苏莱曼诺尔古、穆特鲁，希腊的迪马斯、卡基亚什维利斯，中国的占旭刚等。其中，苏联的阿列克谢耶夫曾先后 82 次打破世界纪录，于 1972 年 4 月 15 日创造了+110 千克级 3 项总成绩 645（推举 235+抓举 172.5+挺举 237.5）千克的世界纪录；1977 年创造了+110 千克级两项总成绩 445（抓举 187.5+挺举 257.5）千克的世界纪录，并获 1972 年、1976 年奥运会冠军。土耳其的苏莱曼诺尔古曾先后 40 余次打破世界纪录，获世界举重大赛金牌 48 枚，荣获 1988、1992、1996 年奥运会冠军，并在 1988 年创造了 60 千克级 342.5（152.5+190）千克的世界纪录。

图 1-1　82 次打破举重世界纪录的阿列克谢耶夫

在女子举重发展的历史上，中国、美国、保加利亚、泰国、俄罗斯、朝鲜、哈萨克斯坦都曾涌现过许多优秀运动员。中国运动员陈艳青（58 千克级，图 1-2）、刘春红（69 千克级，图 1-3）都曾先后近 30 次打破世界纪录，连续夺得 2004 年、2008 年奥运会冠军。

图 1-2　两届奥运会女子举重冠军陈艳青

图 1-3　两届奥运会女子举重冠军刘春红

二、国际举重联合会

(一) 国际举重联合会的成立

19 世纪末 20 世纪初,由于许多欧洲国家,如德国、法国、奥地利等都先后成立了举重运动协会,国际间的比赛增多,形势发展迫切需要成立一个世界性的举重组织。1905 年 6 月 10 日,荷兰、意大利、奥地利、瑞士、丹麦、德国 6 个国家在德国的杜伊斯堡共同创立了国际举重联合会,即 International Weightlifting Federation. 简称 IWF[1]。总部设在匈牙利布达佩斯。

国际举联的宗旨是:促进世界举重运动发展,加强各成员协会间的合作与友好联系,管理和协调世界范围的国际举重比赛等。

截至 2013 年 6 月底,国际举联会员协会已增加到 189 个,成为会员协会最多的国际单项体育组织之一。

国际举重联合会成立至今,有 7 人(匈牙利人塔特科斯、法国人罗塞、荷兰人约翰尼斯、美国人俄特曼恩、芬兰人布鲁罗、美国人约翰逊、奥地利人肖德尔)担任过主席;有 7 人(匈牙利人克萨拉迪、法国人约塞夫、法国人安德雷、法国人欧根、英国人斯泰特、匈牙利人阿让、希腊人扬尼斯)担任过秘书长。国际举联现任主席是匈牙利人阿让,秘书长是中国的马文广。

欧洲、亚洲、非洲、中北美洲和加勒比地区、南美洲、大洋洲都成立了洲的举重联合会。洲的举重联合会均加入了国际举联。洲举联是一个独立的联合会,它有自己的章程,并独立举办洲际比赛。

(二) 国际举重联合会的组织机构

国际举联设有以下组织机构,其职能如下。

国际举联代表大会:是国际举联的最高权力机构,每年举行一次会议。每个

---

[1] 国际举重联合会 1905 年称世界业余运动员联盟,1913 年改称国际业余重竞技联合会,1920 年改名为国际重竞技联合会,1947 年改名为国际举重健身联合会,1972 年 9 月 6 日改称国际举重联合会,即 International Weightlifting Federation. 简称 IWF。

会员协会可派两名代表参加，但只有一票表决权。代表大会通常进行下列工作：接收新会员；听取秘书长和各会员一年来的工作报告；批准世界纪录；在各委员会和执委会委员缺员时进行补选；确定世界锦标赛的地点；选拔世界锦标赛的裁判员等。在奥运会年的代表大会上，研究国际举联章程和比赛规则修改的建议，选举执委会和各委员会的委员等。

执行委员会：负责国际举联的行政管理。由1名主席、6名副主席、秘书长兼司库和8名委员组成，是代表大会闭幕期间国际举联的领导机构，每年召开一次会议。

技术委员会：由1名主席和10名委员组成，负责研究会员协会所提出的技术方面的问题，并附上研究后的处理意见，一并提交执委会和代表大会审核。技术委员会还负责举办裁判员学习班，向执委会推荐裁判员，以供任命为国际比赛和锦标赛的裁判员。

医务委员会：由1名主席和10名委员组成，负责研究举重运动对人类机体影响的有关问题，对世界锦标赛和奥运会的举重比赛做兴奋剂检查，注意比赛期间的医务，卫生保证等。

科研委员会：由1名主席和10名委员组成，负责协调、组织和领导举重运动的科研工作。

审计委员会：由1名主席和2名委员组成，负责对财务方面的监督❶。

秘书处：在执行委员会领导下处理国际举联的日常事务，如编发国际举联新闻公报、技术规则、《世界举重》杂志、国际举联信函决议，负责会议、培训和讲学的组织以及国际举联网站（www.iwf.net）运作管理等。

国际举联主持的比赛有奥运会男子举重比赛（始于1896年）、奥运会女子举重比赛（始于2000年）、青少年奥运会男子女子举重比赛（始于2010年）、世界大学生运动会男女举重比赛（始于2011年）、世界男子举重锦标赛（始于1891年）、世界女子举重锦标赛（始于1987年）、世界青年男子举重锦标赛（始于1975年）、世界青年女子举重锦标赛（始于1995年）、世界少年男子女子举重锦标赛（始于2005年）、世界大学生男子女子举重锦标赛（每年举行），世界杯（国际举联）大奖赛等。国际举联还对地区性比赛进行监督。

"中华全国体育协进会"于1935年6月25日加入国际举联。1949年中华人

---

❶ 国际举联经费来自会员协会的会费、比赛电视转播费、国际举联指定的器材生产厂商的交费，以及国际比赛组织者的交费等。

民共和国成立后,改组为"中华全国体育总会"。1955年10月12日国际举联代表大会确认其为会员。中华全国体育总会为反对制造"两个中国"的阴谋,于1958年9月16日宣布退出国际举联。1974年9月20日国际举联代表大会决定恢复中国举协的合法地位。

三、亚洲举重联合会

亚洲举重联合会（Asian Weightlifting Federation.缩写AWF，简称亚举联）是亚洲奥林匹克理事会和国际举重联合会的单项国际性组织。1958年成立于日本东京，总部设在秘书长所在国。其宗旨是协调和发展亚洲举重运动，促进亚洲举重事业发展，提高亚洲举重运动水平。主要形式是代表大会和执行委员会。亚举联现有会员协会40个。

亚洲举重联合会举办的比赛有亚洲运动会男子举重比赛（始于1951年）、亚洲运动会女子举重比赛（始于1990年）、亚洲男子举重锦标赛（始于1969年）、亚洲女子举重锦标赛（始于1988年）、亚洲青年男子举重锦标赛（始于1983年）、亚洲青年女子举重锦标赛（始于1995年）、亚洲少年男子女子举重锦标赛（始于1999年）、亚洲俱乐部举重锦标赛、东亚运动会举重比赛、南亚运动会举重比赛以及西亚运动会举重比赛等。

中国于1974年8月31日加入亚洲举重联合会。1989年12月，时任中国举重协会主席的陈镜开被推选为亚洲举重联合会名誉主席。亚举联现任主席是阿拉伯联合酋长国的本·苏丹，秘书长是伊朗的阿里·莫拉迪。

第三节　中国举重运动

一、古代举重

中国的举重活动有着悠久历史，早在两千多年前就有了关于举重活动的记载。中国古代举重的发展是与生产劳动、军事斗争以及武艺的发展密切相关的，它是古代劳动人民强身健体、发展力量、提高武艺的有效手段。

中国古代的举重活动内容丰富，形式多样。主要有举鼎、翘关、掇石礅、举石担、耍石锁、舞刀、负重物等。尽管上述举重手段和练力形式与现代竞技举重中的抓举、挺举和力量举中的深蹲、卧推、硬拉的形式略有区别，但其用力性质和作用却极其相近。

中国古代举重大致可分为3个阶段，即汉代及其以前主要是举鼎，晋唐主要为翘关，明清主要为举石。

"鼎"原是一种三足两耳的金属器皿，是皇帝祭祀和烹饪的用具，又是处以"鼎镬之罪"的刑具。后来逐渐变化，以至在太庙内、王宫的厨房里都有鼎，这就便于用来锻炼身体。我国秦汉时期已流行举鼎活动，据《史记·秦本纪》载："武王有力好戏，力士任鄙、乌获、孟说皆至大官。王与孟说举鼎，绝膑。八月，武王死，族孟说。"全文之意是说秦武王（公元前312年—公元前307年）虽为一国之君，却很有力气，喜欢举鼎等活动，大力士任鄙、乌获、孟说都因为举鼎优胜被封官职。公元前307年，秦武王到洛阳观赏东周王室九龙神鼎时与孟说比赛举鼎，武王争强好胜，力竭鼎落，砸断了腿骨，至八月死去。孟说也因此惨遭灭族之祸。而楚霸王项羽更以"力能扛鼎"而闻名（《史记·项羽本纪》）。

汉代"百戏"中也有举鼎活动。例如，张衡在《西京赋》、左思在《吴都赋》中都有对当时举鼎活动的生动描述。汉代朝廷中还设有"鼎官"，负责举鼎事宜，胜者封为"武力鼎士"。

汉代还出现了举手鼎的活动。手鼎是一种专门练习力量的鼎，是从先秦时期的举鼎较力中衍生出来的一种杂技项目，类似今天的"耍坛子"之类。考古发掘出的汉墓壁画及汉画像砖、画像石，为我们留下了汉代举重的生动形象。例如，河南南阳汉画馆中展出的汉代画像石中的《百戏图》上，其中有一人裸袒上身，左手摇着一个像鼓的东西，右臂平举，臂上置一手鼎，表现了孔蛮有力的形象。

在范晔所著《后汉书》第2765—2768页"逸民列传第七十三·梁鸿篇"中，记载了孟光能"力举石臼"的事。梁鸿和孟光在中国汉代被称为夫妻相敬如宾的典范。孟光虽是妇女，但是她力量大得可以举起很重的石臼，这件事和她"举案齐眉"的故事一同流传下来。这是中国女子举重的最早记载。

自晋以后，"翘关"逐渐取代了"举鼎"。"翘"是"举"的意思，"关"是指古时城门上的门关（门杠），"翘关"就是举门关的意思。晋唐时期，它已是一种专门的举重器械，同时也是当时流行的举重活动。

但翘关这一活动的开始时间还要早得多。据《史记·孔子世家》载："孔子身长九尺有六寸,人皆谓长人而异之。"《吕姓春秋》载:"孔子劲拓国门之关。"还记载他"足蹑郊兔,力招(通翘)城关",可见翘关这一活动早在春秋时期就已经出现了。

晋朝时期,专门制成了一种作为举重器械的铁杠,因沿用先秦翘关之说,亦名之为"翘关"。晋朝许多皇帝曾屡次下诏书,要求州、县官把能翘关的力士选入军中当兵。《晋书·成帝本纪》第 117 页载:"咸和八年,今举力人能举千五百斤以上。"晋朝的 1 斤合现在的 222.73 克,1500 斤约合 334 千克,要举起这么大的重量,必须具备超人的力量。可惜举法及姿势无从查考,但反映了当时举重练力的情况。

到了唐朝,武则天立武举,翘关被列为武考科目。据《新唐书·选举制》第 1170 页载:"长安二年(武则天年号,即公元 702 年),始置武举。其制有马枪、翘关、负重、身材之选。翘关长丈七尺,径三寸半。凡十举后,手持关距出处无过一尺。负重者,负米五斛,行二十步皆为中第。"可见这时的翘关活动已经比较正规化了。

两宋时期随着举重活动的广泛开展,出现了特制的举重器械——石䃆。石䃆两端有抠手,以便抓握。当时举石䃆名叫"掇石䃆",其动作犹如现代的硬拉。南宋(公元 1127—1279)时期,京都临安城内就有"诸色艺人"表演掇石䃆等展示力量的项目。据《武林旧事》六卷载,南宋时期著名的大力士有天武张、花马儿(掇石䃆)、郭介、端亲、王君生、陆寿等。当时的掇石䃆实际上就是将大石从地面提抱起来(或将其举过头顶)[5]。

明、清两代沿用了唐朝的武举考试制度,武举考试设举重科目,考试内容为举石䃆。

在明朝武考中,还有用百斤大刀绕身旋转作为力量考核的项目。抗倭名将戚继光命人铸了一个 300 斤重的铁人,令士兵肩负往来行走 1 里地为合格,以此来增强士兵的体能。

在明朝末期还出现了举石担以练力的活动。石担为"以木贯两巨石,举而较之"(《都门琐记》)。石担是用两块扁圆形的巨石,中间凿眼,穿上木棍,举而较之。其形状结构与现代国际举重比赛中使用的杠铃已经比较接近了,不同之处是杠铃为铁质。

清代的民间杂技中,也有与举石担有关的表演项目。例如"千斤石"亦名"双石",即表演者足蹬一副或几副石担,石担上再有人表演倒立技巧或叠立数人,以示神力。另一类举石担做"绕身""盘肩"等动作,称为"五花飞石"[6]。

清朝嘉庆年间《钦定武场条例》卷五"武乡会试三场定式"中有这样的规定："武乡会试头场试马箭……二场试步箭，合格后再试技勇。技勇以八力弓、八十斛刀、二百斛石为三号；十力弓、一百斛刀、二百五十斛石为二号；十二力弓、一百二十斛刀、三百斛石为头号。弓必开满，刀必舞花，石必离地一尺。"那时的舞刀实际上也是举重的一种方式。

清朝时期还流行举石锁等活动。石锁是长方形的石头，上方凿成握手，因形状像古铜锁而得名。石锁重量一般为10~30千克，练习者通过单手举、双手举、竖举、横举、前举、脚蹬、背花、颈花、头花等举法和抛接方法发展力量。

二、近代举重

我国近代举重一方面以石担、石锁等民族举重的传统形式广泛开展，另一方面国际上流行的杠铃举重也逐渐传入我国。

据《上海体育史话》1984年第1期记载：1950年，英美等国来华人士为了自身娱乐的需要，在上海建了"一座健身房，内有练习举重、耍哑铃、跳高、双杠、爬杆、拳击、击剑等运动设备，以及三柱门球戏等"。又据1919年9月出版的《新青年》第1卷第5期记载：1909年西洋人奥皮音和另一位俄国大力士就曾在上海表演举重、哑铃等。

20世纪20年代中期，国际上流行的杠铃举重在上海、广州等沿海大城市有了开展。在广州沙面的外国领事馆和汕头等地的外资洋行的院子里，也经常放置有铁制的杠铃。这些都促进了使用杠铃的竞技举重在中国的传入。

1929年，上海精武体育会设置了一副铁制杠铃，开展竞技举重运动，成为现代举重在中国开展的标志。1930年赵竹光成立了"上海沪江大学健美会"，用杠铃、哑铃等器材开展举重、健身运动，他还创办了《健力美》杂志，宣传举重健美运动。与此同时，在马来亚、新加坡和印度尼西亚等地的华侨中，现代杠铃举重有了较为广泛的开展。

1935年6月25日，中国加入国际举重联合会。

1935年10月，中华民国第6届运动会在上海举行，举重第一次被列为表演项目。实际参加表演赛的有14人，其中从马来亚归国参赛的几位侨胞推举、抓举、挺举技术较好。这次比赛设5个级别。其冠军成绩于1936年4月正式公布为第一批举重全国最高纪录。

1936年5月11日，在上海举行了举重选拔赛，选出了黄社基、沈良、翁康庭代表中国参加第11届奥运会。8月1—16日，奥运会举重比赛在德国柏林举行，黄社基、沈良在60千克级比赛中，成绩分别为255（70＋80＋105）千克、242.5（72.5＋75＋95）千克；翁康庭在67.5千克级比赛中，推举77.5千克、抓举75千克，挺举失败未取得总成绩。

1948年5月6—8日，中华民国第7届运动会在上海举行，举重被列为正式比赛项目。有23名选手参加了5个级别的比赛。来自马来亚的华侨何丽英女士参加了举重表演，成绩为推举40千克，抓举47.5千克，挺举62.5千克。

与此同时，在中国共产党领导下，在"延安体育会"等组织推动下，1942年9月1日国际青年节时，在延安举行了"九一"扩大运动会，举重被列为正式比赛项目。同年冬天，八路军驻重庆办事处也举行了一次运动会，举重也被列为比赛项目。

三、当代举重

1949年中华人民共和国成立后，在党和政府的领导下，举重运动迅速发展，不仅成为广大群众喜爱的一项体育运动，而且成为其他运动项目发展力量的重要手段。举重的教学、训练、科研工作也迅速开展起来，举重运动的技术水平迅速提高。中国当代举重运动先后经过了4个发展时期。

（一）初创时期（20世纪50年代）

20世纪50年代中国举重经历了两个发展阶段，即非系统训练阶段和系统训练阶段。

1952、1955年，先后举办过3次全国性举重比赛，但水平较低，系统训练还没有形成。

1955年，各地举重队相继成立。中国举重队到苏联学习，8名队员在5个月内总成绩共提高了272.5千克。回国后，中国队坚持系统训练，同时采用下蹲式抓举和下蹲式提铃至胸技术，在短时期内成绩有了很大提高。

1956年6月7日，56千克级运动员陈镜开（图1-4），在上海以133千克的成绩打破了美国选手温奇保持的132.5千克的挺举世界纪录。举重成为中国体育史上第一个创造世界纪录的运动项目,陈镜开也成为中国第一位世界纪录创造者。此后,陈镜开又先后8次打破挺举世界纪录。

图1-4　陈镜开

1956—1959年,陈镜开、黄强辉、赵庆奎先后11次打破56、60、67.5和82.5千克级4个级别的挺举世界纪录。当时7个级别3项总成绩的中国纪录平均每年递增12.5千克,递进系数达4.64,而同期世界总成绩平均每年仅递增2.7千克,递进系数为0.59。中国举重以世界走1步中国走7步的速度迅猛发展,举重成绩接近了世界先进水平。

著名学者郭沫若曾写了一首浪漫的诗篇赞扬中国举重运动员:
谁能把太阳和月亮串成杠铃?
我们要举起来在太空中固定,
使地上无昼无夜永远是清晨,
使地上无冬无夏永远是阳春。

(二)创新与提高时期(20世纪60年代)

1960—1966年,是中国举重运动在学习的基础上创新,在创新的基础上提高的时期。这时期先后有8人19次打破推举、抓举、挺举的世界纪录。肖明祥、陈满林、邓国银、钱玉凯等人的总成绩也达到或接近世界最高水平。

在此时期,中国队和各省市举重队加大训练负荷。每周训练增至5~6次,日训练达50~60组。抓住了负荷强度这一中心环节。在理论方面,对举重训练方法和技术均进行了深入的研究,对负荷量与强度、力量训练与技术训练的一些规律进行了探讨。据不完全统计，1960—1966年在科技刊物上发表的举重论文和译文就有174篇。同时，科研、恢复和医务监督等保证系统也有较大进步，选材得到进一步重视，促进了中国举重水平大幅度提高。

（三）动乱后的恢复时期（20世纪70年代）

1966—1972年，由于"文化大革命"，举重运动中断了7年。1973年举重项目恢复后，与世界水平已经有了较大差距。在这种形势下，中国不得不重新探索和学习举重发达国家的经验，开始采用一日两次训练法，每周训练增至8~9次，日训练量增加到50~80组，同时也加大了训练强度，这些措施促进了成绩的回升与提高。1979年陈伟强两次打破56千克级挺举世界纪录，吴数德等年轻选手先后20次刷新男子青年世界纪录。1979年在世界男子举重锦标赛上，吴数德以110千克的成绩获52千克级抓举冠军，中国举重又有了新的发展。

（四）达到世界领先水平时期（20世纪80年代至今）

20世纪80年代初期，世界举重水平在很高的起点上继续发展。1980—1984年，10个级别世界纪录共提高241.5千克，年平均递进系数达1.81。而中国纪录仅提高145.5千克，年递进系数为0.70。严峻的形势向中国举重提出了新的挑战。面对新形势，中国加强了对训练规律的探索和训练方法的研究，着重从以下3方面入手：第一，加强对国外先进经验的学习；第二，进行训练改革，不断探索举重训练的规律性；第三，在实践中力求创新。在此基础上，中国举重水平迅速提高。1984年在美国洛杉矶举行的第23届奥运会上，中国选手获4枚金牌（曾国强、吴数德、陈伟强、姚景远分获52、56、60、67.5千克级冠军）、两枚银牌。1986—1988年，中国运动员何灼强、何英强、刘寿斌等两次打破52千克级总成绩世界纪录，7次打破52、56千克级抓举、挺举世界纪录。在第24届奥运会上获1枚银牌、4枚铜牌。中国举重运动又进入了世界先进行列。

20世纪90年代后，中国男子举重水平继续提高。1992年在第25届奥运会上获4枚奖牌（2银2铜），1995年首获世锦赛团体冠军。在1996、2000、2004、2008、2012年奥运会上，中国男队共获11枚金牌（其中占旭刚分别获得1996年奥运会70千克级、2000年奥运会77千克级冠军）、7枚银牌、两枚铜牌，并多次荣获世锦赛团体冠军，轻中级别进入了世界领先水平，整体实力进入世界领先行列。

中国是世界女子举重水平最高的国家。1984年部分省市开始成立女子举重队，到2012年全国有近50支女子举重队，4000余名运动员。在1987—2011年举行的共22届世界女子举重锦标赛上，中国队先后21次荣获团体冠军。特别是2000年女子举重项目进入奥运会后，中国女子举重更是一枝独秀，在2000年、2004年、2008年、2012年奥运会上共获14枚金牌（其中陈艳青、刘春红分别荣获2004年、2008年奥运会58千克级、69千克级两枚金牌）、1枚银牌，获金牌数居国际奥委会所颁女子举重金牌总数（28枚）的50%。中国女子举重整体实力居世界领先水平。

截至2012年12月，中国举重运动员先后77次打破男子世界纪录，74次打破青年男子世界纪录，544次打破女子世界纪录，265次打破青年女子世界纪录，合计960次打破各层次世界纪录，占世界各国创造世界纪录总数（1907—2012年共计4420次）的21.7%。此外，我国男子获世界举重锦标赛金牌113枚，女子获世界举重锦标赛金牌332枚（获金牌数占国际举联颁发女子世锦赛金牌总数564枚的58.9%）。特别是中国举重队在奥运会上先后荣获29枚金牌（详见表1-1）、13枚银牌、8枚铜牌，为中国体育事业创造了光辉业绩，为世界举重运动的发展做出了突出贡献。此外，我国现有国家级举重基地5个、省级举重基地39个、高水平后备人才举重基地单位101个，参加业余举重训练的青少年近1万人，促进了青少年举重运动的发展。

表1-1 中国举重运动员获奥运会冠军统计

姓名	性别	级别	成绩（千克）	竞赛名称	日期	地点
曾国强	男	52千克级	235	第23届奥运会	1984-07-30	洛杉矶
吴数德	男	56千克级	267.5	第23届奥运会	1984-07-31	洛杉矶
陈伟强	男	60千克级	282.5	第23届奥运会	1984-08-01	洛杉矶
姚景远	男	67.5千克级	320	第23届奥运会	1984-08-02	洛杉矶
唐灵生	男	59千克级	307.5	第26届奥运会	1996-07-22	亚特兰大
占旭刚	男	70千克级	357.5	第26届奥运会	1996-07-24	亚特兰大
杨霞	女	53千克级	225	第27届奥运会	2000-09-18	悉尼
陈晓敏	女	58千克级	242.5	第27届奥运会	2000-09-19	悉尼
林伟宁	女	63千克级	242.5	第27届奥运会	2000-09-20	悉尼
占旭刚	男	77千克级	367.5	第27届奥运会	2000-09-20	悉尼
丁美媛	女	+75千克级	300	第27届奥运会	2000-09-24	悉尼
石智勇	男	62千克级	325	第28届奥运会	2004-08-16	雅典
张国政	男	69千克级	347.5	第28届奥运会	2004-08-17	雅典

表 1-1　中国举重运动员获奥运会冠军统计　　　　续表

姓名	性别	级别	成绩（千克）	竞赛名称	日期	地点
陈艳青	女	58 千克级	237.5	第 28 届奥运会	2004-08-17	雅典
刘春红	女	69 千克级	275	第 28 届奥运会	2004-08-19	雅典
唐功红	女	+75 千克级	305	第 28 届奥运会	2004-08-24	雅典
陈燮霞	女	48 千克级	212	第 29 届奥运会	2008-08-09	北京
龙清泉	男	56 千克级	292	第 29 届奥运会	2008-08-10	北京
张湘祥	男	62 千克级	319	第 29 届奥运会	2008-08-11	北京
陈艳青	女	58 千克级	244	第 29 届奥运会	2008-08-11	北京
廖　辉	男	69 千克级	348	第 29 届奥运会	2008-08-12	北京
刘春红	女	69 千克级	286	第 29 届奥运会	2008-08-13	北京
陆　永	男	85 千克级	394	第 29 届奥运会	2008-08-15	北京
曹　磊	女	75 千克级	282	第 29 届奥运会	2008-08-15	北京
王明娟	女	48 千克级	205	第 30 届奥运会	2012-07-28	伦敦
李学英	女	58 千克级	246	第 30 届奥运会	2012-07-31	伦敦
林清峰	男	69 千克级	344	第 30 届奥运会	2012-08-01	伦敦
吕小军	男	77 千克级	379	第 30 届奥运会	2012-08-02	伦敦
周璐璐	女	+75 千克级	333	第 30 届奥运会	2012-08-06	伦敦

第四节　举重运动的现状与发展趋势

一、举重运动的现状

现代举重运动经过 100 多年的发展，由最初的单手举或双手任意举，到双手推举、双手抓举、双手挺举，现今固定为双手抓举、双手挺举两项竞赛动作。男子举重体重级别由最初的不分级别依次从 3 个级别增长到 10 个级别，1998 年至今稳定在 8 个级别，分别是 56、62、69、77、85、94、105 和+105 千克级。女子举重体重级别自 1998 年至今为 7 个，分别为 48、53、58、63、69、75 和+75 千克级。

截至 2013 年，世界上有 200 多个国家或地区开展举重运动，数千万人参加举重训练和从事举重运动,国际举重联合会的会员协会达到189个。世界性的举重大赛包括奥运会举重比赛、青少年奥运会举重比赛、世界大学生运动会举重比赛、世界举重锦标赛、世界青年举重锦标赛、世界少年举重锦标赛、世界大学生举重锦标赛、世界杯举重赛,以及洲际运动会举重比赛、洲际比赛和国际区域性举重比赛等。

世界男子举重强国目前有中国、俄罗斯、哈萨克斯坦、波兰、土耳其、希腊、伊朗、韩国等。

自1987年国际举重联合会首次举办世界女子举重锦标赛至今,女子举重不断发展,2000年成为奥运会比赛项目。目前,中国女子举重整体成绩居世界领先水平,但哈萨克斯坦、俄罗斯、朝鲜、韩国、泰国等女子举重水平不断提高,并具备较强的竞争力。

二、举重运动的发展趋势

(一)举重水平不断提高

从1907年至2012年的105年间,共有53个国家和地区的选手4420次打破男子、女子、青年男子、青年女子世界纪录。随着举重运动的不断发展,新的科技成果、科学理论、训练方法的不断应用,举重水平仍将会不断提高。世界纪录是有限性和无限性的对立统一。现代科技条件下人类不可能挺举起1000千克的杠铃,但只要有世界纪录,人类就会不断地接近它,并努力超越它。只是这种超越付出的艰苦努力更多,时间更长,代价更大。目前,男女世界纪录远未趋近于人体力量潜力的极限,未来的世界纪录仍将会有较大幅度的提高。

(二)重视科学选材,注重内在发展潜力

现代举重运动的迅速发展,对运动能力的要求越来越高,要在高水平的比赛中夺魁,光靠勤学苦练是很难达到目的的。因此,挑选具有天赋条件的儿童少年进行早期科学训练,是减少淘汰率、造就优秀运动员的先决条件,是攀登世界高峰的重要前提。从20世纪60年代开始,举重运动员逐步趋于年轻化。据研究,到20世纪80年代,选材年龄基本稳定在10~12岁。男子举重选手达到世界水平

的平均年龄提前到 21 岁左右，女子为 20 岁左右。男子奥运会举重冠军的平均年龄由 27.9 岁提前到 24.5 岁 [7]。对运动员的选材不仅注意外在的身体条件，更注重内在发展潜力，特别是血睾酮水平。科学地选拔具有天赋条件和内在发展潜力的选手，是夺取优异成绩的重要基础。

（三）突出专项训练，加大训练强度

20 世纪 60 年代末，保加利亚率先兴起的多课次大运动量训练❶，已被各国优秀运动员普遍采用。现代的大运动量不仅表现在多课次上，而且注意个人特点，精选训练内容，集中训练手段，突出专项训练，坚持"少而精"的原则。现在国际比赛的竞争越来越激烈，高水平运动员成绩的差距越来越小。比赛强度越来越大，对运动员的要求越来越高，对训练的要求也越来越严。为适应比赛负荷，创造优异成绩，目前优秀举重运动员的训练更加突出专项，重视训练强度。注意"少而精、多课次、快节奏、高强度、大运动量"训练。训练负荷不断加大，实战性更强。

（四）举重技术进一步完善，更加重视比赛成功率

1891—1972 年，奥运会举重竞赛技术先后有单手举、单手推举、单手抓举、单手挺举、双手推举、双手抓举、双手挺举。1973 年至今为双手抓举、双手挺举两项。其中双手抓举从高立抓、分腿高抓发展到箭步抓、下蹲抓。双手挺举从挺肚皮的大陆式提铃至胸（Continental style）、高翻、分腿高翻、箭步翻发展到下蹲翻。挺举上挺由立定挺创新发展到箭步式分腿上挺、分腿半挺、下蹲挺❷。举重技术的每一次创新，都是围绕最大限度发挥人体力量潜力进行的。兴起于20 世纪 50 年代，至今在举重技术中占绝对优势地位的下蹲抓、下蹲翻箭步挺技术，目前已处于稳定发展时期。今后相当长一段时间，举重成绩的提高仍将继续围绕挖掘技术潜力来促进运动员技术水平的提高。

20 世纪 70 年代至今，在世界举重锦标赛上获团体冠军的国家比赛成功率均

---

❶ 其特点为每周训练 9~12 次，每周 350~450 组，总重量 10 万~20 万千克，平均负荷强度 70%~100%。
❷ 20 世纪 80 年代由中国选手创新的下蹲式上挺技术，由于有悖于用力的"经济性"原理，支撑稳定性差，长期采用易导致尾椎病变，不宜推广。

在 60%以上，有的甚至超过 70%。在势均力敌的情况下，成功率高低已成为决定胜负的关键因素。成功率是衡量运动员竞技水平发挥程度的重要标志。

（五）多学科综合利用，训练日趋科学化

进入 20 世纪 80 年代以后，现代科技的迅猛发展以及高科技成果、新知识和新科技在体育领域的全面渗透与运用，对举重水平的提高起到了极大的作用。新的理论、新的训练方法和手段，极大地提高了举重运动的系统化、科学化程度，使训练的安排与控制更加精确、定量。例如，运用生物力学定量分析运动员的技术动作，使之更趋于合理完善；运用生理生化指标的测试，监控运动员身体状况；运用预测科学，研究运动成绩的增长规律；采用先进的训练仪器、设备和器材，改进训练手段；运用电刺激仪，促进运动员力量的增长；运用多学科的综合手段进行心理训练和综合监控；采用物理、心理、化学手段，促进体能恢复和增强机体功能；运用多学科科技攻关，从科技方面保证运动员成绩的增长。此外，制定训练模式、进行定量化训练，以及定期的科研诊断、综合评定等，已逐步成为现代举重训练中不可或缺的内容。总之，多学科综合运用越来越普遍，训练的科学化程度越来越高。随着未来科技的发展，信息技术、生物工程技术和其他高科技领域的创新和突破，都有可能给世界举重的发展带来更大的进步。

思考题：

1. 举重运动的特点、意义是什么？
2. 请说明举重竞赛方式的变化。
3. 请说明国际举重联合会及其组织机构。
4. 中国古代举重经历了哪 3 个发展阶段？
5. 为什么要按体重分级比赛？男女举重分为哪几个级别？
6. 中国当代举重经过了哪 4 个发展时期？
7. 中国运动员创造了哪些举重成就？
8. 请简述举重运动的发展趋势。

第二章　举重竞赛技术

> **内容提要：**
> 本章重点阐述举重竞赛动作的近、快、短、稳、协调性技术原则，并对抓举的预备姿势、提铃、发力、下蹲支撑与起立、放下杠铃与呼吸5个技术环节进行分析，对挺举提铃至胸包括的预备姿势、提铃、发力、下蹲支撑、起立5个紧密衔接的技术进行系统阐述，对挺举上挺的预备姿势、预蹲、发力、箭步分腿支撑与起立、放下杠铃和呼吸方法5个紧密衔接的技术细节进行系统分析。

举重竞赛技术包括抓举和挺举两项。举重竞赛技术就是运动员最大限度地利用内力（运动员自身的体能）和外力（支撑面的反作用力，杠铃弹性力和重力），举起最大重量的技巧。运动员在举杠铃的各个阶段用力是否最有成效，是由身体各主要关节形成的适宜角度和杠铃所处的相应位置决定的。整个动作过程只有符合生物力学原理，才能以有限的力量举起更大的杠铃重量。

第一节　竞赛动作的技术原则

在举重运动的发展过程中，举重技术逐渐完善。经过长期的实践研究，举重界将竞赛动作的技术原则归纳为近、快、低、稳、协调性。这五项技术原则相互联系，相互补充，缺一不可。

一、近

近，是指在举杠铃的过程中，人体重心和杠铃重心的运动轨迹与两脚构成的支撑面中心的垂直线应尽量接近。近，既可缩短身体各环节的阻力臂以达到省力的目的，又可使身体重心和杠铃重心接近，从而为稳固支撑创造良好条件。

（一）近的意义

1. 有利于保持动作的平衡与稳定

物体重力的合力作用线离支撑面的中心越近，稳定性就越好，反之则越差。因此，人体重心和杠铃重心越接近两脚支撑面，稳定性也就越好。如果在提铃时重心超出支撑面边缘，由于杠铃重力和杠铃加速度过程中的惯性阻力作用，对身体产生转动力矩，会导致身体重心前移，破坏动作的平衡与稳定，这也是抓举和下蹲翻时杠铃前掉的一个重要原因。

2. 有利于发挥人体的最大力量

根据生物力学原理，在肌肉收缩过程中，不运动或运动相对小的那一端有稳定的支撑点时，就能较充分地发挥出肌肉力量。由于"近"可以使人体获得稳固的支撑，更有利于发挥人体的最大力量。此外，由于杠铃距身体近，能有效地把人体的力量集中用到上举的杠铃上，避免产生无用的分力。

3. 有利于省力

运动员上举杠铃可以看作是一个杠杆运动，其动力臂是固定的，杠铃的重量为杠杆的阻力，阻力点在手上，杠杆的支点在髋关节中心。根据杠杆公式：

$$L_1 \times F_1 = L_2 \times F_2$$

公式中 L_1 为动力臂，F_1 为动力，L_2 为阻力臂，F_2 为阻力。

在上举杠铃过程中，阻力 L_1 和动力臂 F_2 均不变，则阻力臂 L_2 越小，所需动力 F_1 也就越小。由于 L_2 为阻力作用线到支点的距离，因此，只有当杠铃贴近身体时，才能缩短 L_2，减小上举杠铃所需 F_1，达到省力的目的。

（二）近的运用

1. 运动轨迹应尽量靠近支撑面中心的垂直线

运动员在上举杠铃的过程中，人体重心和杠铃重心的运动轨迹须尽量靠近支撑面中心的垂直线。杠铃重心的运动轨迹如图 2-1 所示。

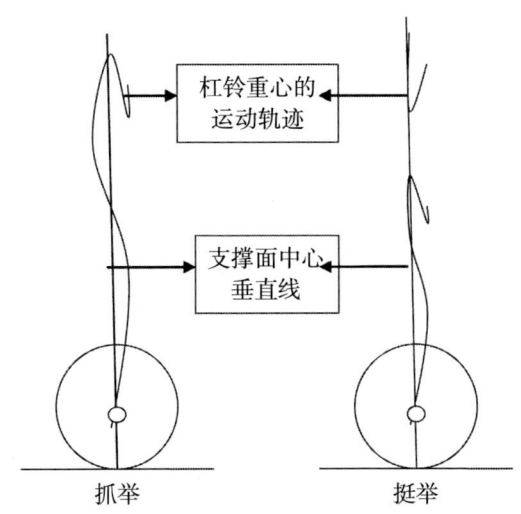

图 2-1　杠铃重心运动轨迹

另外，运动员在提铃时，支撑面的中心约在两脚掌中心连线的中间。当杠铃重力的合力作用线通过或接近支撑面的中心，提铃时稳定性好；若横杠离小腿过远，杠铃重力合力作用线超出了支撑面，即移到了足尖的前面，提铃时由于杠铃重力及惯性阻力的作用，身体产生转动力矩，导致身体重心前移。

2. 杠铃重心靠近身体重心

杠铃重心要尽量沿人体重心垂直线方向移动。当杠铃离身体近时，能有效地把人体的力量集中用到上举的杠铃上，避免在水平方向产生分力，如图 2-2 所示。

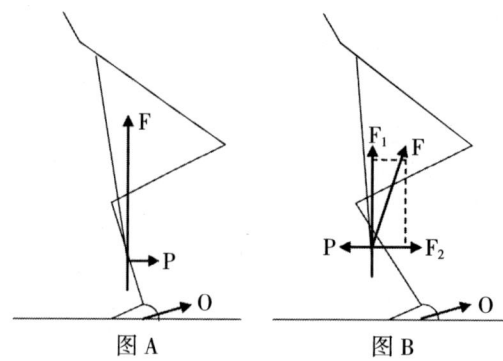

图 2-2 提铃阶段杠铃重力合力作用线正误对比

当杠铃重力合力作用线 P 通过或接近支撑面中心点 O 时（图 A），不发生或少发生向后水平分力，使人体力量集中用于向上提拉杠铃；当杠铃重力合力 P 作用线远离支撑面中心点 O 时（图 B），运动员为了防止提铃时身体重心前移，势必向后上方提拉杠铃，即提铃的力量 F 是向后上方，因而产生向后的水平分力 F_2。

3. 贴身用力

当杠铃横杠贴近身体时，才能缩短阻力臂，故省力；反之，阻力臂长则费力，如图 2-3 所示。

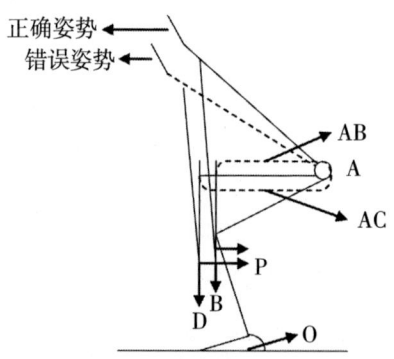

图 2-3 提铃阶段重力作用线正误对比

O 为支撑面中心点。当重力 P 的作用线靠近身体时，为正确姿势，杠铃重力 B 为杠杆的阻力，阻力点 P 在手上，杠铃的支点在 A；阻力臂为支点 A 到 B 作用线的垂直距离 AB。当重力作用线 D 远离身体时，为错误姿势，其阻力臂 AC 较 AB 更长，根据杠杆原理，在举同样重量时，势必要用更大的力量。

二、快

快，一是指杠铃上升速度快，在举杠铃过程中连续不断地快速用力，使杠铃加速上升，并在发力阶段达到最大速度，以便获得更大的加速力；二是指人体移动速度快，以便借助杠铃惯性上升瞬间，身体积极向下撑接杠铃。

（一）快的意义

1. 有利于获得更大的力量

根据牛顿第二定律 $F=ma$（F 为合力，m 为质量，a 为加速度），当杠铃质量不变时，加速度越大，则其获得的力量越大。而杠铃的运动速度取决于运动员完成动作的快慢，因此，只有加快动作速度，在最短时间内提高杠铃的上升速度，以提高加速度，才能获得更大的力量。

2. 有利于杠铃获得更大的上升高度

在发力阶段，只有当杠铃重心超越了同向运动的身体重心，才能完成下蹲接杠铃的动作。根据物理学公式 $S=\frac{1}{2}at^2$（S 为路程，a 为加速度，t 为时间），杠铃上升的加速度大，则其上升的距离也就越大。因此，加大杠铃上升的加速度，有利于杠铃获得更大的上升高度，为完成下蹲接杠铃做好准备。

3. 为下蹲接杠铃创造更多的时间

在发力结束后杠铃在惯性上升过程中，运动员身体需要一定时间完成下蹲接杠铃的动作。根据公式 $t=V/g$（t 为时间，V 为速度，g 为常量自由落体加速度），当杠铃在发力结束后的速度越快，则杠铃上升的时间也就越长，从而为下蹲接杠铃创造更多的时间。

（二）快的运用

1. 加快肌肉收缩速度

杠铃的运动速度取决于运动员完成动作的快慢，而完成动作的快慢又取决于肌肉收缩的速度。同时，研究表明，肌肉收缩速度越快，释放的能量越多，做功就越大，举起的杠铃重量也就越重。因此，在完成举重技术动作的过程中，要加快肌肉收缩速度。

2. 加大爆发力

爆发力也叫速度力量。力量越大，用力时间越短，则其产生的加速度越大，要使杠铃产生向上的加速度以便达到最大的上升速度，就需要快速用力。因此，在提铃发力及上挺发力阶段，应加大爆发力。

3. 快速下降身体

杠铃的快速上升为运动员下蹲接杠铃创造了一定的高度及时间，运动员应在杠铃重心超过身体重心时即刻下降身体，把握机会。

三、短

短，是指在保证最大用力的前提下，应尽量缩短杠铃的行程。这就要求运动员在发力结束时，身体应迅速做出下蹲动作，积极降低身体重心。

（一）短的意义

根据公式 $A=P \times h$（A 为功，P 为杠铃重力，h 为杠铃垂直运动距离），在杠铃重量不变的情况下，杠铃上升高度越小，则所需的功也越小。因此，身体重心降得越低，则需要提铃的高度也就越低，也就减小了杠铃垂直运动的距离，从而降低了所须做的功，保证利用有效力量举起更大的重量。

（二）短的运用

要充分贯彻短的技术原则，一是要最充分地发力，二是要快速地降低身体重心，三是要在保证最大用力的前提下尽量缩短杠铃的行程。最充分的发力是前提，是根本；而降低身体重心并尽量缩短杠铃的行程是为了进一步提高发力效果而采用的主动措施。借惯性向上运动的杠铃和积极下蹲的身体这两个背向运动一要快，二要协调配合，同时根据运动员自身特点，采取相符合的下蹲方法，才能收到最佳效果。

四、稳

稳，是指在下蹲接杠铃或上举杠铃的结束阶段，动作准确到位，做出正确的支撑姿势，稳固地承接和支撑杠铃。

（一）稳的意义

支撑姿势在提铃至胸时，表现为胸部锁骨和肩带前部承接杠铃；在抓举和上挺时，表现为直臂支撑杠铃。稳固地承接和支撑杠铃是举重技术动作的最后一个环节，完成好这个环节才能使试举动作获得成功。它是以前各动作阶段或动作环节有效工作的评定与最终表现。同时，稳也能提高试举的成功率。

（二）稳的运用

1. 加大稳定角

所谓稳定角，是指重力作用线和重心到支撑面边沿相应点的连线之间的夹角。如图 2-4 所示：稳定角大，则稳度大；反之，则稳度小[3]28。运动员的脚长是一定的，构成的支撑面是有限的，要增大稳定角只能尽量降低重心。

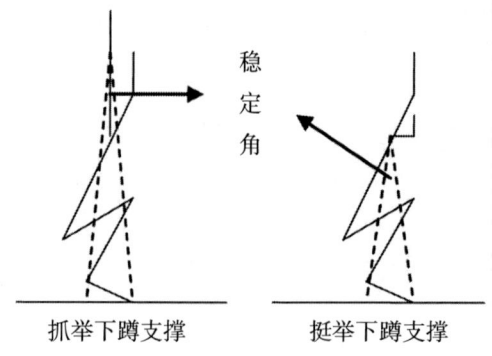

图 2-4 稳定角示意图

2. 杠铃重心投影点接近支撑面中心

在杠铃重量很大时，如果投影点不正，即使扩大支撑面也很难稳定支撑。要使杠铃重心投影点接近支撑面中心，特别要注意减小杠铃上升结束时的水平分力。水平分力使杠铃产生离开支撑面中心，并向水平方向移动的分力。

3. 支撑动作准确到位

为了获得稳固的支撑，还必须在由腾空转入下蹲的瞬间做出正确牢固的"支撑架子"。各部分肌肉和关节必须从放松状态迅速及时地进入支撑固定工作状态。

4. 减少杠铃回降距离

杠铃回降不合理是支撑不稳和支撑失败的重要原因之一。杠铃回降会产生一定的下砸力，如果回降距离过大，则可能由于承受不了过大的下砸力而导致试举失败。这种情况主要出现在抓举的下蹲支撑和挺举的提铃至胸阶段。

五、协调性

协调性是指在上举杠铃的过程中，身体各部分肌肉力量的大小和用力位置不同，在不同时机有节奏地用力和在相同时机集中协调用力，以产生最大的功效。

(一) 协调性的意义

举重是一个复杂的用力过程，在整个上举杠铃的过程中，身体各部位肌肉有的紧张，有的放松，有的做等张收缩，有的做等长收缩，还有的做离心收缩，不同阶段身体各部位肌肉用力大小不同。因此，只有在整个上举杠铃过程中，协调身体各部位肌肉不同时间的用力效果，才能完善技术动作，举起更大的重量。

(二) 协调性的运用

1. 协调用力先后顺序

在举重技术的各个阶段，均有其主要的用力部位，不同肌群在不同的动作阶段中用力的先后顺序要协调，否则动作就不协调。

2. 肌肉的用力配合要协调

在举重技术动作的每一阶段中，除了以主动肌为主积极工作外，往往还有一些辅助肌群协助其收缩，这种主从之间的配合要协调。另外，当原动肌收缩时，其对抗肌就应做退让工作或者放松，予以协调配合。

3. 协调不同肌群的不同用力方式

在上举杠铃的过程中，各个部位肌肉用力方式不尽相同，不同阶段不同肌群的不同用力方式应协调配合。

五项技术原则中，近是基础，快是关键，短是重要手段，稳是保障，协调性是优化条件。

第二节 抓举技术分析

抓举是运动员以快速连续不断的动作将杠铃从举重台上举起至两臂在头上完全伸直，它是举重比赛的第一项竞赛动作。抓举的技术特点是速度快，时间短，路线长，技巧性强。完整的抓举技术是由预备姿势、提铃、发力、下蹲支撑与起立、放下杠铃 5 个互相衔接的技术动作组成。此外，还有呼吸方法。

一、预备姿势

预备姿势的任务是为试举做好准备，正确的预备姿势能为提铃创造有利的用力条件。在试举之前，运动员首先走近杠铃，在杠铃前做好预备姿势：两腿靠近杠铃横杠（间距为 1~2 厘米）站立，使杠铃杆的垂直投影线落在跖趾关节处；两脚掌内缘（跖趾关节处）的间距约为一脚宽（约同髋宽）。站好之后俯身采用锁握法握住杠铃杆；握距因身体条件不同而有一定差异，一般采用宽握距。身体重心的垂直投影线落在脚的中央。躯干平直，腰背肌肉收紧，两臂放松，肩部下沉，头微抬，目视前下方（图 2-5）。预备姿势的技术细节如下：

图 2-5　三届奥运会冠军苏莱曼诺尔古的抓举预备姿势

（一）站法

站法指预备姿势中两脚的位置和姿势。大致可以分为八字形、小八字形、两脚平行等（图 2-6）。

 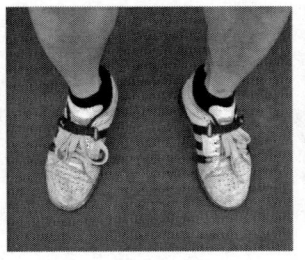 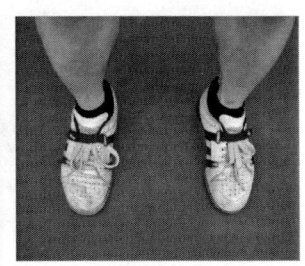

①八字形　　　　　　②小八字形　　　　　　③两脚平行

图 2-6　预备姿势时两脚的站法

1. 八字形和小八字形

是优秀运动员普遍采用的站法。其优点是既能使小腿较为靠近杠铃，又能在发力时较充分地用上蹬腿的力量。

2. 两脚平行的站法

多为欧洲运动员采用，其优点是最接近向上纵跳的开始姿势，因而能最充分地发挥蹬腿力量。但由于平行站立时对膝部向两侧外展不利，预备姿势时如果臀位低，小腿倾斜度大，必然要将杠铃向外挤，移离身体较多。所以采用平行站法的运动员多数同时采用高臀位的预备姿势。如果臀位较低，就要在第一步提铃时将杠铃向后拉很多，增大了水平移动的距离。

（二）站距

预备姿势时，两脚间的距离会影响到下肢用力的效果。正常站距为与髋同宽（即两脚间的距离以脚外缘为准，约同髋宽），窄站距比髋关节窄，而宽站距则是宽于髋关节。测试结果证明：采用正常和较窄站距对提铃发力有利。假如站距较宽，两小腿外缘与地面所成的角度不是直角，两脚蹬地的反作用力就不能垂直向上传递，因而会削弱向上提铃用力。

在做预备姿势时，两脚要近站，使两腿靠近或贴近横杠，目的是使杠铃和身体的共同重心线接近支撑面中心。这样才能支撑得稳固，有利于提铃用力。

（三）握法

运动员握杆可采用锁握、普通握或空握（图2-7①②③）。在抓举、挺举中一般采用食指和中指压住拇指的锁握法。锁握时食指和中指能够扣紧拇指，在上拉时横杠不容易脱手，能大大增强提铃的牢固性，并能使两臂放松，从而显著提高提铃用力的效果。普通握法（拇指压在食指和中指上）可用在后蹲、架上挺等辅助动作及力量练习的动作上。而空握法（五指并列握杆）一般只用于力量练习动作上。

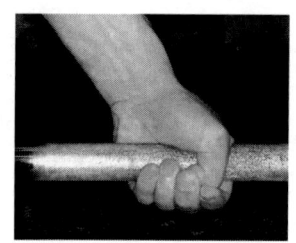 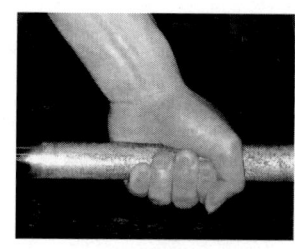 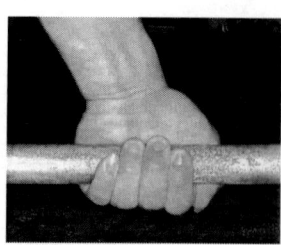

①锁握　　　　　　　②普通握　　　　　　　③空握

图2-7　握法示意

（四）握距

握距是指握杠时两手之间的距离。握距通常有窄握、中握和宽握3种。当运动员上体前倾，两手握杠屈臂拉起至上臂与肩平时，上臂与前臂夹角小于直角时称窄握（图2-8①）；其夹角为直角者为中握（图2-8②）；其夹角大于直角者为宽握（图2-8③）。在3种握距中，普遍采用宽握。

宽握距有以下优点：第一，增大上体的前倾度，加大上体伸展的幅度，延长力量作用于杠铃的时间；第二，提铃伸直身体时能使杠铃处于较高位置，从而相对降低了上举杠铃的高度，体现了用力的经济性；第三，下蹲中能在较低位置支撑杠铃。宽握距的缺点是支撑时阻力臂延长，从而削弱了两臂的支撑力。

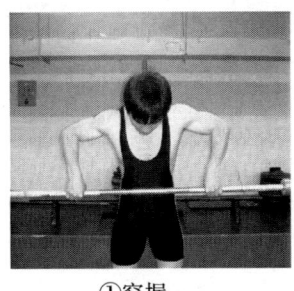  

①窄握　　　　　　　　②中握　　　　　　　　③宽握

图 2-8　握距示意

（五）身体各部位的角度和姿势

1. 身体的角度

预备姿势中身体有 3 处的角度是可变的，而且互有影响。这就是髋角、膝角和踝角。据统计，预备姿势时膝角平均为 70°左右，踝角为 65°左右。髋角如果用上体倾斜与水平面所成的夹角表示，通常为 40°左右。上述角度在不同运动员中差异较大，这与臀位高低、杠铃杆与小腿距离远近等有直接关系。例如，臀部抬高时膝角和踝角都随之显著增大。

2. 臀位

预备姿势时运动员的臀部要低于肩而高于膝。臀位分为高、中、低 3 种：高臀位指髋关节显著高于膝关节，中臀位指髋关节稍高于膝关节，低臀位则指髋关节的高度等于（或低于）膝关节。臀位的高低是由伸膝、伸髋力量的大小和体型特点来决定，伸髋力量强而躯干又短者采用高臀位有利：一是提铃时杠铃贴身，使杠铃重心更加接近支撑面中心；二是使上体前倾角度增大，能充分发挥伸髋肌和躯干伸肌的力量，并能加快提铃的速度。而躯干长，伸膝力量强者可采用低臀位，由于臀位低，上体前倾角度小，这对缩短阻力臂、减轻腰部的负担和充分发挥伸膝的力量有利。

膝部的夹角是由臀部位置的高低来决定的。高臀位膝部的夹角在 100°左右，低臀位膝关节的夹角则在 100°以下。

屈膝向脚尖的方向，有利于腰背肌自然收紧，在提铃时能使内收大腿的肌肉参加工作。另外，还可使杠铃重心更接近身体重心。预备姿势时头部要正直，眼视前下方，小腿紧贴或靠近横杠。

3. 起举方式

起举是预备姿势的延续，或者是从静止状态向提铃动作的过渡。根据起举时（即杠铃离开举重台之前的短暂时间）身体的状态和动作，可以分为非运动式（静止式）起举、运动式起举和即刻起举。其中，运动式起举又分为由上向下运动、由下向上运动、多次运动、微动等多种。优秀运动员中采用非运动式起举者占较大比例。

二、提铃

提铃的任务是利用伸膝、伸髋的力量给杠铃一定的初速度，向上运动到适宜的高度，为发力创造最有利的条件。按照肌肉用力顺序的先后，可以分成伸膝用力、膝髋并伸、伸髋引膝 3 个紧密联系的阶段（图 2-9）。

图 2-9　62 千克级奥运会冠军石智勇的抓举技术

（一）伸膝用力阶段

预备姿势做好后，由伸膝带动下的提臀和升肩使杠铃离开举重台并基本沿垂直方向上升到膝部前下面。此阶段完全依靠伸膝的力量来完成。动作过程中臀部向上抬起，肩带向前上方运动，两臂保持伸直，只起牵拉作用，膝关节角度增大，杠铃上升距离 15~20 厘米（图 2-9③）。

（二）膝髋并伸阶段

杠铃从膝关节前下方上升到膝关节上方依靠继续伸膝和开始伸髋的力量来完成。此阶段杠铃上升约 10 厘米（图 2-9④）。

（三）伸髋引膝阶段

杠铃由膝关节上方再上升到大腿上方三分之一处，即发力之前依靠继续伸髋（向前下送髋）、展体和屈膝（膝部回降）来完成。在此瞬间，膝角由大变小，再度回屈；而髋关节的角度由小变大，使上体伸展（图2-9⑤⑥）。

引膝是指伸膝停止，膝角增至最大时，杠铃杆越过膝盖，连续不停地利用抬上体，即伸髋力量继续提铃，同时膝关节迅速回屈，膝盖进入杠铃下的动作。引膝起着承前启后的重要作用。主要依靠继续伸髋的力量使上体抬起，到发力时主要以展体为主完成提拉杠铃的动作，此种提铃称为单节奏提铃，有引膝动作的提铃方式称为双节奏提铃。由于引膝和送髋的结果，使杠铃重心和身体重心更加接近，从而减少了阻力臂。同时，由于膝部的前引和回屈，使本来已无能为力的股四头肌重新得到了拉长，为小腿伸肌参与发力再次创造了最有利的力学条件。

引膝时腰背必须收紧，两臂自然伸直牵引杠铃。引膝阶段结束时，杠铃上升的距离达到大腿上部三分之一处或接近大腿根部（图2-9⑥），只有连贯及时而协调地完成引膝动作，才能积极提高杠铃向上运动的速度，提高发力时腿部肌肉收缩的效果。

提铃时，杠铃离开地面后上升的速度是逐渐增加的。离开地面最初的2~3厘米速度只有0.25~0.30米/秒。到伸髋阶段结束时（即引膝开始前），提铃速度平均为1.2~1.7米/秒。

引膝结束时，要使身体各部分都处于快速用力的状态，以便为发力创造最佳条件。

三、发力

发力的任务是在最短的时间内，充分发挥全身最大的肌肉力量，使杠铃获得向上运动的最大加速度，以便将杠铃提拉到下蹲支撑所需要的高度和达到必要的上升速度，从而在惯性的作用下赢得腾空分腿下蹲的时间，为下蹲支撑创造良好的条件。

发力是在提铃的基础上引膝动作结束的瞬间进行的。此时杠铃提拉到大腿上三分之一处或大腿中上部（即抓举的发力点）。发力的用力特点是在伸膝肌、伸髋肌、肩带肌群、屈肘肌群和小腿屈足肌群以爆发性的用力收缩做急剧的蹬腿、伸髋、展体、耸肩、提肘和提踵动作的基础上提杠铃。发力首先从快速地蹬腿开始，并以此带动伸髋和展体，从而使杠铃获得最大的向上速度，及时地耸肩提肘和提踵加力，使发力强度增大。由于上述连续用力动作使人体各部分强大肌群几乎同时用力，短时间作用到杠铃上的力最大，达到提铃过程中的最大功率。习惯上把这种力叫作"爆发力"。

发力是抓举技术的关键，而蹬腿和伸髋是发力的核心。发力时的提踵，可增大发力强度，提高杠铃位置和起快速下蹲的过渡作用，这一动作必须十分短促，否则会影响下蹲的速度。积极耸肩提肘除增强发力的强度之外，更重要的是控制杠铃贴身运动和对身体起制动作用，使身体在充分伸展后及时转入下蹲。

发力时必须保持挺胸直腰的姿势，使伸膝伸髋的力量能直接作用于杠铃。发力后整个身体完全挺直，上体微微向后仰，因为杠铃必须通过身体前面向上运动，身体适度后仰既可补偿体前的杠铃重心，又可使整个发力构成强大的向上合力。

发力结束时，上体伸直，髋角最大，约为190°（图2-9⑦）。发力的时间短暂，约为0.17秒。杠铃上升的最大速度表现在发力结束阶段，世界一流的优秀运动员可以达到1.8米/秒~2.2米/秒，个别运动员可能超过2.4~2.5米/秒[8]112。

发力后由于杠铃的快速上升，杠铃借惯性继续向上运动时，运动员两脚开始离地并向两侧分开至重新落地这个短暂阶段，称为腾空阶段（图2-9⑧）。发力后开始腾空但脚尚未离地，这一阶段叫作有支撑腾空阶段，脚离地这一阶段叫作无支撑腾空阶段。整个腾空阶段的时间约为0.14秒。腾空时间短，表明下蹲动作快，对支撑用力更加有利，这是技术熟练、协调性好的表现。

腾空阶段肩带和上臂的力量要继续积极作用于杠铃，积极向上提铃，对杠铃的作用越有力，就能越快地下蹲。身体向下移动得越快，腾空的时间就越短，两臂作用到杠铃上的力量也越大。

四、下蹲支撑与起立

发力后，杠铃主要靠惯性继续向上运动，人体进入腾空阶段（图2-9⑧）。此时，两脚应立即迅猛地向左右两侧对称地分开，身体迅速向杠下屈膝下蹲以缩短上举杠铃的距离。下蹲过程中，两臂向上用力时，必须注意使肩带和上体迅速前移至横杠下面，并屈膝深蹲使身体重心下降（图2-9⑨⑩）。在下蹲支撑时，两脚向两侧对称地分开至约与肩同宽，脚尖向外成倒八字形，同时及时地甩直两臂在头顶后侧上方锁肩支撑杠铃。下蹲结束时，应尽量屈膝深蹲，头稍抬，眼视前上方。

锁肩是指当下蹲快结束，两前臂甩直的一瞬间，两臂迅速伸直在头顶后上方并向外翻转（解剖学叫内旋）甩直，同时使两个肩胛骨向脊柱收紧。锁肩可使肩带和背部肌肉收紧，还可使尺骨鹰嘴进入肱骨的鹰嘴窝，使肘关节更加固定。

由于两脚从腾空中落地，身体已开始承接支撑杠铃，所以从承接支撑杠铃到蹲至最低位置这一过程也叫制动过程。下蹲制动的时间（对地面达到最大压力的时间）约为0.3秒（0.2～0.4秒）。下蹲一开始是脚尖着地，而后是全脚掌着地。下蹲支撑时人、铃先后下落，最后合在一起对地面产生很大的冲击力（据郭廷栋、卢德明等的研究，此力达到人铃合重的1.52倍）。

身体由腾空转入下蹲后，杠铃也从最高点开始回降。回降距离因运动员的技术水平、杠铃重量及身高等不同而有显著差异。据国内外的研究，抓举的杠铃回降距离平均为14（10～20）厘米。一般来说，技术水平越高，杠铃回降距离越短，提铃动作也越经济省力。世界优秀选手的杠铃回降距离一般约为14.9±10.9厘米。提铃过高不仅是用力不经济的表现（用合理动作可提起更重杠铃），而且因杠铃回降距离大，增大了下砸力，容易导致后续动作失误。

锁肩动作完成后，下蹲支撑就结束了（图2-9⑪）。这时应借助下蹲时的反弹力起立。起立时可利用的反弹力来自两个方面：第一，人体各环节（特别是膝关节）的反弹力。下蹲时身体各环节被折叠和被压缩后的瞬间，随之而来会产生一种反弹力，能增加起立时的力量。第二，杠铃杆的反弹力。在下蹲过程中降至最低位置时，杠铃杆中间被托住，使杠铃杆产生一定程度的弹性形变。杠铃越重，在杠铃杆应变系数的范围内杠铃杆的形变越大。当杠铃杆在弹性形变的作用下回弹时，就将两端杠铃片向上弹起，抓住这一时机就能大为减轻起立时的负担。将上述两股力结合起来，就能大大提高起立时用力的效果。

利用反弹力的技巧应当在杠铃刚回降，身体还没完全蹲低时支撑住杠铃，然后随杠铃一起下降，再随杠铃杆一起反弹，顺势起立。也就是说，只有膝关节的反弹动作与杠铃杆的反弹同步，才能收到最佳效果。

起立时主要以腿力和腰背的支撑力为基础，伸膝和伸髋动作协调配合。如果过多地伸膝，臀部就会高抬，上体更加前倾，从而使重心前移，杠铃容易从前面掉下。最好是在起立时既伸膝又伸髋，使身体保持正直的起立。起立时腰背伸肌仍要继续收紧，肩锁紧，头部稍抬，使杠铃的支撑更加稳固。当起立到两腿即将伸直时，两脚可以分别从左右两侧向中间略为收近靠拢，两脚站在与杠铃和身体平面相平行的同一横线上（图2-9⑫）。

五、放下杠铃与呼吸方法

起立后，全身直立，两臂伸直。裁判员发出放下的信号后，运动员先屈臂将杠铃逐渐降到胸前，稍屈膝蹲低，再向下翻腕将杠铃靠近身体放下。放杠铃要求平稳轻放，技术规则规定放杠铃时两手必须伴随杠铃下降，严禁随意扔放杠铃，否则将判为犯规。

一次抓举动作的用力时间很短，而且是一气呵成的，所以是在憋气的状态下进行的。在做预备姿势时，运动员做正常呼吸，随即憋气使胸廓固定，然后在憋气状态下完成整个抓举动作，直至起立站直，放下杠铃后才开始换气。

第三节 挺举技术分析

挺举是举重比赛的第二个竞赛动作。其动作结构比抓举复杂，完成动作的时间比抓举长，举起的重量比抓举大。一个完整的挺举技术由提铃至胸和上挺两部分组成（图2-10）。

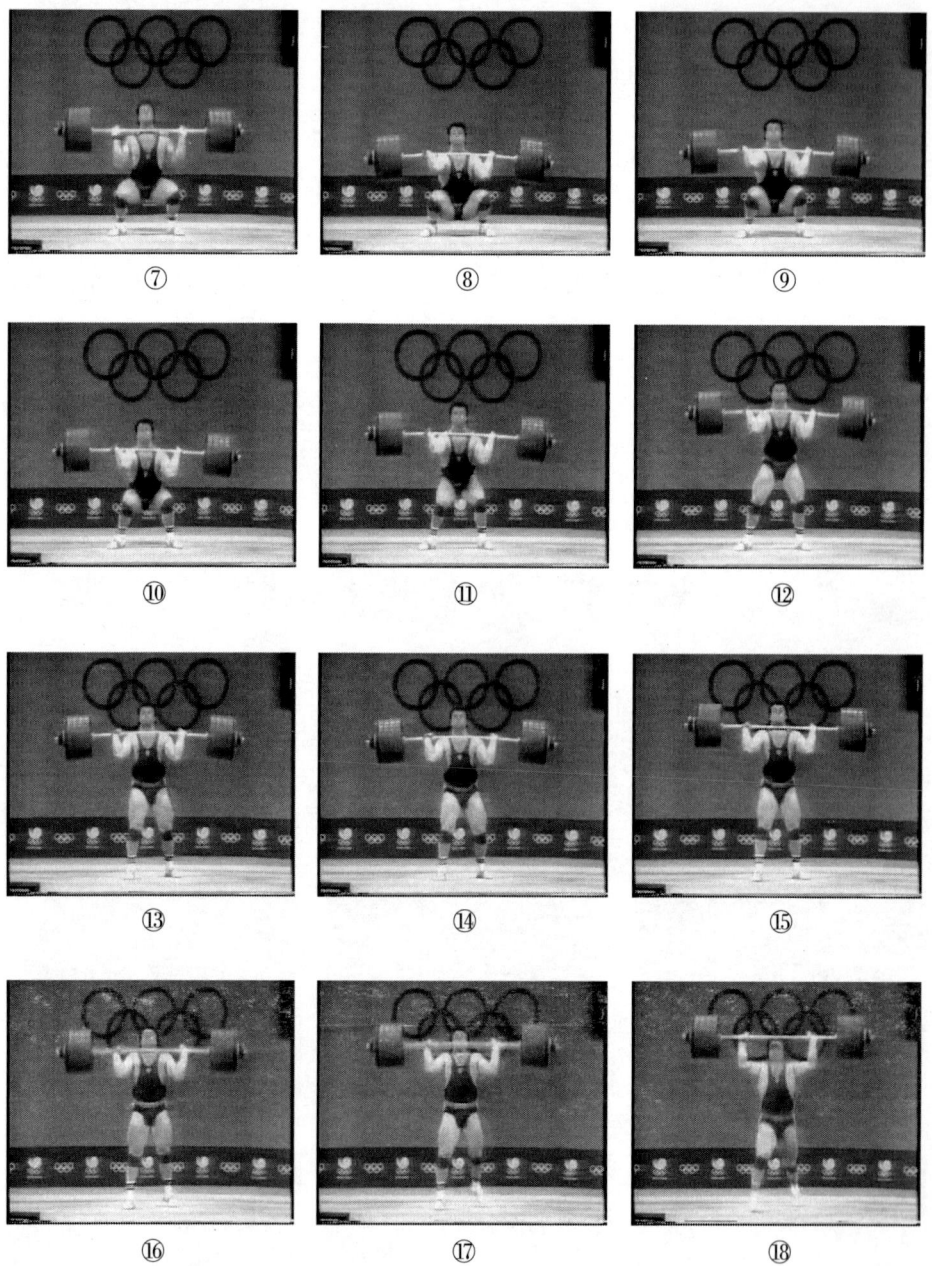

图 2-10 两届奥运会冠军、白俄罗斯运动员库尔洛维奇的挺举技术

一、提铃至胸

提铃至胸是指将杠铃从举重台提起（提铃过程基本同抓举）并置于胸上的动作。它包括下蹲式提铃至胸和箭步式提铃至胸两种形式。鉴于目前男女各级别挺举世界纪录均由采用下蹲式提铃至胸的运动员创造，这里只介绍下蹲式提铃至胸技术。下蹲式提铃至胸由预备姿势、提铃、发力、下蹲支撑和起立 5 个紧密衔接的技术组成。

（一）预备姿势

两脚站在横杠下，腿部、上体和头部的姿势，以及握杠铃的方法与抓举的预备姿势基本相同，不同的是握距比抓举窄，提铃时上体前倾度比抓举小。挺举的握距一般采用与肩同宽或比肩稍宽的距离较为合适。这种握距的优点是提铃时两臂与地面基本成垂直状态（从正面看），分力较小，有利于提铃和支撑。有的运动员由于腕、肘、肩关节柔韧性较差，前臂相对略长，采用此种握法会有一定的困难，可采用稍宽于肩的握距来弥补（图2-10①）。

（二）提铃

提铃的任务是为发力做好准备，用力方法与抓举相同，按照肌肉用力顺序的先后，和抓举一样也可分成伸膝用力、膝髋并伸和伸髋引膝3个紧密联系的阶段。

1. 伸膝用力阶段

预备姿势做好后，由伸膝带动起臀和升肩使杠铃离开举重台并基本沿垂直方向上升到膝部前下方。此阶段完全依靠伸膝的力量来完成（图2-10②）。

2. 膝髋并伸阶段

杠铃从膝关节前下方上升到膝关节上方依靠继续伸膝和开始伸髋的力量来完成。

3. 伸髋引膝阶段

杠铃由膝上再上升至发力前依靠继续伸髋、展体和屈膝来完成（图2-10③）。

优秀运动员普遍采用有引膝动作的双节奏提铃。由于引膝和送髋的结果，使杠铃重心和身体重心更加接近，从而减少了阻力臂。同时，由于膝部的前引和回屈，使本来已无能为力的股四头肌重新得到了拉长，为小腿伸肌参与发力再次创造了有利条件。

（三）发力

发力的任务是在最短的时间内，充分发挥全身最大的肌肉力量，使杠铃获得向上运动的最大加速度，为下蹲支撑创造良好的条件（图2-10④-⑥）。

发力是在提铃的基础上引膝动作结束的瞬间进行的，此时杠铃提拉到大腿下三分之一处或大腿中部（即提铃至胸的发力点，图2-10④）。发力首先从快速地蹬腿开始，并以此带动伸髋和展体，随后是起踵和耸肩，并以耸肩带动提肘继续提铃。由于上述连续用力动作使人体各部分强大肌群几乎同时用力，短时间作用到杠铃上的力最大，达到提铃过程中的最大功率。习惯上把这种力叫作"爆发力"。

发力结束时，上体伸直，髋角最大，约为190°（图2-10⑤）。发力的时间短暂，约为0.12秒。杠铃上升的最大速度表现在发力结束阶段，世界一流的优秀运动员可以达到1.8米/秒（轻级别）~2.0米/秒（重级别）。

发力后由于杠铃的快速上升，杠铃借惯性继续向上运动时，运动员两脚开始离地并向两侧分开至重新落地这个短暂阶段，称为腾空阶段（图2-10⑥）。发力后开始腾空但脚尚未离地，这一段叫作有支撑腾空阶段，脚离地这一段叫作无支撑腾空阶段。整个腾空阶段的时间约为0.10秒。腾空时间短，表明下蹲动作快，对支撑用力更加有利，这是技术熟练、协调性好的表现。

（四）下蹲支撑

发力后，杠铃主要靠惯性继续向上运动，人体进入腾空阶段。此时，运动员迅速分腿下蹲，两臂在下蹲开始时以耸肩带动提肘继续向上提铃，当杠铃达到腰部高度的瞬间积极屈肘，并以横杠为"轴"两臂向横杠下快速朝前转肘，将杠铃停放在锁骨和两肩三角肌上，重量由三点分担。两肘抬高，上臂接近水平位。腰背肌用力收紧，上体挺直，头部抬起，总重心投影落在踝关节前面，约在脚掌中部（图2-10⑦⑧）。

由于两脚从腾空中落地身体已开始承接杠铃，所以从承受杠铃到蹲至最低位置这一过程也叫制动过程。下蹲制动的时间（对地面达到最大压力的时间）约为0.3秒（0.2~0.4秒）。下蹲一开始是脚尖着地，而后是全脚掌着地。下蹲支撑时，人、铃先后下落，最后合在一起对地面产生很大的冲击力（据卢德明等的研究，此力达到人铃合重的1.91倍）。

身体由腾空转入下蹲后，杠铃也从最高点开始回降。回降距离因运动员的技术水平、杠铃重量及身高等不同而有显著差异。据国内外的研究，提铃至胸的杠铃回降距离约为身高的20%~25%，平均为34（28~39）厘米。一般来说，技术水平越高，杠铃回降距离越短，提铃动作也越经济省力。世界优秀选手的杠铃回降距离一般为20~30厘米。提铃过高不仅是用力不经济的表现（用合理动作可提起更重杠铃），而且因杠铃回降距离大，增大了下砸力，容易导致后续动作失误。

（五）起立

从深蹲持铃起立到大腿成水平部位时，大腿部位形成的阻力臂最长，是起立中最困难的"极点"。为了突破"极点"，有利于下一步完成动作，应借助下蹲时的反弹力起立。

起立时可利用的反弹力来自两个方面：第一，人体各环节（特别是膝关节）的反弹力。下蹲时身体各环节被折叠和被压缩后的瞬间，随之而来会产生一种反弹力，能增加起立时的力量。第二，杠铃杆的反弹力。在下蹲过程中降至最低位置时，杠铃杆中间被托住，两端在惯性作用下会继续下降一小段距离，使杠铃杆产生弹性形变。杠铃越重，在杠铃杆应变系数的范围内，杠铃杆的形变越大。当杠铃杆在弹性形变的作用下回弹时，就将两端杠铃片向上弹起，抓住这一时机就能大为减轻起立时的负担。将上述两股力结合起来，就能大大提高起立时用力的效果。

利用反弹力的技巧应当在杠铃刚回降，身体还没有完全蹲低时接住杠铃，然后随杠铃一起下降，再随杠铃杆一起反弹，顺势起立。也就是说，只有膝关节的反弹动作与杠铃杆的反弹同步，才能收到最佳效果。单纯依靠下肢伸肌的收缩力起立不但起立慢，而且消耗体力大。

起立时主要以强大的腿力和腰背的支撑力为基础。起立时抬头挺胸，腰部挺直、收紧，髋关节向前上方移动，膝关节向后上方移动，整个身体起立向上移动（图2-10⑨—⑫）。为了固定杠铃，两肘高抬。当起立到两腿即将伸直时，两脚分别向中间收近，两手顺势由锁握法改变为普通握法，左右脚对称站直成上挺的预备姿势（图2-10⑬）。

二、上挺

上挺是将置于锁骨上和两肩三角肌上缘的杠铃通过预蹲和借助于上挺发力，使杠铃举过头顶至两臂伸直支撑的动作。它包括箭步式分腿上挺、半蹲式上挺和下蹲式上挺等。下蹲式上挺技术由于有悖于用力的"经济性"原理，支撑稳定性差，成功率低，长期采用易导致运动员尾椎病变等，故在此不做介绍。本教材只介绍箭步式分腿上挺技术，它由预备姿势、预蹲、发力、箭步分腿支撑与起立、放下杠铃和呼吸 5 个紧密衔接的阶段组成。

（一）预备姿势

预备姿势的任务是为预蹲和上挺发力做好准备。从下蹲起立后，首先要调整好呼吸和杠铃的位置以及两脚之间的距离，两脚外侧的距离应与臀同宽，两脚尖微外分呈倒八字，腿伸直，腰背肌收紧，挺胸微收腹，使上体挺直，抬头收下颔，两臂放松，两肘抬起与身体垂直轴成 30°～70°角，杠铃和身体重心垂线应通过髋部落在踝关节前面两脚的后三分之一处（图 2-10⑬）。

两肘抬高的程度应根据个人特点和体重级别确定。肘部高抬对上肢各关节的柔韧性要求较高，可使肩带三角肌更多地承担杠铃的压力，减轻杠铃对胸腔和前臂的压力，同时也有助于减小杠铃重量相对于髋关节的翻转力矩。缺点是对上挺中发挥臂力不利，因为上臂抬至接近水平位，三角肌前部缩短，不利于三角肌力量的充分发挥。低肘位有利于上挺的用力，但胸部受压较大。如果在不高抬肘的情况下能够稳固地承担杠铃，则可以把肘位降至上臂与躯干夹角成 40°～60°，使两臂在上挺时充分发挥力量。一般来说，轻级别运动员肘抬得高些较为有利；重级别运动员由于胸腔较大，身体质量大，较易抵抗杠铃重心在人体重心前面产生的翻转力矩，故肘部位置可以适当降低。

（二）预蹲

预蹲的任务是为上挺发力创造最佳条件。能否用最大力量进行准确的上挺取决于预蹲动作是否正确。预蹲的主要目的是屈膝下蹲至一定角度，适当拉长腿部伸肌，积蓄弹性能，以便在上挺发力时利用牵张反射的作用，迅猛地收缩肌肉，产生强大的爆发力（图 2-10⑭）。

预蹲是在上体、头部及两臂不改变原有姿势的瞬间进行的。按用力性质，预蹲分为三个阶段：

1. 初步预蹲

指运动员开始屈膝预蹲到杠铃开始向下运动阶段。如果杠铃重量很重，杠铃杆在预备姿势中被两端的杠铃片压弯，身体刚开始向下运动时，杠铃还保持静止惯性，而杠铃杆中部由于失去了向上的托力恢复了原来形状，然后两端的杠铃片才随着下降。

2. 加速预蹲

指杠铃开始向下运动至达到预蹲中的最大速度（0.8~1.1米/秒）阶段。

3. 预蹲制动

指杠铃向下运动达到最大速度至膝关节达到预蹲中的最大弯曲程度（最小角度）阶段。这时杠铃向下运动发生制动，即显著减速至零。预蹲制动阶段越短，对支撑面的作用力就越大，转入上挺发力越快，发挥力量的效果越好。

预蹲是逐渐加速的，大约在向下预蹲至整个距离的三分之二处（假如预蹲为15厘米，便是预蹲至大约10厘米处）达到最大速度，然后速度减慢，出现制动，越过最后三分之一的距离速度降至零。所以预蹲是变速运动，即从加速运动到减速运动。

预蹲时要做到直、稳和适中。

"直"是指在预蹲过程中，上体保持正直。预蹲直，躯干固定，才能保证重心稳定，发力集中。

"稳"是指预蹲开始阶段向下的速度要逐渐加快，而不要过快或过慢。预蹲的最大速度平均不超过1.0米/秒。预蹲过快往往会造成预蹲开始时杠铃离胸，预蹲制动转入发力时胸部承受压力骤然增大而引起胸廓变形。预蹲所用时间一般为在初步预蹲和加速预蹲阶段为0.22~0.34秒，在预蹲制动阶段为0.12~0.15秒，整个预蹲过程为0.40~0.48秒。

"适中"是指预蹲屈膝要适宜，不要太深也不宜太浅。根据杠铃重量和身高、腿力等，预蹲深度一般为12~20厘米。预蹲的距离或深度以能快速地制动和有力地蹬腿为前提。预蹲的距离一般不超过身高的10%（假设运动员身高180厘米，预蹲时屈膝角为110°，预蹲深度与身高的百分比为9%，那么预蹲深度即为180×9%=16.2厘米。如果运动员身高180厘米，预蹲时屈膝角为100°，预蹲深度与身高的百分比为10%，那么预蹲深度即为180×10%=18厘米）。对优秀运动员的研究结果证明，预蹲的屈膝角度约为110°。膝角大表明预蹲浅，距离短；膝角小则表明预蹲深，距离长。预蹲的屈膝角度还与杠铃重量、身高和力量水平有关。

"直"是中心，"稳"和"适中"可使"直"得到保证。预蹲中若能做到这三点，就能为猛而集中的发力创造条件。

（三）发力

发力的任务是在最短的时间内全身爆发出最大的力量，使杠铃获得最大的上升速度并上升到必要的高度，为箭步分腿支撑创造条件。

上挺发力是在预蹲制动结束的瞬间，以快速有力的蹬腿带动伸膝、伸髋、屈踝和伸臂使身体获得一个足够的支撑反作用力，通过躯干和肩臂传至横杠，使杠铃以最大的速度上升至两臂在头上伸直的动作过程。

上挺发力的主要力量来自伸膝、伸髋肌群快速有力地收缩，以及由伸膝伸髋带动下的屈踝（起踵）、夹臀和伸臂（三者都是顺势用力）用力。在整个用力过程中，伸膝是向后上方的，而伸髋和屈踝是向前上方的，只有协调配合才能产生向上的最大力量。两臂在开始发力时要适当用力控制好杠铃，发力结束的瞬间积极向上推杠，这样既能在发力后加强杠铃的惯性向上运动和两臂的积极支撑，又能对人体起制动作用，及时转入下蹲。

发力时上体应保持垂直，杠铃位置固定，胸廓形状不变，只有这样发力才能通过稳固的上体传导，推动杠铃向上运动。发力时还要用夹臀带动两腿急速蹬地，这样才能使伸髋与蹬腿两股力量协调地配合起来，提高和增大上挺效果。

发力要想达到最大效果，不仅要缩短制动的路程和时间，而且要迅速由预蹲中的制动转换为上挺发力，转换的速度越快，越能发挥肌肉潜能，垂直向上的反作用力也就越大。优秀运动员从预蹲制动（预蹲至最低位置）过渡到上挺发力的时间仅为 0.03~0.07 秒，上挺发力后的杠铃最大上升速度可达到 1.60~2 米/秒，发力动作的平均时间约为 0.20 秒（0.19~0.25 秒）。

为了在箭步分腿中固定支撑杠铃，必须在发力中把杠铃挺至一定高度。据测定，这一高度约为身高的 16% 左右（轻级别约为 15%，重级别约为 17%）。也就是说，身高 1.50 米的运动员要将杠铃挺起 24 厘米，身高 1.80 米的运动员要挺起 30 厘米以上才能将杠铃支撑住。要将杠铃举这么高，仅以 1.60~2 米/秒的上挺发力速度是办不到的，而需要更大的上挺发力速度。例如，身高 1.65 米的运动员上挺发力最大速度达到 1.60 米/秒，挺起的高度只有 13.3 厘米；身高 1.85 米的运动员上挺最大速度达到 1.80 米/秒，挺起的高度也只有 16.7 厘米。要达到支撑杠铃所需要的高度（分别为 26 和 31 厘米以上），上挺发力的最大速度必须分别达到 2.0 米/秒及 2.5 米/秒，这就需要分腿下蹲时的补充用力和身体在杠铃下与杠铃上升做相反方向的运动（图 2-10⑮⑯）。

（四）箭步分腿支撑与起立

发力后，两腿立即采用前后分开的箭步式下蹲，降低身体重心，缩短杠铃行程，使两臂在头上伸直支撑杠铃，然后收腿起立，两脚对称地站稳在一条横线上，待裁判员发令后再放下杠铃。箭步式分腿支撑与起立包括 3 个阶段，即分腿腾空、箭步式分腿支撑、起立。

1. 分腿腾空

指上挺发力后膝关节伸至最大程度，两脚离地抬起至重新落地这一阶段。此段时间非常短暂，举极限重量时平均只有 0.08～0.10 秒（图 2-9⑰⑱）。这一阶段的突出特点是两臂迅速而积极地用力伸展。身体在上挺发力后还有一定的向上运动惯性，此时杠铃仍因惯性作用和手臂的用力继续向上运动，两臂此时从下向上有力地推动杠铃，使身体不再向上而转入向下运动，即转入箭步分腿下蹲支撑阶段。

2. 箭步式分腿支撑

腾空结束时两脚落地，两腿在矢状面上以弓箭步的姿势前后分开下蹲，两臂支撑杠铃并积极锁紧肩关节。箭步式分腿下蹲应在上挺发力后借杠铃快速上升的瞬间进行，此时由于开始起蹲对支撑面的压力已极大地减少，是分腿的最好时机。同时，杠铃在强大发力的作用下已径直上升，但上升高度由于杠铃重量大而受到限制，最大高度只能达到额部。因此，及时积极地转入分腿下蹲和快速完成支撑锁肩，才能进一步加大杠铃上升的距离和提高发力效果，顺利完成分腿支撑动作（图 2-10⑲）。

分腿下蹲支撑的主要作用：一是降低上举高度，缩短杠铃行程，减少上举所做的功，以举起更大重量；二是增大杠铃相对于身体的运动速度。由于上挺时杠铃向上运动的最大瞬时速度可达 1.60～2 米/秒，分腿下蹲时身体向下移动的速度更快，从而使杠铃相对于身体的运动速度大幅度提高，也就更能赢得时间支撑杠铃。

箭步式分腿下蹲时，两脚前后分开的距离以脚尖为准，前出腿前移一脚掌左右（平均约为身高的 17.5%），以前脚掌着地内侧蹬地支撑，脚跟朝外；后出腿后撤两脚至两脚半左右（平均约为身高的 28%），以脚趾撑地。前腿尽量向前弯曲，后腿尽量蹬直蹬紧（实际上膝关节总是有些弯曲的），两脚尖向内转，这样两脚蹬地的用力方向指向中间，有助于维持身体平衡。箭步分腿后两脚同时着地，脚尖内转沿中线两边撑地（图 2-11）。

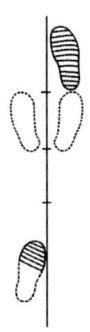

图 2-11　箭步式分腿示意图

分腿下蹲时前出腿小腿垂直于地面，膝角为 90°～110°；后出腿以脚趾撑地，膝角为 150°～170°（图 2-12，郭廷栋，1990）。也有专家提出前出腿膝角应大一些（大 10°左右），即小腿不与地面垂直，而是向运动员方向倾斜，与地面构成角度为 80°左右，能使支撑更稳，平衡更好（图 2-12①，郭廷栋，1990）。

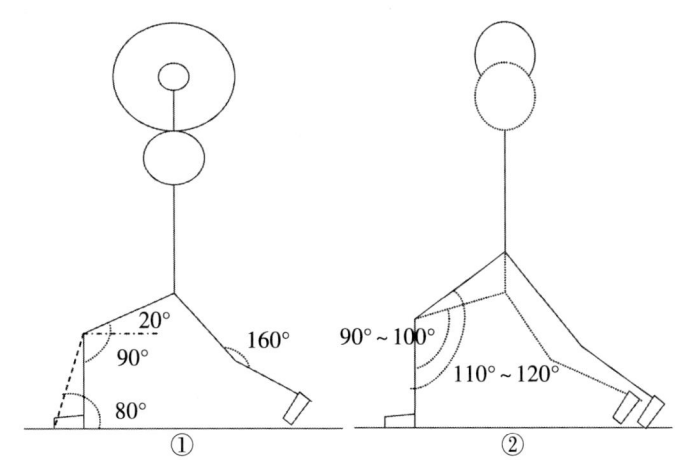

图 2-12　箭步式分腿下蹲姿势示意

（注：②中的虚线为小级别分腿下蹲姿势，实线为大级别分腿下蹲姿势）

伊万诺夫等（1981）的研究认为：分腿支撑的高度大级别和小级别的运动员有较大差异。大级别选手上挺的相对高度高于小级别运动员。大级别选手分腿下蹲较浅，身体下降距离约为身高的12%；小级别运动员分腿下蹲较深，下降距离约为身高的20%。大级别选手的膝角大于小级别选手（图2-12②）。

两臂在分腿下蹲一开始就向身体后上方伸的同时，头、肩、躯干、臀部及时进入杠下。此时，两上臂分别贴近耳旁，肩胛内收锁紧两肩，身体保持正直。从正侧面看，两臂完全伸直，腕、肩与上体同在一条垂直线上，牢固地锁肩支撑杠铃。

据卢德明等的研究，优秀运动员上挺发力后分腿下蹲过程中身体重心下降的平均速度为1.21米/秒，最大为1.51米/秒。下蹲过程中身体重心下降的加速度达13.4米/秒^2，超过自由落体下落的加速度G（9.8米/秒^2）。箭步式分腿时前腿踝关节向前分出的速度平均为1.80米/秒，后腿踝关节向后分出的速度平均为–2.43米/秒。

3. 起立

由于重量大、重心高，起立时要特别注意支撑牢固和重心平稳。一定要在两肩锁牢杠铃后再收腿起立。收腿时一般先收前腿（脚），然后后腿（脚）跟上，两脚对称地站稳在一条横线上（图2-10⑳~㉒）。

头部在下蹲支撑与起立过程中，应始终保持正直。低头或抬头，因姿势反射的缘故，都会因影响身体姿势及支撑牢固性而导致重心不稳。

（五）放下杠铃和呼吸

完成上挺后放下杠铃的方法是先直臂支撑杠铃，然后屈膝再伸腿起踵，在起踵的同时屈臂将杠铃从身体前面放下，当杠铃接触胸锁部位时再屈膝以缓冲杠铃的压力，随后翻腕将杠铃平稳地放回举重台上。

挺举的呼吸方法是：提铃前做一至两次深呼吸，而后正常呼吸，提铃发力和起立过程中憋气，憋气时吸气量在三分之二至四分之三之间，当起立两腿接近伸直时，借调整杠铃位置的瞬间做短促的呼吸，然后憋气上挺，直至分腿支撑起立后再自然呼吸。挺举过程中的憋气有利于固定胸廓和提高腰背肌的紧张程度并形成稳固的支撑。

思考题：

1. 竞赛动作的技术原则及其相互关系是什么？
2. 抓举技术由哪几个相互衔接的动作组成？
3. 简述抓举发力技术的概念、作用、发力点、用力顺序。
4. 挺举技术由哪几个相互衔接的动作组成？
5. 挺举提铃技术包括哪3个阶段？
6. 上挺预蹲为什么要做到直、稳和适中？

第三章 力量训练理论与方法

内容提要：

本章重点阐述力量的定义与分类、力的力学特点、力量发展的敏感期、影响力量提高的因素、肌肉工作的基本形式、力量训练的要求、力量训练的方法（最大力量的训练、速度力量的训练、力量耐力的训练）、发展举重专项力量的技术、发展一般力量的技术、核心力量训练理论与方法等。掌握上述基本知识、技术、技能对于发展力量和科学地从事举重运动有重要意义。

力量是举重运动的首要素质，是取得优异成绩的重要基础。举重离不开力量，力量是举重运动员体能水平的主要指标之一。举重运动员必须充分发展并表现出突出的最大力量，才有可能在比赛中夺取优胜。力量对举重运动员其他素质的发展也起着重要的作用，是掌握技术和提高运动成绩的重要基础。

科学训练不仅能提高力量水平，使肌肉粗壮、神经系统更灵敏，而且能动员更多的肌纤维参与运动，提高动员利用能量的能力。力量训练对运动损伤和长期训练造成的局部劳损也有积极作用。

第一节 力量素质概述

了解和掌握力量的概念、分类、特点，影响力量提高的因素，力量训练的要求等内容，对于科学地进行力量训练有非常重要的意义。

一、力量的定义与分类

举重离不开力量。力量是举重运动的首要素质，是取得优异成绩的基础。

（一）力量的定义

力量是人体运动技能的一种表现形式，是人体或身体某部分肌肉收缩和舒张时克服阻力的能力。肌肉在工作时克服的阻力包括外部阻力和内部阻力。外部阻力如物体重量、摩擦力以及空气的阻力等；内部阻力是指肌肉的黏滞性、各肌肉间的对抗力等。力量由三种因素产生，即主动肌的最大收缩力；主动肌和对抗肌、中立肌、支持肌的协同用力；肌肉的牵拉角度，以及每个杠杆的阻力臂和力臂的相对长度。

力量来源于肌肉。正常成年男子肌肉重量与体重百分比为 43.5%，女子为 35%。男子运动员的肌肉更为发达，可占体重的 45%，而力量性项目优秀男子运动员肌肉比例可达体重的 46% 以上。

科学研究已经证明，人体共有 630 块肌肉，这些肌肉由 1300 万~3000 万根肌纤维组成，每根肌纤维可产生 100~200 毫克的力量，假如把全身 630 块肌肉的肌纤维束成一捆，沿着同一方向用力，那么可产生 20~30 吨力量[1]。男子力量可达到以下几个指标：抓举 216 千克，挺举 266 千克，深蹲 550 千克，肩背负重 2840 千克[2]。女子抓举 151 千克，挺举 188 千克。20 世纪初，比利时姑娘桑德维娜（马戏团演员）能将重达 600 千克的加农炮从卡车上扛下来。更有甚者，澳大利亚的大卫·希尼于 1994 年 3 月 9 日，在悉尼机场徒手拉动一架重达 115 吨的波音 767 飞机，并且拖行了 61.18 米，可谓力大惊人。

（二）力量的分类

在体育运动中，根据不同项目对力量素质的要求，以及力量表现的形式，可

---

[1] 实际上，人的肌肉是无法同时向同一方向收缩做功的。
[2] 深蹲和肩背负重成绩为 20 世纪 50 年代末，美国著名举重运动员安德森·保罗所创。

以将力量分为多种类型。例如，根据肌肉收缩的形式，可以将力量划分为静力性力量和动力性力量；根据力量与体重的关系，可以分为绝对力量和相对力量；根据力量表现的形式又可以分为最大力量、速度力量和力量耐力（图3-1）。

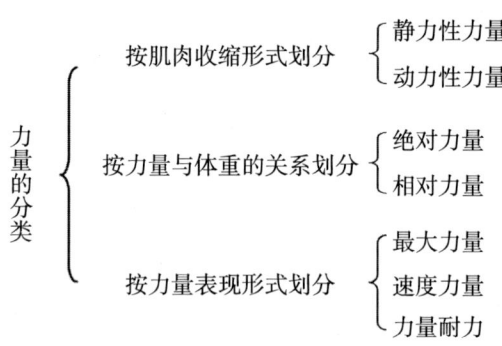

图3-1　力量的分类

1. 静力性力量

是指肌肉收缩时产生的力量，可以完成某些静止不动的用力动作，或在整个动作中肢体不产生明显位移的力量，又叫等长力量。例如直角支撑、平衡动作等所表现出来的力量就属于静力性力量。

2. 动力性力量

是指肌肉收缩或拉长时，使身体或身体某一部分产生位移或推动别的物体产生运动的力量，又叫等张力量。

动力性力量实际上又包括绝对力量、相对力量、最大力量、速度力量和力量耐力等，为阐述方便，特分别论述：

（1）绝对力量。是指不考虑运动员的体重因素，人体或人体某部分用最大力量所能克服最大阻力的能力。对从事系统训练的运动员来说，绝对力量的提高与体重的增加可同步进行。绝对力量的发展水平对投掷项目（如铅球）和按体重分级的举重与摔跤等重竞技项目，在很大程度上起决定性作用。例如举重、田径的投掷项目等，都要求运动员有很高的绝对力量水平，如美国铅球运动员伍兹（推铅球成绩为22.20米）的几项力量指标分别为：卧推230千克，深蹲300千克，高立翻180千克。实践证明，男子推铅球成绩要突破20米，卧推力量指标必须达到200千克以上。

（2）相对力量。每千克体重所表现出来的力量称相对力量，它主要反映运动员的绝对力量与体重之间的关系。衡量指标采用力量体重指数，即用每千克体重的力量来表示：

$$相对力量 = \frac{绝对力量}{本人体重（kg）}$$

如果绝对力量不变或变化很小，但体重增加，那么相对力量就会变小，这对于相对力量起较大作用的项目是不利的。运动实践证明，体操运动员有关肌肉相对力量比例至少要达到 1.0 才可能完成吊环中的十字支撑动作，也就是说，运动员的绝对力量至少要能够抵消运动员的自身体重。另据扎图奥尔斯基（1968）提供的材料，前跳高世界纪录保持者瓦·布鲁梅尔，在所有 20 世纪 60 年代的苏联跳高运动员中后蹲的相对力量指数最大，为 2.21（后蹲最大力量为 174 千克，纵跳 104 厘米），而格拉斯科夫和戴克的后蹲相对力量指数仅为 1.83 和 1.73。可见相对力量在许多运动项目中都是决定运动水平的重要指标。表 3-1 是 56、69、85 和 105 千克以上级举重世界纪录创造者的相对力量比较。

表 3-1　四个级别挺举世界纪录创造者相对力量比较

序号	体重级别（千克级）	创造者	世界纪录（千克）	相对力量水平
1	56	穆特鲁（土耳其）	168	3.00
2	69	张国政（中国）	197.5	2.87
3	85	张　勇（中国）	218	2.56
4	105 以上	雷扎扎德（伊朗）	263	2.50

从各级别举重世界纪录的发展情况来看，随着体重的增加，相对力量值下降。在举重项目中，相对力量最大的运动员是 3 届奥运会冠军、土耳其人苏莱曼诺尔古（图 3-2），1988 年在汉城举行的第 24 届奥运会举重 60 千克级比赛中，他先后 6 次打破世界纪录，总成绩达到 342.5（152.5 + 190）千克，挺举的相对力量指数达到每千克体重 3.17，是世界上举重运动员中相对力量最大的人。

图 3-2　相对力量最大的运动员苏莱曼诺尔古在抓举比赛中

(3) 最大力量。是指运动员以最大肌肉力量强力收缩，对抗一种刚好能够克服的阻力时所发挥的最高力值。力值主要取决于肌肉横断面和肌纤维的分配及最强意志紧张的能力，即尽可能多地及时动员肌肉的众多运动单位参加用力的能力。同时，最大力量的力值还随工作肌群的关节角度而变化。最大力量不是固定不变的，而是经常处在动态变化中，这就要求不断发掘自身能力的极限。最大力量指标可以通过运动员一次所能举起的最大重量❶来表示。

(4) 速度力量。速度力量也叫快速力量，指运动员在特定的负荷条件下所表现出来的最大动作速度。这种动作速度一般是指在最短时间内（通常在150毫秒左右）发挥肌肉力量的能力。所以，速度力量的训练实际上是"动作速度"的训练。

速度力量最典型的表现形式是爆发力，它是指在尽可能短的时间内，以最大加速度克服一定阻力的能力。爆发力是由最大力量与最大速度相结合组成。其公式为：

$$爆发力 = 力量 \times 速度$$

也可以写成：

$$爆发力 = \frac{力 \times 距离}{时间}$$

爆发力可在上举物体、空间投掷物体或移动身体时表现出来。它的大小在于力量与速度的正确组合。如跳远中的起跳力即为短时间与最大力量的组合，从而产生最大的起跳力，使身体在瞬间腾起。也可以用速度力量来表示爆发力：

$$I = F \cdot t$$

式中：I为速度力量；F为肌肉收缩力量；t为肌肉收缩作用时间。

爆发力要求运动的初始速度不能为零，即意味着肌肉已处于收缩状态。例如，短跑的加速阶段，跳高、跳远的加速阶段。在投掷、拳击、举重、摔跤等许多项目中，爆发力具有极为重要的作用。另外，起动力和反应力（包括弹跳反应力和击打反应力）也是速度力量的组成部分。

(5) 力量耐力。是指运动员在克服一定外部阻力时，能坚持尽可能长的时间或重复尽可能多的次数的能力。

根据不同的分类原则和标准，尽管力量可以分为上述类型，但在运动训练中最有意义的动力性力量主要是最大力量、速度力量和力量耐力。因此，动力性力

---

❶ 最大力量与绝对力量的性质有相似之处，这里只是按照现象分类的方法分别阐述。

量的训练实际上主要指最大力量、速度力量和力量耐力的训练。

二、力的力学特点

根据牛顿第二运动定律,力(F)等于质量(m)乘以加速度(a),即 F = ma。由此可见,力量的增加可以通过改变质量或加速度两个因素中的任何一个而获得。质量或加速度的改变会造成力量的变化,这对力量训练具有特别重要的意义。力学中常用的两个公式可以说明这一问题。

公式一:
$$F_{max} = m_{max} \cdot a$$

公式二:
$$F_{max} = m \cdot a_{max}$$

其中:F_{max} 为最大力量;m_{max} 为最大质量;a_{max} 为最大加速度。

在公式一中,可以通过最大质量发展力量;在公式二中,可以通过最大加速度发展力量。在运动员发力的大小与其发力的速度之间保持着一种负相关;同样,在运动员发出的力与其发力时持续的时间之间也存在着一种负相关,即一种因素得到加强的同时,另一种因素相应受到削弱。因此,速度和时间都直接影响着力量的效果。

希尔·罗尔斯顿和博姆帕等人(1975)对力量与速度间的负相关研究表明(图3-3),在运动员最大用力情况下,质量低则加速度高;而质量增加(投掷棒球、推铅球、举重)则加速度降低,直至运动完全终止(或超过人的最大力量、质量时的肌肉静力性收缩)。

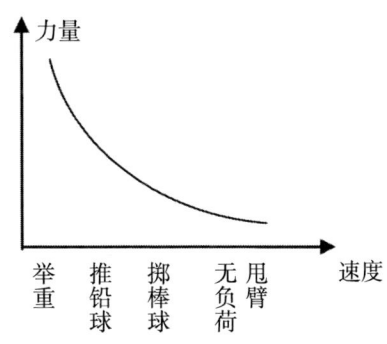

图3-3 力量—速度曲线(博姆帕,1975)

力的大小与质量的大小直接相关。这种相关只是在移动物体的质量与所加的力都刚刚开始增加时成直线形并行;随着质量的继续增加,所用的力将不会出现同等程度的增加。因此,运动员作用于铅球的力将大于他在举起杠铃时所用的力。费洛列斯库等人(1969)指出,如果将一个7.26千克的铅球推出18.19米,运动员将付出5.07千瓦的力,而如果抓举举起150千克的杠铃,则只需付出3.16千瓦的力。

三、力量发展的敏感期

(一)力量发展敏感期的概念

力量发展的敏感期,是指力量素质在儿童少年有机体自然生长发育的基础上,在某些特定的年龄阶段发展较快,呈现出发展的最佳时期。力量发展的敏感期是选材的重要依据。举重训练必须及时利用这一时期,充分发展专项需要的力量,为创造优异成绩奠定坚实基础。

少儿力量素质发展的敏感期是:女子11~15岁,男子12~16岁。其主要依据是:第一,在少儿自然生长发育的过程中,从12岁起肌肉总量急剧增加。例如:女孩肌肉质量增加得特别急剧的时期是11~13岁;男孩是12~14岁,到14~15岁时,其肌肉特性与成年人的差异已经缩小。少儿时期主要年龄阶段肌肉重量与体重百分比分别是:出生时为16.6%,3岁时为21%,6岁时为21.7%,8岁时为27%,12岁时为29%,15岁时接近33.3%。成年男子为43.5%,女子为35%。第二,"肌纤维纵向劈裂学说"也为此提供了依据。学者们研究发现,成年动物(包括人)的肌肉细胞已丧失了合成脱氧核糖核酸及再分裂的能力,而年轻动物则保持着这种能力。后者肌肉发达时,肌肉单元数和毛细血管数都有所增加,肌纤维密度明显增大,这是力量训练使肌纤维产生"纵向劈裂"引起的[9]。

(二)绝对力量

女子绝对力量的增长可分为以下4个阶段:10~13岁,力量增长很快(特别是屈肌),绝对力量可提高46%;13~15岁,增长速度下降,只增长8%;15~16岁,增长14%;16~21岁,增长6%。

男子绝对力量增快的年龄是性成熟期（12~16岁），平均增长57.5%；17~20岁增长速度下降，为36.6%；21~22岁只增长9.6%；25岁左右达到成人所能表现的最大力量[10]。

（三）相对力量

男、女相对力量的增长较平缓，如从12~14岁，每年只增长2%~3%。造成这种现象的主要原因，是体重增长较快，在身高增长的最快时期肌肉横断面积增加较少，在身高增长速度减慢时肌肉的增加又相应使体重增加。

（四）速度力量

7~14岁速度力量增长很快，14岁后男子仍以较快速度增长，而女子增长幅度相对较小。到16~17岁增长速度开始缓慢下来，这种现象与男、女进入青春成熟期内分泌腺开始急剧分泌有关（延烽，1990）。

（五）力量耐力

女子在7~13岁前直线上升，13岁以后开始缓慢发展，14岁以后甚至出现下降现象，这是因为性成熟期的到来使力量耐力受到较为严重的影响。男子7~17岁，力量耐力则基本上表现出直线上升趋势。

四、影响力量提高的因素

（一）神经冲动的强度与频率

扎图奥尔斯基（1968）的研究表明，进行大强度力量训练时，中枢神经系统传出神经冲动的次数，可以由休息状态下的每秒5~6次，上升到举起最大重量时的每秒50次。维丹斯基（1885）的研究也令人信服地证明：肌肉收缩的最佳效果，不是由于肌肉，而是由于这种神经冲动的合理频率的提高，促使运动员情绪高涨（即兴奋性提高），从而引起调动肌肉工作能力的较多的肾上腺素、去甲肾上腺素、乙酰胆碱及其他生理活性物质的释放，使力量增大（沃罗比耶夫，1967）。因此，中枢神经系统的机能状态可以直接影响肌肉力量，并对力量素质的发挥和发展起着头等重要的作用（多勃雷夫，1983）。如果中枢神经系统传出的神经冲动强度大、频率高，则肌肉所产生的力量就大。

（二）血睾酮水平与血皮质醇水平

血睾酮水平与力量素质有直接关系。血睾酮水平高，有利于提高血液蛋白合成及肌肉蛋白合成，以达到提高肌肉力量、训练水平及竞赛成绩的目的。欧阳孝等（1992）的研究证明：一般男子正常睾酮水平在 20.97 纳摩〔尔〕/升左右，优秀举重运动员均在 27.97 纳摩〔尔〕/升以上，甚至超过 34.97 纳摩〔尔〕/升。如奥运会冠军曾国强为 35.66 纳摩〔尔〕/升，9 次打破世界纪录的何灼强血睾酮竟为 55.24 纳摩〔尔〕/升。胡贤豪等人（1994）的研究也证明：女子举重运动员的血睾酮为 2.05 纳摩〔尔〕/升，明显高于一般女性（1.43 纳摩〔尔〕/升）。此外，欧阳孝等（1992）的研究还表明，举重运动员的血皮质醇水平也较高：安静休息状态为 545 纳摩〔尔〕/升（n=23），比其他项目运动员平均值高（471 纳摩〔尔〕/升）（n=104），比正常人（276±66）纳摩〔尔〕/升（n=12）高出 1 倍。这说明血皮质醇水平与力量素质也有重要关系。

（三）肌肉的形态组织结构

1. 肌纤维类型

肌肉力量的大小取决于不同类型肌纤维的百分比。肌纤维类型分为红肌纤维（慢肌纤维）、白肌纤维（快肌纤维）、中间型肌纤维。快肌纤维的无氧代谢能力比慢肌纤维大得多，因为快肌纤维中 ATP-CP 酶的活性比慢肌纤维大 3 倍，比酵解酶活性大两倍。快肌的纤维粗，收缩速度快，达到最大张力的时间只需慢肌纤维的三分之一，其收缩的力量也要比慢肌纤维大得多，所以，快肌纤维最适于做短距离、高强度的运动。慢肌纤维的有氧代谢能力比快肌纤维强。因为慢肌纤维有氧氧化酶系统活性高，毛细血管的数量、线粒体的大小和体积、肌红蛋白的含量等均大于快肌纤维，所以，慢肌纤维适合于耐力运动。力量素质主要由快肌纤维决定，快肌纤维百分比高，力量则大。

2. 肌肉的生理横截面

绝对肌力的大小取决于肌肉的生理横截面。肌肉的生理横截面为该肌肉所有肌纤维横截面的总和。每根肌纤维的横截面增粗，则肌肉的生理横截面也相应增粗，收缩力量就随之增大。国内外有关学者的大量实验研究证明，力量训练后肌肉体积增大取决于下列因素：①每根肌纤维中的肌原纤维数量增加（戈德斯平克，1964）。②肌纤维中毛细血管的密度增加（福克斯，1976）。③肌肉中蛋白含量增加（戈登，1967）。④肌纤维数量增加（埃杰顿，1970）。所有以上变化的结果，都使肌肉生理横截面积普遍增大，肌肉横截面每增加 1 平方厘米，可提高力量 6~12 千克（博姆帕，1975）。

3. 肌纤维的数量与长度

肌纤维数量多，则收缩力量大。关于肌纤维的数量，目前有两种观点：一种认为，人出生后 4~5 个月肌纤维的数量就已确定；另一种认为，训练后肌肉肥大，除肌纤维增粗外，还由于肌纤维的纵向分裂作用造成肌纤维数量的增加。关于肌纤维长度，美国人达登的研究证明：一个人力量的大小，取决于肌肉的体积。肌肉体积的发展潜力，又主要决定于肌肉长度（指肌肉两头肌腱之间的长度）。例如：有两个人，一个人的肱三头肌长 20 厘米，另一个人长 30 厘米，后者长度等于前者的 1.5 倍，后者横截面的潜力等于前者的 $1.5^2 = 2.25$ 倍，肌肉力量的潜力等于前者 $1.5^3 = 3.375$ 倍。训练前两人手臂肌肉体积差不多，经过训练，后者的肌肉体积和力量要大得多。肌肉的长度是遗传的，不受后天训练的影响。

（四）肌肉的反应特性

1. 肌肉的内协调能力

运动单位是指一个运动神经元同它所支配的一组肌纤维。一个运动单位包括 3~100 根肌纤维，一块肌肉最多可包括 700 个运动单位。当肌肉工作时，每块肌肉内所包含的运动单位并非全部参与工作，而是一部分运动单位处于相对休息状态。肌肉内协调能力的好坏，取决于能否调动更多的运动单位参加工作。动员参加工作的运动单位数量越多，则力量越大，反之则小。肌肉的内协调能力受中枢神经系统的支配和肌肉内部对中枢神经传入的冲动所产生的反应强度的应答。

2. 肌肉对于神经冲动的反应力

通常训练刺激引起的肌肉的反应只有肌肉潜力的30%左右（库兹涅佐夫，1975）。因此，采用相同的方法或相同的负荷进行训练，只能使得部分肌肉适应训练。为了使肌肉提高适应程度或达到最高适应程度，则必须采用更大强度的刺激，因为力量只是在较大肌紧张的情况下才得以发挥的（多勃雷夫，1983），只有最大刺激才能产生最大效果。可见，系统训练的要求就是逐步提高神经冲动的同步效应，以及对抗肌配合主动肌完成大强度活动的能力，从而使力量得到提高。

3. 营养系统供能状况

肌肉工作时营养的供应直接影响到肌肉力量的发挥。力量首先与肌肉中储备的能量物质有关。在肌肉发挥力量的工作过程中，有机体经过肾上腺交感神经系统来实现中枢神经系统的营养影响。而在较长时间的工作过程中，营养系统的工作还依赖于有氧代谢能力。有氧代谢能力强，才能及时排除肌肉工作时产生的代谢产物，使肌肉更好地工作。

（五）发挥肌肉潜力的能力与技术

肌肉潜力是指所有参加运动的肌肉所产生的力量的总和。库兹涅佐夫（1975）和巴罗加（1978）的研究认为，运动员所能举起重量的潜力应比目前的举重成绩高2.5~3倍。也就是说，根据这一推测，105千克以上级举重运动员应能举起800千克的重量（当然远远高于目前的世界纪录）。发挥肌肉潜力的能力，是运动员同时动员众多肌纤维（包括肌肉中心部位及四周部位肌纤维）参与工作的能力。训练有素的运动员具有充分发挥肌肉潜力的能力，可发挥出更大的肌肉力量。

如果肌肉具有举起100千克的潜力，由于生理上的限制，也只能举起潜力的30%的重量（巴罗加，1978），即30千克。因此，从理论上看，具有800千克潜力的举重运动员，实际上只能举起240千克的重量。如果利用技术作为媒介，通过一定的专项训练，提高发挥肌肉潜力的能力，运动员的成绩则有可能提高到最大潜力的60%~80%。也就是说，105千克以上级举重运动员应能举起640千克的重量；跳高运动员应能跃过2.70~2.80米的横杆。实现这一目标的可能性，取决于能否使尽可能多的肌纤维同时参加运动的能力（库兹涅佐夫，1975）。

此外，年龄变化、骨杠杆的机械效率、海拔高度、紫外线照射、钾钠代谢水平、生物节律、心理因素，以及外界刺激（如温度、气味、声音、光亮等）对肌肉力量发挥均有程度不同的影响。

五、肌肉工作的基本形式

（一）动力性向心克制性工作

肌肉在做向心克制性工作时，其长度逐渐缩短，随着肢体关节角度的变化，肌肉在缩短过程中张力也发生改变。因此，掌握好发挥最大肌力时的关节角度，可收到事半功倍的训练效果。克制性工作是力量训练的主要形式。

（二）动力性离心退让性工作

离心退让性工作时，肌肉被拉长，例如负重伸肘关节、负重慢速下蹲等，这时阻力是在运动过程中起作用的力。国内外许多学者的研究认为，肌肉在做离心收缩时可以产生更大的张力。实验证明，肌肉做离心收缩时所产生的张力比同一肌肉做向心收缩时所产生的张力大40%。也有的学者认为，肌肉做离心收缩并不比做向心收缩所获得的效果大，并很难运用于比赛实践。尽管看法不一，但离心退让性力量训练方法作为力量训练的一种补充手段仍是极为有益的。

（三）静力性等长工作

静力性等长工作是肌肉在对抗固定阻力时的收缩形式。静力性等长工作时，肌肉张力发生变化，但其长度基本不变，在整个动作过程中肢体不产生明显位移。静力性练习比动力性练习能够动员更多的肌纤维参与工作，能够有效地发展最大力量和静力性耐力。

（四）等动性工作

"等动"就是"恒速"的意思。等动性工作时，在整个关节活动范围内，肌肉始终以某种张力进行收缩，而收缩速度始终恒定。由于等动性工作对肌肉长度和张力都有影响，因此，等动力量练习的优点是集等长和等张之所长，避免了两者之不足，使运动员肌肉在各个关节角度上基本均等，且都有足够刺激，从而使每个关节角度上的力量都得到提高。肌肉的4种收缩形式如图3-4所示。

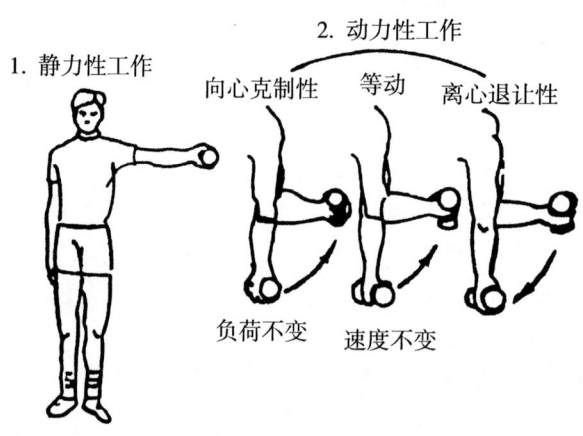

图3-4 肌肉的4种基本收缩形式

(依福克斯《实用运动生理》，人民体育出版社，1984)

六、力量训练的要求

(一) 要掌握正确的呼吸方法

由于憋气有利于固定胸廓，提高腰背肌紧张程度，因而可以提高练习时的力量。极限用力往往要在憋气的情况下才能进行。有人进行背力测定研究发现，憋气时的背力最大，为133千克；在呼气时为129千克；而在吸气时力量最小，为127千克。虽然憋气可提高练习时的力量，但用力憋气会引起胸廓内压力提高，使动脉的血液循环受阻，因而导致脑贫血，甚至会发生休克。为避免产生不良后果，力量练习时必须注意以下几点：第一，当最大用力的时间很短，但有条件不憋气时就不要憋气。尤其在重复做不是用力很大的练习时，应尽量不憋气。第二，为避免用憋气来完成练习，对刚开始训练的人，所给予的极限和次极限用力的练习量不要太多，并让其学会在练习过程中完成呼吸。第三，在完成力量练习前不应做最深的吸气，因为力量练习时间短暂，吸的气并不会立即在练习中产生作用。相反，深度吸气增加了胸廓内的压力，此时如再憋气就可能产生不良变化。第四，由于用狭窄的声门进行呼气，几乎可达到与憋气类似的同样大的力量指标，因此做最大用力时，可采用慢呼气来协助最大用力练习的完成。

（二）要系统安排力量训练

根据用进废退原理，力量训练应全年系统安排。研究表明，力量增长得快，停止训练后消退得也快；如果停止了力量训练，已获得的力量将会按增长速度的三分之一消退（海丁格尔，1961）。尽管如此，但一部分力量仍会保持很久，甚至会永远保持下来。根据优秀运动员的训练经验，每周进行1~2次力量训练，可保持已获得的力量。每两周进行4~6次力量训练，力量可望获得增长；每周进行3~4次力量训练，力量可获得显著增长（万德光，1988）。力量训练不宜在疲劳的状态下进行，否则就不是发展力量，而是发展耐力了。

（三）运用"超负荷训练"以获得超量恢复

优秀运动员的力量训练是建立在"超负荷训练"的基础之上的。所谓"超负荷训练"，就是指要求肌肉完成超出平时的负荷。"超负荷训练"通常会引起肌肉成分，特别是肌蛋白的分解。"超负荷训练"会促成超量恢复的产生。

超量恢复是指人体机能能力和能力储备由负荷后暂时下降和减少的状态恢复到负荷前水平的过程，在此过程中，能源物质的补偿在一段时间内超过原有的水平。在超量恢复的整个过程中，肌肉的成分会重新组合，肌蛋白含量得到提高，从而使肌肉更加粗壮有力。在一定范围内，运动负荷越大，消耗越剧烈，恢复过程就越长，超量恢复也就越明显。正是由于运动训练能引起超量恢复效应，使得运动员竞技能力的提高成为可能并为之奠定了物质基础，所以运动训练中的恢复，并不是满足于回到先前水平的恢复，而是要追求超量恢复。为此，要经常不断地安排"超负荷训练"，以引起超量恢复，达到迅速发展力量的目的。

（四）力量训练手段和专项动作应力求一致

大多数运动项目的动作结构、用力方向、参与肌肉的用力形式及工作方式、关节角度等均不相同，各有其自身特点。因此，发展力量时要努力做到一般力量训练和专项力量训练相结合。为此，在安排力量练习时，必须对所从事的专项进行全面深入的分析研究。例如：通过对专项技术的影片分析，了解专项动作结构、关节角度、环节运动的幅度；通过肌电研究了解主要肌群的用力特点、工作方式；通过计算了解采用什么负荷最有利于发展专项力量和一般力量。

（五）要针对运动员个人特点进行训练

由于运动员的年龄、训练程度、健康状况、技术和战术风格、训练水平、身体素质等均存在鲜明的个体差异性，因此力量训练的安排必须根据运动员的个人特点因人而异，区别对待。另外，青少年时期脊柱正处于生长发育阶段，因此，力量训练必须根据渐进性和适应性原则，进行科学合理的安排，以促进力量水平的迅速提高。

（六）要针对女子生理特点进行训练

女子肌纤维比男子纤细，肌肉重量约占体重的35%，而男子大约为43.5%；女子单位面积肌肉为男子的96%，但肌肉绝对力量仅为男子的60%~80%，爆发力为男子的42%~54%。此外，女子的骨骼也比男子纤细，骨重量为男性的60%左右，骨骼的抗断、抗压和抗弯能力均比男子差。这些特征决定了在力量项目上女运动员难与男运动员相比，因此，在力量训练时应当考虑女子的生理特点，制定切实可行的计划，特别注重肩带、上肢、腹部和骨盆等薄弱环节的肌肉力量训练。

（七）要针对少儿发育特点进行训练

在少儿时期，速度力量的发展比绝对力量发展快一些，并且早一些。7~13岁是速度力量发展的敏感期。男孩绝对力量自然增长的敏感期为12~16岁，此后，增长速度减慢，到25岁左右达到最大力量水平。女孩11~14岁，绝对力量增长速度很快，三年中可提高46%，14~16岁增长速度下降，16~17岁回升，17岁以后再度下降，到20岁左右基本达到最大力量水平。

儿童时期骨骼系统中软组织多，骨组织内的水分和有机物较多，无机盐少，骨骼弹性好，不易折断，但坚固性差，易弯曲，因此儿童时期不宜进行大强度力量训练。在这个期间可适当进行发展力量耐力的训练，通过小负荷，特别是克服自身体重的练习，如做俯卧撑、仰卧起坐、反复下蹲等练习，使全身肌肉力量得到适当发展，增加肌肉中毛细血管和肌红蛋白的数量，改进输氧功能。12岁以后可逐渐增加力量训练，并以动力练习为主，少用或不用静力性练习，特别要尽量避免出现憋气动作，以免胸内压的突然变化而影响心脏的正常发育。

少儿力量训练应循序渐进，系统规划，注意全面发展和提高相关力量水平。

第二节 力量训练的方法

根据肌肉收缩形式，力量训练主要分为动力性力量训练和静力性力量训练两大类。动力性力量训练方法主要由强度（负荷重量）、组数、每组重复次数、每组间歇时间等要素组成，这些要素与发展力量的关系如表3-2所示，并包括众多的内容（图3-5）。随着现代训练理论的不断发展，动力性力量训练已成为竞技运动中发展运动员力量最主要和最基本的形式。下面着重从最大力量的训练、速度力量（快速力量）的训练和力量耐力的训练三方面，探讨和阐述力量训练的基本理论和方法。发展各种力量的具体方法如图3-6所示。

表3-2 强度、组数、次数与发展力量的关系

标准 目的 项目	强度（重量）(%)	组数	每组重复次数	完成动作速度	每组间歇时间（分钟）
发展最大力量（绝对力量）	85~100	6~10	1~3	快到适中	3
发展速度力量	70~85	6~8	3~5	极快	3
发展小肌群力量或增大肌肉体积	60~70	4~8	6~12	适中到慢	3~4
发展力量耐力	60%以下	2~4	12次以上	适中	3~4

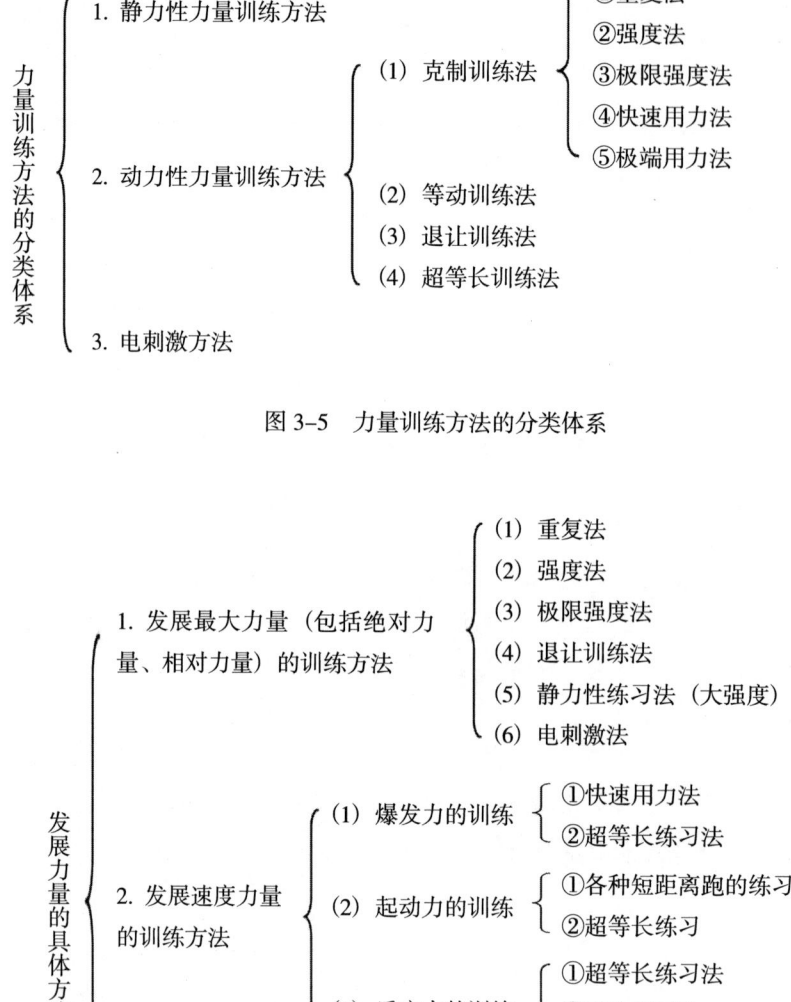

图 3-5　力量训练方法的分类体系

图 3-6　发展力量的具体方法

（改编自杨世勇等《体能训练学》，2001）

一、最大力量的训练

最大力量是指运动员以最大肌肉力量和意志收缩,对抗一种刚好还能克服的阻力时所发挥的最高力值。这个力值主要取决于肌肉的生理横截面和及时动员尽可能多的肌纤维参加用力的能力,以及最大意志紧张的能力。同时,最大力量的力值还随工作肌的关节角度而变化(万德光,1988)。

最大力量的训练特点,是所有的或绝大多数的运动单位都参加运动(施罗德,1969)。因此,发展最大力量必须频繁地采用最大或超最大刺激。发展最大力量的训练方法,主要有重复法、强度法、极限强度法、退让练习法、静力性练习法、电刺激法和极端用力法❶等。这些方法不仅能有效地增大肌肉横截面和发展最大意志紧张的能力,而且也是发展绝对力量、相对力量的主要方法,对速度力量(包括爆发力)和力量耐力的发展也有极为重要的作用。

(一) 重复法

重复法也叫持续不断地重复用力的方法❷,还称为大强度重复刺激法,即要求在规定的大强度范围内,重复次极限紧张直至精疲力竭,也就是每个重量每一组都要做到力竭,甚至还要坚持再做 1~2 次。其负荷特征(表 3-3)是以 75%~90%的强度进行练习,每组重复 3~6 次,负重量的大小应随肌肉力量的增加而逐渐加大。因为训练时增加试举重量和重复次数就是力量提高的标志,所以当运动员能重复更多次数时,便表明力量有了提高,即应增加负荷重量。重复法不仅能加强新陈代谢,活跃营养过程,引起工作肌群增长,并能迅速而有效地提高肌肉力量,而且也能有效地发展爆发力,改进用力技术的协调性,加强支撑运动器官的机能。重复法在初、中级运动员训练中运用较多,但在高级运动员训练阶段效果相对减小。因为力量的发展很大程度上是在提高杠铃重量和克服这种重量的速度的情况下实现的,因此,随着技术水平的提高,必须结合极限重量进行训练。

---

❶ 极端用力法也是发展力量耐力的有效方法。
❷ 保加利亚学者多勃雷夫把这种方法称为"有效组数练习"。

表 3-3 重复法的负荷特征

负荷强度（%）	组　数	每组重复次数	每组间歇（分钟）
75～90	6～10	3～6	3

（根据多勃雷夫1983年材料改编）

重复法在现代举重训练中得到了比较广泛的运用。例如：中国女子举重队奥运会金牌选手杨霞、丁美媛、刘春红、陈艳青、唐功红、曹磊、王明娟、周璐璐等，以及前苏联82次创造世界举重纪录者瓦西里·阿列克谢耶夫和奥运会冠军里格尔特（64次创世界纪录）、瓦尔达尼扬等经常采用这种训练方法。他们在平时训练中虽很少试举最大重量，但只要完成有效组数的必要的重复次数，就能成功地在比赛中举起最大重量。

（二）强度法

强度法（表3-4）也叫"最大限度的、短促的用力方法"。其特点是以大的、亚极限和极限重量（即85%～100%的强度）进行优势工作，训练时逐渐达到用力极限，以后继续用对体力来说是强的、中上的和中等强度的负荷量，直到对这种刺激产生劣性或接近劣性反应时为止（马捷耶夫，1959；万德光，1988）。强度法能够发展一次性的最大爆发式用力，符合某些力量性项目最短时间最大用力的要求。它对神经肌肉刺激强烈而集中，有利于提高神经肌肉兴奋过程的强度；同时，也刺激和发展了激素的分泌，大量消耗蛋白质和磷酸肌酸，加强蛋白质的合成与分解，促进肾上腺皮质激素的分泌。强度法重复次数少，刺激强度大，既发展了最大爆发力，又增长了肌肉力量，发展了肌纤维间的协调性，而肌肉体积增加不多。

表 3-4 强度法的负荷特征

负荷强度（%）	组　数	每组重复次数	每组间歇（分钟）
85～100	6～10	1～3	3

强度法保证了神经肌肉用力的高度集中与绝对肌力的发展，能使运动员在肌肉体积没有特殊增加的情况下，使相对力量得到显著提高（楚迪诺夫，1961）。对于需要最大力量的项目的运动员来说，周期性地举极限和亚极限重量可以有效

地促进专项工作能力的提高,这早已为彼得罗夫(1970)、梅得维杰夫(1971)和多勃雷夫(1983)等人的研究所证实。

中国的吴数德、陈伟强、唐宁生、占旭刚、杨霞、丁美媛,前苏联的皮萨连科、塔拉年柯,希腊的迪马斯,哈萨克斯坦的伊林等都采用过强度法进行训练,并多次打破世界纪录和夺得奥运会金牌。运动实践证明,只要提高强度(尤其是90%以上的强度),就能提高运动成绩。但是,这种方法需要较大的体力和心理准备,并对中枢神经系统有较高要求,长期使用会在运动员心理上引起较大的疲劳。因此,不能仅仅采用这种方法。

(三)极限强度法

极限强度法(表3-5),又叫"保加利亚法"(万德光,1988)或"阶梯式训练法",为保加利亚功勋教练员阿巴杰耶夫所创。他采用这种方法使保加利亚举重队于20世纪70年代崛起于世界举坛,并在世界锦标赛和奥运会比赛中多次战胜苏联队,使保加利亚成为世界举重强国之一。

表3-5 极限强度法的负荷特征

负荷强度	90%	95%	97.5%	100%	100%以上
组数	3	2	2	2	1~2
每组次数	3	2	2	1	1
每组间歇	均为3分钟				

(依万德光,1988)

极限强度法的显著特点是:非常突出强度,几乎每周每天每项都要求达到、接近甚至超过本人当天最高水平(即最高强度的集中刺激),然后减10千克做两组,再减10千克做两组。即开始递增重量,直至当天最大重量,再递减重量。在计划规定的时间内,要求组数越多越好,组与组之间的间歇以能休息过来为准,整个全年训练都是这样安排,不作大的调整和变动。

以抓举训练为例,暂定第一阶段抓举强度为130千克,经过若干天训练后,适应了这个重量,并能成功抓举两次,就可以增加新的重量(如132.5~135千克),开始第二阶段适应性训练,这样不断增加重量,进行新的适应,使训练水平一级一级地提高。

阿巴杰耶夫用以下观点和事实阐明了"极限强度法"的训练理论。他认为，人体有巨大的潜力和很强的对外界环境适应能力，开始训练时，对新的刺激不适应，经过一段训练就能适应。这时，如果不进行新的刺激、新的适应，机能就得不到新的发展，训练水平不可能达到新的高度。所以，对旧的刺激适应后，必须给予新的刺激，再求得新的适应。这是符合适应性原则的，也是符合自然界发展规律的。

肌肉细胞学原理也证明了上述训练理论的科学性。由母体内带来的细胞核组织，只有不断地刺激才能发展，否则就会退化。自然界的一些事例也说明，一种新的环境和条件，人体不但能适应，而且能在这种新的环境、条件下发展自身。从生理生化的角度来看，据测定，在大强度训练后，血液中新肾上腺素含量可增加两倍，从而大大提高激素的含量，皮质素的水平也只在大重量训练后才会提高。

目前，极限强度法已被举重发达国家广泛采用。中国男子举重队吴数德、陈伟强、占旭刚、张国政、石智勇、吕小军，土耳其的苏莱曼诺尔古、穆特鲁等著名选手，都曾采用极限强度法进行训练，并打破世界纪录和夺取奥运会冠军。极限强度法对发展最大力量虽然极为有效，但是它对运动员的中枢神经系统、营养的补充、恢复措施与医务监督等均有很高要求。据阿巴杰耶夫、弗尔纳杰夫（保加利亚，1982）、沃罗比耶夫（苏联，1977）和郭廷栋（1990）等人的观点，"在激烈紧张的训练中，激素系统起巨大的作用，但长期提高激素系统的活动（超过7~8周）能导致其衰竭，甚至引起某些疾病"[8]294。因此，此法不宜长期使用，应结合其他训练方法，并注意训练节奏和训练周期。

（四）退让练习法

退让练习法又称离心收缩（Ecentric Contractions）法。它与克制性训练方法正好相反，不是肌肉在拉长时收缩，而是在收缩的同时或收缩后被更大的外力拉长。

负重力量训练一般都包含有退让性用力，例如抓举、挺举、推举、深蹲等许多动作重复多次的用力练习，特别是在退让性的慢放杠铃时，两臂屈肌、腹背伸肌、伸膝肌等在某种程度上都要进行退让性工作。

希尔等（1951）提出退让性练习的理论依据是：肌肉不仅在收缩时能把化学能转化为功，而且在外力拉长肌肉做功时，肌肉也能反过来把功变为化学能。因此，退让性用力，除了即时效应（例如制动）外，还能产生积蓄效应（例如借助反弹力从深蹲中起立或上挺）。

伊万诺夫经过3个月的试验研究证明，后蹲成绩的最高增长率（平均增长15千克）是用退让练习取得的，而最低的增长率（9.2千克）是靠静力练习取得的。背部力量的最高增长率（32.2千克）是用静力练习取得的。双腿原地跳高的增长率（17厘米）是用克制性工作取得的。用肌肉工作的其他练习方法原地跳高则成绩减少：用退让练习的方法减少1.5厘米；用静力练习的方法减少5.4厘米。可见退让练习对发展腿部力量效果显著。

退让练习法的作用主要表现在以下两方面：第一，退让性练习能比动力性练习对抗更大的阻力，能用超出克制性收缩的强度进行练习，因而能给予神经肌肉系统更强的刺激，取得提高力量的效果。例如：运动员深蹲最高成绩是200千克，如采用超过200千克的重量便无法练习深蹲了，然而他却可以负重220～230千克的杠铃，从直立姿势下蹲（运动员用最大力量抵抗下蹲）。退让性练习法的特点是强调慢放杠铃。学者们研究发现，退让性工作时，肌肉的最大张力可比克制性和静力性练习的最大张力大20%～60%（贝思认为，用退让性工作所取得的紧张可以超过静力性练习极限紧张的1.2～1.6倍），从而使肌肉用力达到更大的紧张程度。第二，退让性练习与克制性工作是密切结合的，在许多情况下为主动用力（克制性收缩）创造了有利的生物力学条件。例如：用抓举、挺举发展力量时，发力前的引膝、上挺前的预蹲等，都是退让性用力的典型体现。这种退让性力量的提高，会大大提高主动用力的效果。

退让性练习的强度一般以140%～190%（谢苗诺夫等，1964）或120%～190%（伊万诺夫，1966）为宜。另外，从0.4～1.1米的高处下跳（跳深），也能很好地发展腿部力量。目前，在运动训练中有意识地安排退让练习者还很少。鉴于退让练习对发展力量具有积极作用，故在力量训练中应作适当安排。安排时应注意以下几点：①退让练习应与克制性练习相结合。②可采用特殊装置进行练习。③可采用与克制性练习相同的项目进行练习，强度可采用80%～120%的重量。如果用跳深发展腿部力量，则可负小重量进行。④根据威尔霍尚斯基（1977）的观点，退让性工作的优势只有在用大重量做慢速动作时才能显现出来。所以在训练中必须努力将杠铃慢放。慢放杠铃，特别是在最大重量的情况下不仅有助于增加力量，而且有助于培养意志。⑤由于退让练习强度大，训练时还应注意很好地放松。

（五）静力性练习法

静力性力量练习是肌肉在紧张用力时其长度不发生变化的力量练习，所以静力练习又称为等长收缩。其实，纯粹的"等长收缩"是不存在的。对此问题李岳生（1981）曾做过这样的叙述："生物学家利用现代物理技术，对肌肉组织超微结构进行的研究表明，肌肉在静力收缩时长度的改变，是由于肌原纤维中可收缩原件（原丝）缩短的结果，因而在肌纤维总长度不变时，可收缩原件依然处于收缩状态。这是因为肌纤维本身除了可收缩原件外，还包含有'串联弹性原件'，在可收缩原件缩短时，串联弹性原件便伸长。"[11]。这表明，静力练习时，肌肉组织内微观结构还是要发生变化的，这有助于我们认识静力练习的实质及对增长力量的作用。

静力性力量训练不仅对提高最大力量作用较大，它还可以发展静力性力量和静力性耐力，如举重的支撑动作。生物学研究证实，静态力量是动态力量（包括快速力量）的基础。静力性练习正是发展静态力量的有效手段之一。

静力性练习之所以能有效地发展肌肉力量，是因为进行静力性练习时，肌肉长度基本不变，肌肉收缩所产生的能量基本上表现为肌肉张力增大。由于完成最大紧张度的静力练习时肌肉强直收缩，即运动单位工作同步化，因而能培养和发展极大的张力。由于静力性练习的特点是工作时处于无氧条件下，这就导致能量储备的迅速耗尽，从而迅速出现疲劳。

静力性力量训练，一般采用较大重量的负荷，以递增重量的方法进行练习。静力性练习除可用于发展最大肌肉力量外，主要用于加强某些薄弱肌肉群的力量，也可用于技术训练。例如：举重挺举中的预蹲，体操中的倒立、十字支撑，射击中的持枪射击等。静力练习还特别适用于伤后恢复阶段的训练。

运动实践证明，静力性练习时，肌肉活动的条件与动力性练习时迥然不同，因而两者所训练的力量不完全一样。由于各种运动项目的绝大多数动作都要求快反应、高速度、爆发式地完成，以及高度的灵活性和机动性，所以，过多地使用静力练习法，会妨碍动作速度和协调性的发展。使用静力性练习法的目的，只是为了克服某些肌群力量发展中的不足和适应某些静止用力动作的需要。

静力性力量练习时应注意以下几点：第一，练习时要与动力性练习相结合；第二，练习时应与技术动作相一致；第三，关于呼吸，可在练习前做一次深吸气，坚持数秒后慢慢呼出。也可先吸半口气进行极限用力，然后在短促呼吸与短促憋气相交替中完成练习。

静力性力量训练的负荷特征如表 3-6 所示。

表 3-6　静力性力量训练的负荷特征

负荷强度（%）	50 以下	50~70	70~90	90 以上
组　　　数	2~4	2~4	4~6	3~5
每组持续时间（秒）	20 以上	12~20	8~12	3~6
组间间歇（分钟）	3~4	3	3	3~4
练习目的	发展力量耐力	发展力量耐力	发展最大力量	发展最大力量

（六）电刺激法

电刺激（Electromotor Stimulation，简称 EMS 技术）是一种可以引起肌肉产生收缩的技术。它使大脑发出的中枢神经冲动被一种迫使肌肉收缩的电刺激所取代。近年来，用电刺激法发展肌肉力量受到人们的重视。鲍尔霍夫斯基（1981）在举重运动员身上进行电刺激的实验表明，运用电刺激法 10 天，使股四头肌力量由 308 千克提高到 375 千克，增长率达 21.75%。肱三头肌在经过 7~10 次电刺激后，力量增加 23.8%，围度增加 15.7%。与此同时，采用其他方法而不是进行电刺激的肱三头肌围度增加了 5.1%，力量只增加 8.7%。

电刺激法由科兹于 1969 年发明。电刺激引起的肌肉收缩，本质上与训练时的肌肉收缩是相同的，即消耗能量并产生代谢产物，引起相同的内环境改变，获得的力量一样。一定强度的电刺激获得的力量也能促进运动成绩的提高。

电刺激分为两种方法：①直接刺激法。将两个电极固定在肌肉末端，频率为 2500 赫兹时，收缩最为强烈。②间接刺激法。使用电脉冲电流仪，通过两个趋肤电极传输到肌肉，不同的电极可以放置在与其有关的运动神经部位，频率为 1000 赫兹时肌肉收缩最为理想。

另据郭庆芳等人的介绍，运用电刺激法时，可用电极针扎在肌腹两端，进针深度一般为 3 厘米，刺激频率为 100 次/秒，每次时限 0.1 毫秒，刺激 5~7 秒，间隔 3~5 秒，共 15 分钟，隔日 1 次。此外，郭庆芳等人（1978）的实验还发现：在训练课后进行电刺激，比非训练日电刺激有效得多。国外专家还建议，用专门电刺激器，因人而异选择电流强度，连续刺激 10 秒，每块肌肉休息间隔 50 秒，每次训练刺激 10 次。

国内外学者的研究都发现，用电刺激方法获得的肌肉力量，在停止电刺激后会很快消退。郭庆芳等认为，力量消退的速度与获得这些力量的速度相同。国外学者认为，电刺激后肌力能保持15天，以后下降，但经过3个月仍然超过电刺激以前的水平。这与国内外有关专家对力量训练的生物学规律研究所得出的结论相一致，即很快获得的力量，在停止训练后消失得也快；逐渐获得的力量，保持的时间也长。

电刺激发展力量的方法可以作为力量训练的一种辅助手段，可应用于因创伤而不能正常训练，又特别需要保持竞技状态的运动员。

二、速度力量（快速力量）的训练

速度力量（或称快速力量）是速度与力量的综合表现，它的提高受速度素质和力量素质的牵制。因此，力量和速度决定快速能力的发展（库兹涅佐夫，1970；多勃雷夫，1983）。生理学研究证明，肌肉收缩时缩短的程度与速度和负荷有关，负荷较大，则肌肉缩短较少，而且速度较慢；当负荷为零时速度最大；当负荷达到肌肉刚刚不能承担时，速度变成零，从而产生最大等长收缩的张力。因此，只有使速度和最大力量两方面都得到提高，才能在各种外部负荷的情况下使动作速度得到提高。训练实践证明，要提高速度是比较困难的，而提高力量却比较容易。例如：近40年来，举重各级别的世界纪录提高了20%~30%，而反映速度项目的100米短跑的提高幅度却未超过4%。因此，广泛采用发展力量的练习，是提高速度力量的主要途径。

速度力量的决定因素是肌肉收缩速度。许多运动项目都是在快速节奏或爆发用力的情况下完成的。器械的出手速度、投掷时的鞭打速度、各种情况下的起动速度，以及体操的团身、转体速度等，都是速度力量的突出表现。速度力量的典型表现形式主要有爆发力、起动力、反应力等。

（一）典型速度力量的训练

1. 爆发力的训练

爆发力是指以最短的时间（150毫秒以内）、最大的加速度克服一定阻力的能力。爆发力的大小是由参与活动的所有肌肉群的协同用力来决定的，它是速度力量项目运动水平的决定因素。爆发力的提高也同样有赖于最大力量水平的发展。如果最大力量发展不够，爆发力则不能达到很高水平，所以，发展最大力量的训练方法同样也适合于发展爆发力。

施罗德认为，爆发力训练的主要特点，是用于训练中的主要刺激，与完成动作的类型及发力的大小密切相关。例如：疾跑时运动员腿部力量的冲力可达到其自身体重的 3.5 倍，而投掷标枪时，其腿部力量相对小得多（伊万诺娃和韦斯，1969）。因此，爆发力训练的主要刺激是加速度。在非周期性运动项目，如跳远、投掷特别是举重中，爆发力是取得优异成绩的决定因素，而在周期性项目中（如短跑项目），爆发力则是被反复而快速地运用。因此，应根据不同项目特点发展爆发力。

发展爆发力的方法主要有快速用力法和超等长性练习法等。

（1）快速用力法：快速用力法的练习特征（表 3-7）是以最快的收缩速度克服一定的器械重量，以发展运动员爆发力。它包括以下两种训练形式：

表 3-7　快速用力法的练习特征

负荷强度（%）	70~85	30~60
组数	4~6	3~6
每组次数	4~6	5~10
动作速度	爆发式	爆发式
每组间歇（分钟）	3~4	3~4

（根据杨世勇《体能训练学》等资料改编）

①中等强度快速用力法。其特点是用 70%~85% 的强度，用最大速度练习 4~6 组，每组重复 3~6 次。这种方法对提高肌肉力量的爆发性发挥极为有效，特别是采用抓举、挺举等形式（或高抓、高翻挺）发展爆发力时更是如此。田径运动中的投掷和跳跃、体操、击剑、跳水，以及任何有起跳动作的非周期性运动（如排球）项目，爆发力的大小都直接影响着运动成绩。因此，可采用这种方法发展爆发力。另外，也可安排负荷较小但快速完成的练习（如实心球练习等）。

举重训练中往往采用 70%~85% 的强度，以抓举、挺举（或高抓、高翻挺）等技术发展快速力量。

②小强度快速用力法。其特点是采用 30%~60% 的强度，练习 3~6 组，每组 5~10 次，进行专门发展练习，并使练习的结构和肌肉工作方式尽量接近比赛动作。快速用力法的原理，在于速度的增长就是力量增长的标志。快速用力法有

利于培养运动员的速度意识及快速运动反射的传播。

(2) 超等长练习法：超等长练习法也叫超长训练法。它实际上是一种把退让练习和克制练习结合在一起的训练方法。超等长练习时，肌肉先做退让工作，并且被极度拉长，然后再尽快转入克制工作。这种练习的目的，在于使纯力量转变成爆发力。其生理机制是牵张反射，即肌肉在退让工作时，被拉长得超过自然长度，于是引起牵张反射，从而能够产生一种更强有力的克制性收缩，以有效地发展爆发力。

超等长练习发展爆发力的方法和练习内容主要有：跳深练习和各种跳跃练习，如用最大速度进行原地纵跳、蛙跳、连续跳台阶、跳栏架、多级跳、跳上、跳下、跳箱等练习。超等长练习的内容、组数和次数，可根据训练要求和运动员个人的具体情况选定。

2. 起动力的训练

在最短时间内（通常不到150毫秒）最快地发挥下肢的肌肉力量，称之为起动力。运动实践证明：最大力量水平是起动力的基本成分，许多力量型运动员（如举重、投掷运动员），尽管其体重超过100千克，也未从事过专门的短跑训练，但他们的起动速度都非常出色。

发展起动力的方法很多，以下几种练习对发展起动力具有积极作用。

(1) 利用地形地物的各种短跑练习，如沙地跑、上（下）坡跑、跑阶梯等。

(2) 利用器械、仪器的各种跑的练习，如穿加重背心的起跑加速、加速跑突然改变动作方向跑、计时短跑、系铅腰带的加速跑、负轻杠铃短跑等。

(3) 利用同伴的各种加阻力（助力）的加速跑、牵引跑、听信号改变起跑的准备姿势跑等。

此外，发展弹跳反应力的超等长练习法，如跳深和各种跳跃练习，也是发展起动力的有效手段。

3. 反应力的训练

反应力是指运动着的人体迅速制动，并以很高的加速度朝相反的方向运动的能力。当人体运动时，肌肉链制动着人体运动速度，引起牵张反射。在制动的离心阶段，活动的肌肉被拉长；在加速的向心阶段，肌肉迅速收缩、缩短。所以，反应收缩形式是一种高度活动的肌肉拉长——收缩周期形式（比勒，1986）。

反应力主要有两种：一种是以跳跃为主的弹跳反应力；一种是以击打、鞭打、踢蹬为主的击打反应力。这两种收缩形式的差别在于不同的刺激关系。以跳深为典型的反应形式中，肌肉拉长是因为制动向下运动的身体受重力作用被迫进行的，人们习惯称之为超等长练习；相反，以击打为典型的反应形式中，肌肉拉长是因为对抗肌用力而引起的，这种被拉长的肌肉并不是积极的。因此，拉长—收缩周期较跳深时慢得多（万德光，1988）。

(1) 弹跳反应力的训练

发展弹跳反应力的方法也主要采用超等长训练法，训练内容主要有以下三方面：

①跳深练习。下落高度 50～110 厘米。如采用较低高度，有利于发展最大速度；采用较高高度，可发展最大力量。要求跳下后立即向上跳起，尽量跳高。这种练习每周可安排两次，每次 4 组。

②负重半蹲练习。采用颈后深蹲最大负荷的 90%～130% 的强度做负重半蹲练习，每周安排两次，每次 4～6 组，每组 3～5 次。也可采用负重半蹲起踵或负重半蹲跳来发展弹跳反应力。

③各种跳跃练习。用最大速度做原地多次纵跳、跨步跳、多级跳、负重连续跳、单足跳、多级蛙跳、连续跳过低栏架、连续跳台阶、跳上跳下等。优秀运动员还往往把短跳练习和长跳练习结合起来进行训练。另外，美国篮球运动员多采用手持轻哑铃蹲跳起、肩负杠铃（22.5 千克）蹲跳起、负重（45 千克，要求快速）分腿跳、负重提踵（70 千克）等练习来发展弹跳反应力。

(2) 击打反应力的训练

许多竞技运动项目都有击打、鞭打、踢蹬、出手等动作。发展击打反应力，特别是发展对抗肌的力量能力是这些运动项目训练的重要任务。在优秀运动员中发展击打反应力，主要有以下几种训练方法：

①退让性练习法（即离心收缩，发展对抗肌力量）：

• 卧推。负荷 110%～150%，即超过自己最大负荷 10%～50%，加助力推起，加保护慢放下。

• 深蹲。方法同上。

• 仰卧直臂下压。两手持哑铃，直臂下压时快，直臂后摆时慢。

②模仿性练习法（发展对抗肌和击打速度等）。如利用滑轮拉力器、橡皮筋、石块、短棒等模仿击打、投掷、踢和蹬等动作，用轻杠铃快速平推以发展出手的速度力量等。练习时应注意动作完成的幅度、完成动作前的拉长动作，以及具有足够引起鞭打性的肌肉紧张。开始位置（关节角度）必须和比赛动作的开始位置一致，根据所选负荷和运动员的训练状态，此练习每组不得超过 5～8 次。

(二）速度力量训练的基本要求

第一，速度力量的提高不仅取决于肌肉收缩的速度，而且也有赖于最大力量的发展。因此，在发展速度力量时，要尽最大可能提高肌肉的最大力量。

第二，要在已经获得力量的基础上，在快速完成动作的过程中，培养表现这种力量的能力。这种能力的培养，首先要掌握完整的技术动作，反复练习到较熟练的程度，并以轻负荷开始逐渐过渡到重负荷。在做不同重量的负荷练习时应有速度要求，动作幅度应尽可能达到最大，使之产生最大用力感和最大速度感。在不同结构动作的组合练习中，要强调衔接的协调、自然。

第三，速度力量练习应与单纯发展力量的练习相结合。运动实践中，速度力量一般表现在具有一定负荷的练习中。不负荷或负荷很小的快速动作练习，对神经肌肉系统的作用极其短暂，其训练效果不能适应运动实践中速度力量的要求。在单纯发展力量的练习中，由于负荷较重，动作速度会暂时下降，这种暂时下降只有在负荷停止或大量减轻负荷 2～6 周后才会恢复。因此，在动作速度暂时下降时期，应采用一些非极限负荷或无负荷的速度练习，使速度和力量练习结合起来。

第四，对于速度力量的训练，负荷重量要适宜。速度力量训练的最终目的是培养运动员快速完成动作的能力，由于有些速度力量性项目的负荷并不太重（例如男子铅球 7.26 千克，女子铅球 4 千克等），因此，以负重训练发展速度力量时，要采用适宜的负荷重量，照顾发展力量和速度的需要，以适应专项要求。

第五，学习动作时，对动作的速度要求应严格区别对待。对不能完成动作速度要求的运动员，要逐渐把他们的注意力从对动作的空间特征的注意，转移到对动作的时间特征的注意上来。对难以掌握的、复杂的、速度要求高的动作，要严格按照循序渐进的原则进行。因为动作的空间特征是时间特征的基础，只有完成正确的动作，才能要求提高动作的速度。

三、力量耐力的训练

力量耐力是力量和耐力的综合素质，它是在静力性或动力性工作中长时间保持肌肉工作能力，而不降低其工作效果的能力。根据肌肉工作方式，力量耐力分为动力性力量耐力和静力性力量耐力。动力性力量耐力又可细分为最大力量耐力（重复发挥最大力量的能力）和快速力量耐力（重复发挥快速力量的能力）两种；静力性力量耐力又可细分为最大静力性力量耐力和接近最大静力性力量耐力。

具有静力性力量耐力性质的运动项目很多，典型的有射击、射箭、速滑中的上体姿势、举重的支撑、吊环的十字支撑等项目和动作。要求动力性力量耐力的运动项目多数集中在田径、球类、游泳和体操等项目中。

从肌肉物质交换的关系来看，在静力性力量耐力练习时，肌肉紧张逐渐下降，从而限制了有氧物质和酶作用的供应，肌肉高度紧张时，还会中断这种供应。在动力性力量耐力练习时，肌肉有节律地交替紧张和放松，短时间随血流流通供应有氧物质，有利于加快消除疲劳的过程。

根据肌肉物质交换的关系，如要发展一般力量耐力，可采用极限用力的极端数量练习法、等动练习法、循环训练法和负荷强度较低的静力性练习法（静力性练习法详见最大力量训练部分）。

（一）极端用力法

这种方法要求训练时做极限数量的重复，即每组试举允许重复 10~12 次这一最大值，直到完全不能做为止。即：使参加训练的肌肉再也不能收缩，肌肉越来越疲劳，需要从大脑皮质发出补充的神经冲动去激发新的运动单位，才能把每块肌肉充分地调动起来，并去激发新的肌群——即兴奋过程的扩散（约尔丹诺夫，1961）。

保加利亚多勃雷夫（1983）认为："这种训练方法对举重运动员的身体起着最为深刻和全面的结构性以及机能性的影响，而对运动系统和心血管系统则产生更为强烈的影响，这种方法对力量和耐力的发展产生良好影响，并成为大幅度地提高运动成绩的基础。"[12]

运动实践已经充分证明，这种方法不仅能极为有效地发展力量耐力，而且也是发展最大力量、培养意志和心理稳定性的有效方法。

极端用力方法的负荷特征如表 3-8 所示。

表 3-8 极端用力法的负荷特征

负荷强度（%）	组数	每组次数	每组间歇（分钟）
50~75	3~5	10~12	3~5

（根据多勃雷夫 1983 年材料改编）

（二）等动训练法

等动训练法即等动力练习法，它是利用一种专门器械（等动练习器）进行力量训练的方法。等动练习器的基本结构是在一个离心制动器上连结一条尼龙绳，拉动尼龙绳时的力量越大，由于离心制动作用，器械所产生的阻力也就越大。所以，器械所产生的阻力总是和用力大小相关。等动练习从肌肉用力形式来看，似乎属于克制性工作，但实际上它与纯粹的克制性工作有较大的区别。因为克制性工作时，肌肉在缩短过程中张力要发生改变，而等动练习时，肌肉一直以某种张力进行收缩，并且收缩速度始终恒定。因此，不能简单地将等动练习看作是克制性工作。

肌肉用力大小与骨杠杆位置有着密切关系，即要受到肌肉群的牵拉角度及每个杠杆的阻力臂与力臂的相对长度的影响。因此，当人体任何一个环节活动时，在它的整个活动范围内，肌肉所表现的力量并不是均匀一致的。当我们做弯举时，总会明显地感觉到肘关节处于90°角左右时最吃力（阻力臂最大），因此，在一般的动力性训练中，由于外加阻力是固定的，所以肌肉在屈肘关节的整个活动范围内，负担是不一样的，开始较小，90°角左右负担量最大，然后又逐渐减小，这样，当肘关节处于不同角度时，屈肘肌群所受到的刺激作用也就不一样。用等动练习器进行训练，当骨杠杆处于有利位置时，如肌肉使劲，则用力比较大，器械产生的阻力也大；当骨杠杆处于不利位置时，力量小，器械产生的阻力也就小。这样，实际上就等于在肘关节的整个活动范围内，给了屈肘肌群以不同的负荷（即不同的外加阻力），只要练习者尽力去拉，就能保证肌肉在整个活动范围内均能受到最大负荷。

进行等动练习时，通常重复次数较多，速度也因不同的目的而有区别。这种方法主要用于发展力量耐力，如果改变负荷要求，也可用于发展其他类型的力量素质。

等动练习法在国内外游泳运动员的训练中得到了比较广泛的应用，并收到良好效果。目前，还有人使用水下等动练习器来发展游泳运动员力量，并取得一定效果。

等动练习可采用如下方法进行：将等动练习器固定在墙壁上、地板上或天花板上，运动员根据各自的专项特点，结合专项动作的方向和幅度，采用不同的负荷进行训练。例如：慢速等动训练，只增加做慢动作的力量耐力；快速等动训练，能使快速和慢速动作力量耐力都得到提高。总之，进行快速等动训练提高的力量耐力比慢速等动训练提高的力量耐力的作用和效果更大。因此，应多进行快速等动训练。

安排等动训练应注意以下几点：第一，每周训练以 2~4 次为宜；第二，训练周期至少 6 周或 6 周以上；第三，要结合专项特点进行练习，训练时完成动作的速度应尽可能和专项动作一样或更快；第四，每一种练习都应保证做 2~4 组，每组以最大力量做 8~15 次（负荷较大时）或 15 次以上（负荷较小时）。

（三）循环训练法

循环训练法是指根据训练的具体任务，建立若干个练习站（或练习点），运动员按照规定的顺序、路线依次完成每组所规定的练习和要求，周而复始地进行训练的方法。

循环训练要求系统地、按先后顺序进行两臂、肩带、两腿、腹部肌肉练习，以发展多部位力量耐力。循环训练的内容组织需根据练习的设想以及训练目的而定，同时根据"渐进负荷"和"递增负荷"的原则安排训练。负荷强度根据个人情况而定。随着训练水平提高，可逐渐缩短循环一圈所用的时间（表 3-9）。

表 3-9 循环练习发展力量耐力的负荷特点

练习内容	各站负荷大小	各站负荷持续时间	重复次数	休息时间	循环次数
力量	大	短	6~12	长、完全恢复	1~2

可采用下面的方案发展力量耐力。

方案 1 分为 10 站，每站练习内容：①背人走跑；②推小车；③负重蹲跳；④负重仰卧起坐；⑤俯卧撑；⑥肋木上蹬腿拉臂克服同伴阻力；⑦高立翻挺举；⑧俯卧提拉杠铃；⑨颈后推举；⑩俯卧山羊上挺身。

方案 2 分为 8 站，每站练习内容：①站立推举；②颈后宽握引体向上；③颈后负重深蹲；④立卧撑；⑤卧推；⑥弯举；⑦划船（或俯卧提拉杠铃）；⑧俯卧山羊上负重挺身（或腰部肌群练习）。

运用循环练习法发展力量耐力时应注意以下几点：

第一，应根据训练需要和具体任务，预先选定练习内容。由于练习是连续进行的，因此，练习内容应是运动员已基本掌握的。

第二，每套循环练习可安排 8～10 个站，每站内容的安排顺序一般应使身体不同部位的活动交替进行，以发展不同肌群的力量耐力。

第三，练习时不但要注意完成的时间和数量，而且要严格质量要求。

第四，为验证一套循环训练的效果，一般应连续使用一段时间。循环练习内容不宜经常变动。

四、各种收缩方式力量练习效果的评价

国内外许多学者，都曾经进行不同肌肉收缩方式练习效果的比较实验和研究，并得出了许多重要的、具有实际应用价值的结论。

（一）动力性练习与静力性练习效果的评价

日本小野三嗣等（1965、1968）对股四头肌进行 10 周的实验表明，动力性练习效果显著优于静力性练习。还有许多学者认为，动力练习比静力练习效果好（埃斯穆森，1959；梅多斯，1959；等）。伯格（1962）、梅多斯（1959）、汉森（1961）等人的研究认为，与动力性练习比较，静力性练习主要能提高静力性用力的力量；而与静力性比较，动力性练习能明显提高爆发性力量。生理学研究已经证明，静力练习时，肌肉活动的性质与动力性工作时不同，运动员在静力性和动力性练习时，获得的力量素质不可能完全相似。因此大多数学者认为：由于各种项目的绝大多数动作都要求快反应、高速度、爆发式完成，还要求高度的协调性与机动性，而过多地运用静力性练习会妨碍动作速度和协调性发展。因此，力量练习应以动力性练习为主，静力性练习只是为了克服某些肌群力量发展的不足和适应某些静止用力动作的需要。

（二）克制训练法与退让训练法练习效果的评价

尤·伊万诺夫（1966）进行 3 个月的试验结果表明，退让性练习对发展提铃至胸和后蹲力量比克制性练习有效。小野等对举重运动员臂部伸肌进行了 29 周克制性练习和退让练习的结果表明，1 周内力量增长率最高时都达到近 5％ 的程度，但克制性练习是在肘关节 45°处力量增加得最多，退让性练习是在 135°处

增加得最多。约翰逊等（1976）通过试验认为，克制性和退让性两种练习对发展力量的作用没有显著差异。克鲁齐和维尔顿（1938）对跳深（属于退让练习）和一般跳跃练习作用的对比试验表明，垂直向上跳练习、0.3米跳深练习和0.75～1.10米跳深练习，对深蹲、伸膝力量和弹跳力都有作用，但三者之间无显著差异。

芬兰K.哈基宁等（1983）对克制性练习和退让性练习进行了一系列试验，首先他们把受试者分成克制性练习组、克制—退让性练习组和退让—克制性练习组，进行12周训练表明，深蹲力量提高最多的是克制—退让性练习组（提高29.2%），其次是退让—克制性练习组（提高28.6%），较差的是克制性练习组（20.3%）；速度力量，以克制性练习组较好，其他两组（特别是退让—克制性练习组）效果不佳（$P<0.05$）。他们进行的第二种试验分组为克制—退让性练习组和克制性练习组，12周的试验结果同样表明，前一组比后一组大腿伸肌力量提高显著（两者分别提高9.9%和3.9%），但也同样看出，克制性练习组速度力量提高显著，而克制—退让性练习组甚至稍有下降。在对抓举和挺举成绩的作用方面，克制—退让练习组比克制性练习组提高稍快，但无统计学意义。第三种试验是探讨力量训练对提高神经—肌肉能力的机制，14名受试者进行75%左右的克制性练习和25%左右的退让性练习，项目集中于深蹲和一般辅助练习，抗阻力逐渐增加（80%～120%），共训练16周。结果表明，头3个月力量提高明显，后1个月未见提高，大腿伸肌的最大电位活动在训练早期明显增强。上述变化具有显著意义（$P<0.01～0.001$）。试验还表明，在头两个月，快肌纤维（FT）的平均面积显著增大（$P<0.01$），慢肌纤维（ST）增加不明显，因而训练早期，爆发力的提高与两种肌纤维面积的比值（FT/ST）提高有关。在整个试验期间，力量提高与两种肌纤维平均增大有关。上述试验结果表明，主要采用克制性练习，并配合退让性和静力性练习，对发展力量更为有效，而单独采用任何一种方法训练，在某一训练期末尾，力量的提高可能停顿。因此，在力量训练中，定期变动练习的性质具有重要意义。

（三）克制性、退让性和静力性练习效果的综合评价

苏联学者斯洛鲍江（1981）的研究结果证实，把克制性、退让性和静力性等多种肌肉收缩方式结合起来训练能获得最佳结果。效果最佳的负荷分配是：克制性练习占75%，退让性练习占15%，静力性练习占10%。退让性练习和静力性

练习一般放在训练课的末尾进行。

"进行各种收缩方式的综合性练习能取得较好的效果，证明了运动训练中突破适应原理的正确性。从生物学角度看，各种肌肉收缩方式混合训练增加了身体对刺激适应的难度，提高了刺激的作用，从而能收到更快提高力量的效果。"[8] 259

（四）动作速度与提高肌肉力量的关系

关于动作速度与提高肌肉力量的关系，国内外许多学者都进行了大量研究。根据 C.列里科夫的实验，用中速做动作，力量增加较快，慢速和快速练习效果均差一些，但采用变速练习，力量增加最快（表 3-10）。

表 3-10　动作速度与提高肌肉力量的关系（10 周实验）

顺序	动作速度	力量提高值（千克）
1	快速	9.0 ± 0.92
2	中速	16.3 ± 0.53
3	慢速	9.5 ± 0.8
4	很慢	11.2 ± 1.15
5	变速	22.2 ± 0.6

（据列里科夫）

用不同的速度练习能够更快地提高力量，像用不同的肌肉收缩方式进行训练一样，可以用适应和突破适应的生物学原理加以说明。如果总是用相同的速度练习，身体会较快适应这种刺激条件；如果用不同的速度练习，身体就难以较快适应，并且能不断突破原来适应得较好的条件，因而刺激的作用增大，促进力量更快地提高。总之，采用不同的动作速度发展力量时，要根据不同的力量练习动作特点进行安排。例如：深蹲、实力推、硬拉等一些发展绝对肌肉力量的练习动作，可采用变速练习；抓举、挺举和快速挺等发展爆发力的练习动作，还是应该用快速练习来提高。因此，在训练中可定期安排快速的、中速的、慢速的深蹲、硬拉、多种形式推举等练习。也可以在一组练习中先做一次快速动作，再做一次中速动作，最后做一次慢速动作。如果每组练习两次，就可以用不同的速度完成。

第三节 发展举重专项力量的技术

发展举重专项力量的技术主要指能够直接提高抓举、挺举技术水平和运动成绩的技术,包括举重专项技术和专项辅助动作技术。如抓举力量训练技术、挺举力量训练技术、上拉力量训练技术、腿部力量训练技术、上推类力量训练技术、支撑类力量训练技术等。

一、抓举力量训练技术

1. 直腿抓

作用:发展抓举上拉爆发力,特别是对发展伸髋、展体、上提肩带、屈前臂的力量有较大作用。但由于发力后没有积极下蹲的动作,不利于提高发力与下蹲支撑的衔接,此练习不宜过多。

要领:发力前动作与抓举相同,发力后充分展体和提肘直接将杠铃举过头顶,不做屈膝下蹲动作。如图 3-7 所示。悬垂、垫铃及垫人均可。

①

②

③

图 3-7

2. 高抓

作用：主要提高抓举技术动作和发展抓举上拉爆发力。

要领：动作基本同抓举，只是下蹲深度为半蹲（膝关节角度大于90°）。如图 3-8 所示。悬垂、垫铃、垫人均可。

①

②

③

图 3-8

3. 箭步抓

箭步抓曾经是抓举竞赛技术，两届奥运会冠军前苏联选手沃罗比耶夫在比赛中即采用此技术。但由于它不如下蹲式抓举省力，故现只作为抓举辅助力量练习动作进行训练。

作用：主要发展抓举上拉爆发力。

要领：发力前动作同抓举（图 3-9①），充分发力后两腿前后分开，成箭步下蹲姿势承接杠铃（图 3-9②③），下蹲深度比挺举时箭步分腿大。然后前腿收回半步，后脚跟上（图 3-9④），成直立姿势放下杠铃（图 3-9 ⑤）。

①

②

③　　　　　　　　　　　④　　　　　　　　　　　⑤

图 3-9

4. 悬垂抓和垫铃抓

作用：提高抓举的发力和下蹲支撑技术，发展抓举上拉爆发力。

要领：将杠铃提到或垫高到一定高度，缩短杠铃行程，从发力阶段开始进行抓举。如图 3-10 所示。

①　　　　　　　　　　　②　　　　　　　　　　　③

图 3-10

5. 垫人抓

作用：增加动作难度，提高抓举技术。

要领：运动员站在垫木上进行抓举，要领同抓举。如图 3-11 所示。

① ②

图 3-11

二、挺举力量训练技术

1. 直腿翻

作用：发展挺举上拉爆发力和技术，其他同直腿抓。

要领：发力前动作同挺举下蹲翻，发力后不做屈膝下蹲，而是充分伸髋、展体、提肘将杠铃翻至胸锁骨连接处和三角肌上。如图 3-12 所示。悬垂、垫铃、垫人均可。

① ② ③

图 3-12

2. 高翻

作用：提高挺举提铃至胸的技术和发展挺举上拉爆发力。

要领：动作基本同下蹲翻，只是下蹲深度为半蹲。如图 3-13 所示。可采用分腿高翻进行练习；也可将高翻与上挺结合起来做高翻挺。

① ② ③

图 3-13

3. 箭步翻

作用：发展挺举上拉爆发力。

要领：发力前动作同高翻（图 3-14①②③），充分发力后两腿前后分开，成箭步姿势承接杠铃（图 3-14④），然后前腿收回半步，后脚跟上（图 3-14⑤⑥），成直立姿势放下杠铃（图 3-14⑦）。

① ② ③

图 3-14

4. 下蹲翻

作用：提高挺举提铃至胸的技术水平及力量。

要领：即挺举中提铃至胸的动作，只是将该动作与上挺分开单独进行练习，使力量更集中，强度更大。如图 3-15 所示。采用悬垂、垫铃、垫人做下蹲翻练习均可。

③　　　　　　　　　　　　④

图 3-15

5. 借力推

作用：提高上挺技术和力量。

要领：发力前动作同箭步挺，发力后不做屈膝下蹲动作，而是臂部继续用力将杠铃向上推起至两臂完全伸直。如图 3-16 所示。也可从颈后或架上开始做。

①　　　　　　　　　　　　②

图 3-16

6. 半挺

作用：提高上挺技术和力量。

要领：发力前动作同箭步挺，发力后迅速屈膝半蹲，伸直两臂支撑住杠铃。如图 3-17 所示。也可从颈后或架上开始做。

① ② ③

图 3-17

7. 下蹲挺

作用：提高上挺的协调性、准确性、平衡能力、柔韧性、腰腿和上肢支撑力量。

要领：发力前动作同箭步挺，发力后迅速下降身体做全蹲，臂部承接杠铃。如图 3-18 所示。此动作为挺举中上挺技术动作的一种，奥运会冠军占旭刚、石智勇等均采用此技术，但该动作要求运动员必须具有较强的腿部力量，并对技术细节要求很高。

① ② ③

图 3-18

8. 架上挺

作用：提高上挺技术和力量。

要领：将杠铃放于架上，直接从架上持铃做上挺动作。如图 3-19 所示。也可将杠铃放于颈后做架上挺。

图 3-19

三、上拉力量训练技术

1. 上拉

作用：分为宽上拉和窄上拉。宽上拉发展抓举上拉技术和力量，窄上拉发展挺举上拉技术和力量。

要领：从预备姿势开始提铃，当杠铃上升到大腿中上部时，全身骤然用力，迅速做出蹬腿、伸髋、展体、耸肩、提肘、起踵等一系列动作，使杠铃加速上升，身体伴随做半蹲动作，同时顺势提铃。如图 3-20 所示。宽上拉一般用抓举的最大重量，窄上拉一般用下蹲翻的最大重量进行练习。

图 3-20

2. 直腿上拉

作用：分为直腿宽拉和直腿窄拉。直腿宽拉发展抓举上拉技术和爆发力，直腿窄拉发展挺举上拉技术和爆发力。

要领：发力前动作同上拉，发力后不做屈膝半蹲，而是继续提肘，使整个身体直立成反弓形，将杠铃拉至胸线部位。如图 3-21 所示。

①

②

③

图 3-21

3. 硬拉

作用：发展上拉绝对力量，特别是伸膝、伸髋、展体肌群的绝对力量。

分为宽硬拉和窄硬拉。宽硬拉发展抓举上拉绝对力量，窄硬拉发展挺举上拉绝对力量。

要领：从预备姿势开始提铃，将杠铃拉起至身体挺直。在整个动作中两臂始终伸直，没有发力动作。如图 3-22 所示。

①

②

③

图 3-22

4. 静拉

作用：提高上拉绝对力量，特别是腰背肌群的支撑力量。

要领：分为宽静拉和窄静拉。根据需要将杠铃拉至不同高度，然后保持静止用力姿势。一般可在四个部位进行静拉：杠铃离开举重台的瞬间、膝关节处、大腿中部及站立姿势。静止时间 6~12 秒。

四、腿部力量训练技术

1. 深蹲

作用：主要发展伸膝、伸髋肌群的力量，以及躯干的支撑力量，提高下蹲支撑起立技术。

要领：深蹲分前深蹲与后深蹲。前深蹲时杠铃置于两肩和锁骨上，后深蹲时两手握杠铃放置颈后肩上。上体正直，挺胸别腰，抬头。做动作时保持腰背挺直，抬头收腹，平稳屈膝下蹲后起立。根据不同的任务和要求，可采用不同的站距（宽、中、窄）和不同的速度（快速、中速、慢速、反弹）来做。下蹲或起立时膝与脚尖方向应一致。起立时主要依靠伸膝肌的力量。如图 3-23 所示。

①

②

③

图 3-23

2. 半蹲

作用：基本同深蹲。半蹲对发展股后肌群、小腿三头肌和股四头肌的外、内侧肌，克服起立"极点"有较好的作用，但发展股直肌的力量不如深蹲。

要领：屈膝下蹲至大腿接近水平时，随即伸腿起立，其他要领同深蹲。也可用相同高度的凳子做坐蹲。

3. 半静蹲

作用：基本同半蹲。对发展腿部肌群力量耐力有较好效果。

要领：下蹲至大腿成水平状态，静止 6～12 秒。也可根据需要下蹲至不同的角度，其他要领同半蹲。

五、上推类力量训练技术

1. 推举

作用：主要发展三角肌侧前部肌肉，以及斜方肌、前锯肌、肱三头肌力量。

要领：杠铃置于胸前，预备姿势基本同上挺，只是两臂自然下垂靠近体侧，用两臂力量将杠铃贴近面部推起至两臂伸直。推举曾为举重的竞赛动作之一，现已取消，只作为举重辅助力量练习手段。如图 3-24 所示。

①

②

③

图 3-24

2. 颈后宽推和颈后宽借力推

作用：发展肱三头肌、斜方肌、三角肌及抓举支撑力量。

要领：颈后宽推——杠铃置于颈后肩上，采用宽握距将杠铃从颈后向上推起至两臂伸直（图3-25），也可坐在凳子上做。颈后宽借力推——杠铃置于颈后肩上，采用宽握距，预备姿势、预蹲和发力要领同上挺，发力后两腿及两臂伸直支撑住杠铃。如图3-26所示。

①

②

图 3-25

①

②

③

图 3-26

3. 半推

作用：主要发展上挺伸前臂的力量。

要领：将杠铃放在深蹲架上，高度与前额齐平，两臂用力将杠铃向头后上方推起至完全伸直。也可采用坐姿进行练习。

4. 推倒立

作用：主要发展上挺的伸臂力量。

要领：在地上或倒立架上身体成直臂倒立姿势，两足可靠在墙上，身体保持平衡，然后两臂做屈伸动作。

六、支撑类力量训练技术

1. 抓举支撑深蹲

作用：提高抓举下蹲支撑力量、平衡能力和关节的柔韧性。

要领：采用宽握距直臂支撑杠铃，做深蹲与起立动作。可将杠铃放在深蹲架上进行练习。如图 3-27 所示。

① ② ③

图 3-27

2. 颈后宽挺蹲

作用：发展上肢力量，提高抓举下蹲支撑力量、平衡能力和关节的柔韧性，还可提高下蹲支撑的协调性。

要领：杠铃置于颈后，采用宽握距，身体直立，挺胸别腰，然后稍微屈膝预蹲，蹬腿发力将杠铃挺起，随即迅速屈膝下蹲，伸直两臂支撑住杠铃，站起。如图 3-28 所示。

① ② ③

图 3-28

3. 预蹲和预蹲发力

作用：提高上挺预蹲的支撑力量及上挺爆发力。

要领：预蹲同半蹲相似，但膝关节角度大于半蹲，下蹲深度为上挺预蹲深度（图 3-29）。

预蹲发力：基本同预蹲，只是在预蹲起立时增加上挺发力动作（图 3-30）。

① ②

图 3-29

① ② ③

图 3-30

4. 预蹲静力

作用：同预蹲，具有静力练习特点。

要领：以预蹲动作下蹲，保持静止 6~12 秒之后起立。

5. 半蹲支撑

作用：提高上挺半蹲支撑的力量和技术。

要领：杠铃置于升降架上。采用宽握距，两臂伸直半蹲支撑住杠铃（图 3-31），然后伸腿起立。也可做静力练习。

图 3-31

6. 箭步支撑

作用：提高上挺箭步支撑的力量和技术。

要领：杠铃置于升降架上。采用宽握距或中握距，两臂伸直箭步支撑住杠铃（图 3-32），然后伸腿和收腿起立，身体成直立姿势。也可做静力练习。

图 3-32

第四节　发展一般力量的技术

发展一般力量的技术包含了发展上下肢力量、躯干力量及全身力量的技术动作。这些技术是举重专项技术的辅助动作，也是力量训练的技术动作，反复练习这些技术，对于发展力量、增强体能和提高举重技术水平有重要作用。以下分别加以论述。

一、发展上肢力量的技术

（一）发展上臂力量的技术

1. 弯举

作用：主要发展肱二头肌、肱肌、肱桡肌等力量。

要领：身体直立，反握杠铃，握距同肩宽，屈前臂将杠铃举至胸前（图3-33）。可坐着练习，也可用哑铃等器械练习，还可在综合练习器上进行手持杠铃或哑铃的练习。此外，也可采用仰卧弯举、肘固定弯举、斜板哑铃弯举进行练习。

① ②

图 3-33

2. 引体向上

作用：主要发展肱二头肌、肱肌、胸大肌和背阔肌力量。

要领：掌心朝下，屈腕成钩，钩住单杠。从悬挂姿势开始，向上拉起至下颌过横杠。若力量不够，可通过摆动躯体借力向上拉起。

3. 颈后臂屈伸

作用：主要发展肱三头肌力量。

要领：身体直立，两臂上举反握杠铃（也可正握，但反握比正握效果好），握距同肩宽，做颈后臂屈伸动作（图3-34）。做时两臂固定在头的两侧，两肘向上，上体不动，尽量后屈。可用哑铃、杠铃片等重物进行练习。也可做仰卧头后弯举，弓身臂屈伸。

图 3-34

4. 双臂屈伸

作用：主要发展肱三头肌、胸大肌、背阔肌力量。

要领：不负重或脚上挂重物，在间距较窄的双杠上做双臂屈伸。练习时身体成反弓形，两肘紧靠身体两侧。向下屈臂时要充分，还原后重新开始。如图3-35所示。

图 3-35

5. 仰卧撑

作用：主要发展肱三头肌、三角肌、背阔肌力量。

要领：仰卧，两臂伸直撑在约 50 厘米高的台上或肋木上，屈臂，背部贴近高台（或肋木），然后快速推起至两臂伸直。也可将双脚抬高加大难度或负重物练习。

（二）发展前臂力量的技术

1. 腕屈伸

作用：主要发展手腕和前臂屈肌群和伸肌群力量。

要领：屈膝半蹲，两手反握或正握杠铃做腕屈伸，前臂固定在膝上或凳子上，腕屈伸至最高点，稍停顿，再还原（图 3-36）。也可坐着练习，用哑铃或杠铃片做交替腕屈伸。亦可采用斜板腕屈伸练习。

图 3-36

2. 正握弯举

作用：主要发展前臂屈肌力量和肱二头肌力量。

要领：直立，两手与肩同宽正握杠铃，掌心向下，慢慢将杠铃举起、放下，动作要领同弯举。举起时，尽量把杠铃举至颈部。如图 3-37 所示。

① ②

图 3-37

3. 旋腕练习

作用：主要发展前臂屈肌群和伸肌群力量。

要领：直立，两臂前平举，反握或正握横杠，用屈腕和伸腕力量卷起重物。

（三）发展肩带力量的技术

1. 直臂前上举

作用：主要发展三角肌前部、斜方肌、前锯肌、胸大肌力量。

要领：两脚自然分开，两臂下垂同肩宽持铃，直臂向前举起杠铃（图 3-38）。也可用哑铃或杠铃片进行练习，还可做仰卧直臂上举。

① ②

图 3-38

2. 持铃侧上举

作用：主要发展三角肌前侧部及斜方肌、前锯肌力量。

要领：两脚开立，两手持哑铃（或杠铃片）置于肩部，上举过头后，两臂慢慢展开，掌心向下成侧平举。然后还原成开始姿势，重新开始练习。

3. 直臂侧平举

作用：主要发展三角肌、斜方肌、前锯肌力量。

要领：身体直立，两臂下垂持哑铃或杠铃片，做直臂侧平举（图3-39）。也可做侧卧直臂上举、坐姿侧平举。

① ②

图 3-39

4. 俯立飞鸟

作用：主要发展三角肌后部以及斜方肌、胸大肌、大圆肌力量。

要领：两脚开立同肩宽，两手各持一杠铃片，上体前屈，两臂稍屈，手持哑铃片向外侧举成飞鸟姿势（图3-40），两臂还原时放松，反复练习。此动作也可采用直立做飞鸟、仰卧飞鸟。

① ②

图 3-40

5. 提肘拉

作用：主要发展斜方肌、三角肌及肱二头力量。

要领：两脚自然开立，两手正握杠铃横杠，然后提肘将杠铃横杠贴身上拉至胸前（或下颌部位。图3-41），稍停，再还原。也可采用多种器械和握距进行。

图 3-41

6. 持铃耸肩

作用：主要发展斜方肌力量。

要领：两脚左右开立同肩宽，两手正握杠铃，然后以肩部斜方肌的收缩力，使两肩胛向上耸起（肩峰几乎触及耳朵），直至不能再高时为止（图3-42）。还原后反复进行练习。

图 3-42

7. 推小车

作用：主要发展肩带肌群力量。

要领：练习者直臂俯撑，身体挺直，同伴握其双踝抬起他的身体，练习者做快速用双手着地的向前爬行练习（图3-43）。行走15～20米为1组。也可爬台阶，爬台阶以20～30级为1组。

图3-43

二、发展躯干力量的技术

（一）胸部

1. 颈上卧推

作用：主要发展胸大肌上部、肱三头肌及三角肌力量。

要领：仰卧于卧推架上，可采用宽、中、窄三种握距握杠铃或哑铃（图3-44），先屈臂将其放于颈根部，两肘尽量外展，将杠铃推起至两臂完全伸直。反复进行。也可以做胸部卧推练习。

① ② ③

图3-44

2. 斜板卧推

作用：主要发展胸大肌下部、肱三头肌和三角肌力量。

要领：宽握杠铃仰卧于斜板上，脚高于头，朝着胸中部慢慢放下杠铃，肘关节外展与身体成 90°。然后迅速用力向上举起杠铃，再以稳定节奏反复进行练习。此动作也可用哑铃进行练习。

3. 直臂扩胸

作用：向前主要发展胸大肌、三角肌前部、前锯肌力量；向后主要发展背阔肌、三角肌后部、斜方肌力量。

要领：两腿并立，双手各持一个哑铃，先直臂向胸前与肩关节成水平，然后直臂向两侧充分扩胸分开成水平（图 3-45）。还原后反复练习。

① ②

图 3-45

4. 直臂侧下压

作用：主要发展胸大肌、背阔肌力量。

要领：两臂侧上举，两手各握住拉力器的一个把手，然后用胸大肌和背阔肌力量做直臂侧下压（图 3-46），反复练习。也可做侧卧直臂下压。

第三章 力量训练理论与方法

图 3-46

5. 宽撑双杠

作用：主要发展胸大肌下部、外部肌肉，以及肱三头肌、三角肌、前锯肌力量。

要领：两手支撑在宽于肩的双杠上，脸朝下收紧下颌，弓背，脚尖向前，目视脚尖。屈臂使身体尽量下降，然后再伸臂撑起身体。反复进行。屈臂时尽可能使身体降低一些，不要借力。此动作也可在脚上系重物或穿沙背心进行练习。

6. 俯卧撑

作用：主要发展胸大肌、肱三头肌、三角肌及前锯肌力量。

要领：俯撑在平地上或俯卧架上，两臂间隔同肩宽，然后屈臂将身体下降至最低限度，再伸直两臂将身体撑起。伸臂时两肘夹紧，身体始终挺直。可用头高脚低、脚高头低或背上负重三种姿势进行。两手可用宽、中、窄 3 种距离支撑。

（二）背部

1. 俯立划船

作用：主要发展背阔肌上、中部以及斜方肌、三角肌力量。

要领：上体前屈 90°，抬头，正握杠铃。然后两臂从垂直姿势开始，屈臂将杠铃横杠拉近小腹后还原，再重新开始（图 3-47）。上拉时应注意肘靠近体侧，上体固定，不屈腕。为了减少腰部负担，可将前额顶在山羊或鞍马上进行练习，也可采用各种握距练习，还可采用壶铃、哑铃、杠铃片等器械练习。

图 3-47

2. 俯卧上拉

作用：主要发展背阔肌、斜方肌、三角肌力量。

要领：俯卧于卧拉练习架上，两手持卧拉练习器握把，两臂同时将练习器向上拉起（图 3-48）。稍停再还原，反复进行。也可采用哑铃或壶铃进行练习。

图 3-48

3. 直腿硬拉

作用：主要发展骶棘肌、背阔肌、斜方肌、臀大肌以及股二头肌、半腱肌、半膜肌、大收肌等伸展躯干和伸髋的肌肉力量。

要领：两腿自然开立，两手宽握杠铃横杠，上体前屈，挺胸别腰，两臂伸直，用宽握距（或窄握距）握住杠铃横杠，然后伸髋、展体将杠铃拉起至身体挺直（图 3-49）。还原后重新开始。每组练习 2~5 次。上拉时应注意腰背肌群要收紧，杠铃靠近腿部。

图 3-49

4. 颈后宽引体向上

作用：主要发展背阔肌、斜方肌、冈下肌、小圆肌、大圆肌、肱二头肌和肱肌力量。

要领：宽握距正握横杠悬垂，然后迅速地将身体拉起至颈的后部超过横杠（图 3-50），甚至颈部高过横杠，反复练习。

图 3-50

5. 直臂前下压

作用：主要发展背阔肌、三角肌后部及胸大肌力量。

要领：与直臂前上举相反，两臂前上举握住拉力器，做直臂前下压（图 3-51）。反复练习。

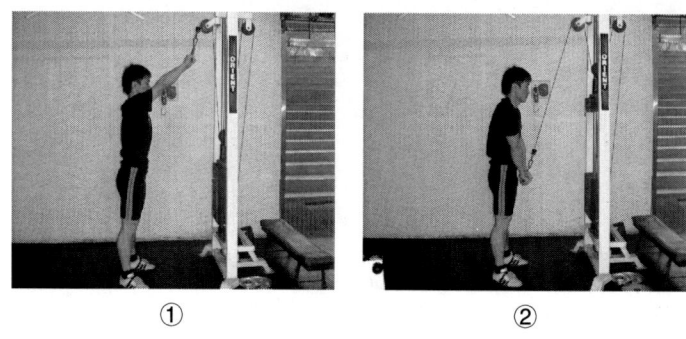

图 3-51

6. 双臂下拉

作用：主要发展背阔肌力量。

要领：两手以中等宽度握住拉力器把，坐在拉力器正下方，向下拉，使胸下部碰到拉力器把，同时挺胸。练习时上体不要后仰。还原后重新开始。

（三）腰背部

1. 山羊挺身

作用：主要发展伸展躯干和伸髋的肌肉力量。

要领：俯卧在器材（山羊或鞍马等）上，两脚固定，两手在颈后固定杠铃片或杠铃横杠（力量较小者也可不负重），做体前屈与挺身起（图 3-52）。前屈时慢些，挺起要充分，身体成反弓形。也可俯卧在长凳上，固定两腿做负重的（或不负重）俯卧挺身，或做两端都固定的俯卧挺身静力练习。

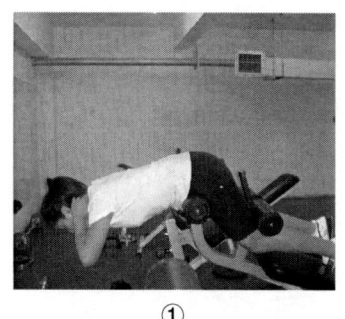 

图 3-52

2. 负重弓身

作用：主要发展骶棘肌、斜方肌、臀大肌、股二头肌、半腱肌、半膜肌、大收肌力量。

要领：两腿开立约同肩宽，两手持杠铃横杠于颈后，身体直立，腰和腿收紧，上体慢慢前屈，臀部后移（像鞠躬动作），使上体成水平状态（图3-53），然后向上挺直身体。可做直腿或屈腿弓身，也可坐在凳上做弓身。

①

②

③

图 3-53

3. 负重体侧屈

作用：主要发展腹内外斜肌、腹直肌、骶棘肌、臀中肌等使躯干侧屈的肌肉力量。

要领：两脚并立，肩负杠铃做左右体侧屈（图3-54）。练习时速度不宜太快，反复进行。

①

②

图 3-54

4. 负重侧拉

作用：基本同负重体侧屈。

要领：两腿开立，一手提壶铃做体侧屈。练习时要求手臂伸直，身体尽量向侧下方弯曲，两侧轮换练习。此练习也可用哑铃或杠铃片进行，也可侧卧在长凳或山羊上，固定两腿做颈后持杠铃片的负重侧卧起。

5. 俯卧两头起

作用：主要发展伸展躯干和伸髋的肌肉力量。

要领：俯卧在垫子或长凳上，两臂前伸，两腿并拢伸直。两臂、头部和两腿同时向上抬起，腹部着垫成背弓（图 3-55），然后积极还原，连续练习。10～20 次为一组。

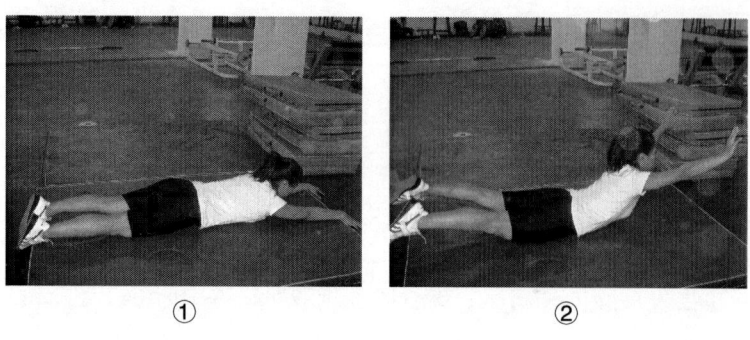

图 3-55

（四）腹部

1. 仰卧起坐

作用：主要发展腹直肌、髂腰肌力量。

要领：仰卧斜板上（或平凳上），头部在下，两足在上并固定，两手抱头，然后屈上体坐起，再还原，反复进行。也可两手于颈后持杠铃片或其他重物做负重练习。

2. 仰卧举腿

作用：主要发展腹直肌、髂腰肌力量。

要领：卧仰在垫上（或斜板上），两手置身体两侧扶垫（或分握斜板两侧），然后两腿伸直或稍屈向上举至垂直（图3-56）。

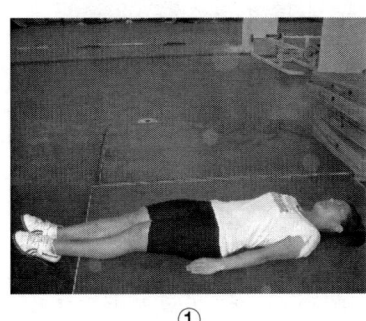
①

②

图 3-56

3. 悬垂举腿

作用：同仰卧举腿。

要领：两手距离同肩宽握住单杠，身体悬垂并伸直，然后直腿向上举至水平位置，反复练习。也可在双杠上做两臂支撑的悬垂举腿。

4. 仰卧侧提腿

作用：主要发展腹内、外斜肌力量。

要领：仰卧垫上，屈肘两手抱于头后，然后侧提右膝碰右肘，触肘后停1秒钟。然后换左膝碰左肘。反复练习。

5. 负重转体

作用：主要发展腹内、腹外斜肌以及骶棘肌力量。

要领：两腿开立同肩宽，颈后负杠铃横杠，两足固定不动，向左、右转体至极限。反复练习（图3-57）。

① ②

图 3-57

6. 仰卧两头起

作用：主要发展腹直肌、髂腰肌力量。

要领：仰卧在垫子上，身体保持挺直，两臂和两腿同时上举至体前上方，手触小腿（或脚背）前部，髋成 60°~70°角后还原（图 3-58）。连续做 15~20 次为一组。还可增加难度，如腿部和背部下放时不触垫子，距垫子 10 厘米时开始第二次练习；身穿沙背心、沙护腿做此练习等。

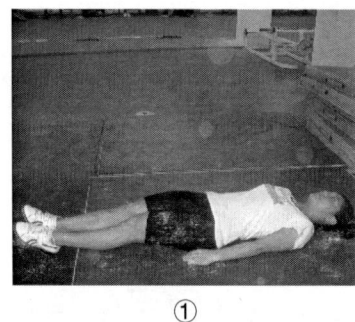

① ②

图 3-58

7. 元宝收腹

作用：主要发展腹直肌力量。

要领：两手置头后，仰卧在垫子或地上，上体蜷起时，两膝收至髋部上方。上体蜷起和收膝同时进行，直到两肘碰到两膝为止（图 3-59），并稍停两秒钟，反复练习。

图 3-59

三、发展下肢力量的技术

1. 半蹲

作用：发展伸膝肌群力量与躯干支撑力量，特别是股四头肌的外、内侧肌，股后肌群和小腿三头肌。

要领：正握杠铃横杠于颈后肩上，挺胸别腰，屈膝下蹲至大腿近水平位置时伸腿起立。其余要领同颈后深蹲。此练习也可采用坐蹲进行。

2. 负重伸小腿

作用：主要发展大腿前部肌群力量。

要领：坐在腿伸展练习器一端，脚背前部放在圆柱垫子下面，两手抓住臀后方的两侧。股四头肌收缩，使小腿向斜上方伸起。随着小腿伸展，上体稍向后仰，以便使腿部最大限度地伸展。两腿完全伸直后坚持两秒钟，再还原重新开始。另外，此练习也可坐在山羊或高凳上，足钩住壶铃或挂上重物，做伸小腿动作。也可在练习器上做腿蹬出动作。

3. 屈小腿

作用：主要发展股二头肌、半腱肌、半膜肌、小腿三头肌力量。

要领：俯卧在屈腿练习器上，两脚跟钩住圆柱垫子，脚跟靠拢，两脚用力将负重拉起，使圆柱垫子碰到臀部。如果在将负重拉起的同时做俯卧撑起，则主要是发展股二头肌上部力量；开始牵拉负重时，上体由原来的俯卧撑姿势向下变为平卧在练习器上，则主要发展股二头肌中部力量。此练习也可小腿捆沙护腿或足穿铁鞋做原地屈小腿动作；还可在俯卧练习凳上做加阻力（如将固定于肋木上的橡皮筋一端置小腿踝关节处）的屈小腿动作，或进行双人对抗的屈小腿练习。

4. 体后硬拉

作用：主要发展股四头肌、臀大肌、股二头肌、半腱肌、半膜肌、大收肌、骶棘肌、斜方肌、小腿三头肌、屈足肌群的力量。

要领：杠铃横杠放在体后，直臂持横杠提起至两腿伸直（图 3-60），其他要领基本上同硬拉。

图 3-60

5. 胯拉

作用：主要发展股四头肌、臀大肌、股二头肌、半腱肌、半膜肌、大收肌、骶棘肌、斜方肌、小腿三头肌、屈足肌群的力量。

要领：将杠铃横杠置于两足中间（胯下），屈膝下蹲握住横杠，一臂在体前，另一臂在体后，两臂伸直，可用正握、反握或正反握挺胸、直腰，然后伸腿将杠铃拉至身体挺直（图 3-61）。

图 3-61

6. 负重提踵

作用：主要发展小腿三头肌及屈足肌群力量。

要领：身体直立，颈后负杠铃横杠，用力提踵（图3-62），稍停后还原。反复练习。

①

②

图 3-62

7. 负重蹬台阶

作用：主要发展伸膝、屈足肌群力量。

要领：肩负杠铃，左腿屈膝踏在高30~50厘米的台阶上，右脚支撑于地面。左腿迅速蹬直。与此同时，右脚提起踏上台阶。还原后反复进行。两腿交换练习。也可在踝关节缚橡皮带做蹬台阶练习。

8. 负重蹲跳

作用：主要发展伸大腿和屈足肌群力量。对提高弹跳力效果较好。

要领：肩负杠铃，屈膝半蹲后，迅速伸髋、蹬腿、展体、起踵做起跳动作。起跳时杠铃固定，保持挺胸、别腰、抬头、直体姿势，落地时屈膝缓冲。也可用壶铃做：两脚开立同肩宽，屈膝直臂持壶铃做蹲跳动作（最好两足垫高）。

9. 纵跳

作用：主要发展伸膝和屈足肌群力量及弹跳力。

要领：身穿沙背心，缚沙护腿，成半蹲姿势。两脚蹬地起跳，两臂上摆，两腿充分蹬伸，头向上顶，落地缓冲后继续做。每组连续练习10~15次，负重以10~15千克为宜。动作要求协调。也可悬挂或标出高度目标，以两手触摸标志线或物体进行练习。

10. 蛙跳

作用：主要发展下肢爆发力及协调用力能力。

要领：身穿沙背心，沙护腿（也可不负重），全蹲。两脚蹬地，腿蹬直向前上方跳起，腾空后挺胸收腹，快速屈腿前摆，以双脚掌落地后不停顿地连续做，6~10次为一组。要求快速起跳，身体充分伸展开。可先不要求远度，而后逐渐增加。

11. 跳深

作用：主要发展伸膝、屈足肌群和腹肌力量。

要领：将5~8个高度为70~100厘米的跳箱盖横放纵向排好，间距均为1米。练习者面对跳箱盖并腿站立，双脚同时用力跳上跳箱盖，紧接着向下跳，落地后立即又跳上第二个跳箱盖，连续跳上跳下，20~30次为一组。动作之间不得停顿。也可在有沙坑的高台处做此练习。

12. 箭步走

作用：主要发展股四头肌、臀大肌、小腿三头肌和屈足肌群力量。

要领：将杠铃放于肩后，一腿在前，一腿在后，屈膝成箭步姿势，然后向前走。要求下蹲时身体保持正直。也可手持重物（如壶铃、哑铃、杠铃片等）进行箭步走。

四、发展全身力量的技术

1. 双手持重物后抛

作用：发展全身协调用力和爆发力，对发展股四头肌、股二头肌、臀大肌、小腿三头肌、屈足肌群、骶棘肌、斜方肌、背阔肌、肱肌力量有一定作用。

要领：两手持重物（如实心球、壶铃、铅球、杠铃片、杠铃等）于体前，两脚开立约同肩宽，屈膝半蹲。然后两脚蹬地、伸髋、展体，身体后仰，手臂顺势用力，奋力将重物经体前向头后上方抛出。可两人一组，每人练习10~15次为一组。

2. 双手持重物前抛

作用：主要发展上肢、躯干和下肢的协调用力以及爆发力。

要领：两手持重物（如实心球、壶铃、铅球、杠铃片等）于体前，两脚开立约同肩宽、半蹲。两脚蹬地，伸展身体，两臂向前摆起将重物向前抛出。可两人一组，每人练习 10~15 次为一组。也可采用双手持球向上抛接、双手持球跳起向上抛接、双手持球于体后向前抛等动作进行练习。

第五节　核心力量训练

核心力量训练最初只是作为一种有效的康复训练手段应用于医疗和健身。近年来，随着举重训练理论的不断发展，核心力量训练也逐渐应用于举重运动员的力量训练。研究结果和训练实践证明，核心力量训练作为一种辅助力量训练手段，不仅能使运动员核心区域的肌肉力量得到提高，也能促进举重专项技术水平的稳步提升。

一、核心力量概述

（一）核心与核心区

核心（core），通常指人体的躯干，主要包括腰椎、髋关节、骨盆及其周围的肌群、韧带和结缔组织。

核心区（core area），在解剖学上是指以膈肌为顶，盆底肌为底且包括髋关节在内的区域。

从腰椎—骨盆—髋关节的解剖学角度来看，核心肌群由 8 对骨盆肌、11 对大腿肌、9 对背肌、5 对腹肌加 1 块膈肌共 33 对 + 1 块，其中有 7 对 + 1 块的肌肉的起止点均在核心部位（表 3-11）。这些肌肉不仅对核心区有固定作用，而且在人体运动中起到稳定、传导力量、发力、减力等作用。加强这些肌群的力量训练，提高力量水平，对人体在运动过程中保持平衡，创造优异成绩有重要意义。

表 3-11 核心区的肌肉起止点分布及数量 [13]

肌群	肌肉名称		
	起止点都在核心 （7 对+1 块）	起点在核心（25 对）	止点在核心 （1 对）
盆带肌（8 对）		髂肌、腰大肌、梨状肌、臀大肌、臀中肌、臀小肌、闭孔内肌、闭孔外肌	
大腿肌（11 对）		股直肌、缝匠肌、阔筋膜张肌、股二头肌（长头）、半腱肌、半膜肌、耻骨肌、长收肌、短收肌、大收肌、股薄肌	
背肌（9 对）	回旋肌、多裂肌、棘间肌、横突间肌	背阔肌、下后锯肌、竖脊肌（棘肌、最长肌、髂肋肌）	
腹肌（5 对）	腹内斜肌、腹横肌、腰方肌	腹直肌	腹外斜肌
膈肌（1 块）	膈肌		

（二）核心力量及其训练

核心力量是指附着在人体核心区的肌肉群在神经支配下收缩所产生的力量。

核心力量训练是指针对核心区域肌群（主要是腹部，下背部，骨盆部肌群）及其深层小肌肉群进行的力量、稳定、平衡、协调和本体感觉等能力的训练，其训练内容主要包括核心稳定性训练和核心功能性训练两个方面。核心力量训练以核心稳定性训练为特征，以发展完成核心功能性力量为目的。

身体对重心的控制是核心力量训练的主要功能之一，进行核心力量训练时需创造出一种类似人体运动时的非稳定状态，使核心肌群能够在神经的调节下保持非稳定状态，并且不断加大难度，提高适应能力，以满足举重运动的需要。

二、核心力量的作用

举重运动离不开核心力量，举重是以中心肌群为核心的，在整个运动过程中将不同关节的运动和多块肌肉群的收缩力量协同整合起来，形成"运动链"，从而使核心肌群对运动中的身体姿势、运动技能和专项技术动作起着稳定和支持作用。核心区域的肌肉不仅本身能够产生力量，成为人体力量来源的原动力，而且还能够为肢体的肌肉收缩创造支点，使肢体肌肉的收缩力量增大，整合肌群间的协同用力，加快整体力量的传递，从整体上提高运动效率。举重的技术动作只依靠单一的肌群是不能完成的，它必须动员许多肌肉群协调做功。核心肌群在此过程中担负着稳定重心、环节发力、保持平衡、传导力量等作用。

（一）保持正确的运动姿态，稳定重心、脊柱、骨盆

保持正确的运动姿态和骨骼排列可以达到最佳的结构效果，同时又可以使机体的运动链产生最佳功效。核心部位的肌肉群不仅会影响四肢的动作，而且还担负着控制全身姿势正确性的重要责任。强有力的核心肌群，对身体姿势、运动技能和举重技术动作起着稳定和支持作用。脊柱及其周围的肌肉、韧带和结缔组织，是人体既重要又薄弱的环节，无论在力量上还是在坚固性上，都要比四肢弱，而肌肉是脊柱稳定的主要物质结构，只有加强核心部位肌肉的收缩力量才能达到稳定脊柱的目的。稳定骨盆的正常位置同样非常重要，只有稳定住骨盆才能保证髋关节肌群有效的工作。

（二）构建运动链，为肢体运动创造支点

核心力量能将参与人体运动的不同关节、不同肌群的收缩力量整合起来，形成运动链，为四肢末端发力创造理想的条件。骨盆、髋关节和躯干部位的稳定性，可以为四肢肌肉的收缩建立支点，提高四肢肌肉的收缩力量，为举重运动员上下肢力量的传递创造条件。因此，加强核心区域的稳定性和提高核心力量，能够牢固四肢动作用力的支点，控制全身动作的正确性，有利于提高技术动作的稳定性和试举成功率。

（三）预防运动损伤

提高核心力量、稳定核心部位，可以加强对人体脊柱这一薄弱环节的保护，减少和预防腰背部损伤；通过核心部位的协调作用建立上下肢发力的稳定支点，缓冲及减小末端肢体与关节的负荷。当运动员在做快速发力动作时，核心肌群能够使肢体在此过程中保持在正常的位置，深层小肌群的稳定功能起到保护和预防损伤的作用。

（四）弥补传统举重力量训练的不足

核心力量训练是在传统力量训练的基础上形成的，能针对传统力量训练中核心肌肉发展的不足而进行比较全面、系统的科学训练，弥补传统的举重力量训练在提高协调、灵敏、平衡能力等方面的不足。通过加强肢体稳定性深层肌的练习，提高肌肉间的协调、灵敏和平衡能力，补充传统力量训练在发展速度力量、力量耐力等方面的不足。

（五）提高运动时能量由核心向肢体的输出

核心力量可以稳定和强化髋部及躯干在力量转换时提供能量输出，以提高身体的变向和位移速度，并预防和减少运动损伤的发生。举重往往是以髋部的伸展为基础动作进行发力，力量往往是通过核心力量区传递到末端的，因此加强核心区域的练习，能有效提高核心向肢体的能量输出。

（六）提高肢体的工作效率，降低能量消耗

核心力量训练能够为四肢创造稳固的支点，拥有了稳固的支点就能够提高四肢的工作效率。核心部位拥有大量的肌群，能够产生和储存大量的能源，四肢的肌肉有很大一部分起点是固定在核心部位上，当肢体发力时，核心肌群蓄积的能量从身体中心向运动的每一个环节传导，降低了能量的消耗。强有力的核心力量还能减小四肢的应力，最大限度的提高技术动作的协调性。

三、核心力量的训练方法

身体对重心的控制，是核心力量训练的主要功能之一，进行核心力量训练时需创造出一种类似人体运动时的非稳定状态，使核心肌群能够在神经的调节下保持非稳定状态，并且不断加大难度，提高适应能力，以满足运动项目的需要。

核心力量训练的方法和手段很多，可以分为以下不同的类型：在训练的外部环境上，可以分为稳定和非稳定两种条件；在负荷上，可以分为徒手和负重两种

类型；在运动方向上，不仅进行一维的运动，而且重视两维和三维的运动；在用力方式上，可以分为静力性、动力性和静力-动力交替变换等三种方式。

目前，国内外的核心力量训练方法主要有各种垫上徒手训练法，平衡板、泡沫筒、气垫、滑板练习法，瑞士球训练，实心球练习，悬吊运动疗法（悬吊训练），弹力带练习，振动训练、振动杆练习等（表3-12）。其主要形式表现为：稳定状态下的静力性动作、非稳定状态下的静力性动作、稳定状态下无负荷的运动、非稳定状态下克服自身阻力的运动、非稳定状态下的自由力量练习、非稳定状态下的核心爆发力练习、稳定状态下的核心专项力量练习等。

表3-12 核心力量主要训练方法简介

训练方法	起源	主要作用	应用领域
各种垫上徒手练习		提高核心稳定力和核心肌肉耐力	康复，健身，竞技体育
平衡板（wobble board）泡沫筒（foam roller）气垫（inflated pad）滑板（slide board）		提高机体稳定-不稳定之间的转换，增强神经对肌肉的支配和控制能力	康复，健身，竞技体育
瑞士球（swiss ball / physioball）	康复领域（第二次世界大战前），德国-瑞士	改善神经对肌肉的募集和反射性调节能力，提高稳定力、本体感觉和平衡	康复，健身，竞技体育
悬吊运动疗法（sling exercise therapy）	源于第二次世界大战伤病治疗，1999年正式提出（北欧泰玛AS公司，挪威）	改善柔韧，提高稳定性力量，增强本体感觉和控制能力	康复，健身，竞技体育
振动训练（vibration training）	20世纪60年代苏联宇航专家Nazarov和Spivak发明，20世纪80年代初期应用于康复和竞技体育领域	提高力量和柔韧，改善激素分泌，预防损伤	宇航训练，康复、健身和竞技体育
振动杆（bodyblade）	1991年，美国加利福尼亚理疗师Bruce Hymanson发明	提高深层小肌群力量能力，加强关节稳定，预防损伤	康复，健身，竞技体育

尽管核心力量的训练方法很多,在举重训练中主要采用的还是徒手的静力性练习、徒手的动力性练习两种。其他训练方法对发展核心力量虽有积极作用,但由于负荷较小,与举重专项结合不够紧密等原因,本教材不做介绍。

(一) 静力性练习

这类练习的目的在于使运动员深刻体会核心肌群的用力和有效的控制身体。在练习过程中,可根据运动员的核心力量增长情况,通过延长用力时间和不断地减少支撑点来增加训练难度。

1. 俯撑桥

作用:发展腹肌、臀大肌、肩部肌群及躯干控制能力。

要领:俯卧于垫子上,以两手(或手肘和前臂)支撑于胸部正下方,两腿并拢,两脚脚尖为另一支撑点,整个身体成一条直线,躯干保持不动,髋部不能上下移动;保持均匀呼吸,不要憋气(图3-63)。

图3-63

增加难度:

第一阶段:采用单腿与双手支撑,另一只腿抬高与躯干成一条直线,保持静止不动(图3-64)。

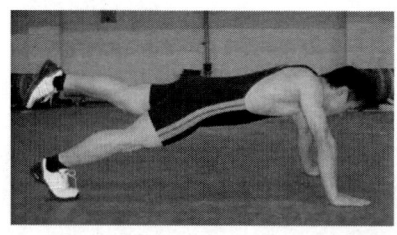

图3-64

第二阶段：采用单手双腿支撑，另一臂抬高与躯干成一条直线，保持静止不动（图 3-65）。

图 3-65

第三阶段：采用异侧单手单腿支撑，抬高另侧的手臂与腿并伸直，与躯干成一条直线，保持静止不动（图 3-66）。

图 3-66

2. 侧撑桥

作用：发展腹斜肌及躯干控制能力。

要领：侧卧于垫子上，以单手（或手肘和前臂）于胸部侧面支撑，两腿并拢，以在下的一脚侧面为另一支撑点，躯干与腿伸直，整个身体成一条直线，躯干保持不动，髋部不能上下或前后移动，保持均匀呼吸，不要憋气（图 3-67）。

图 3-67

增加难度：抬高在上的一腿，与地面平行，保持静止不动（图3-68）。

图3-68

3. 仰撑桥

作用：发展腹肌、屈髋肌群、肩部肌群及躯干控制能力。

要领：仰卧于垫子上，以两手掌支撑，两腿并拢，以两脚脚跟为另一支撑点，整个身体成一条直线，躯干保持不动，髋部不能上下移动，保持均匀呼吸，不要憋气（图3-69）。

图3-69

增加难度：

第一阶段：采用单腿与双手支撑，另一只腿向上抬起至脚与头齐平，保持静止不动（图3-70）。

图3-70

第二阶段：采用单手双腿支撑，另一臂前上举至与肩齐平，保持静止不动（图 3-71）。

图 3-71

第三阶段：采用异侧单手单腿支撑，支撑的手臂伸直，支撑的腿与上体成一直线。另一腿抬高至脚与头齐平，另一臂前平举至手过头高。保持静止不动（图 3-72）。

图 3-72

（二）动力性练习

主要目的是提高核心区肌群主动肌和协同肌的力量。采用以躯干为支撑点，肢体做有关屈伸、内收、外展或旋内、旋外的运动。在一个动作练习的过程中，通过不断增加练习次数和同时用力的肌群数量来提高训练的难度。

1. 仰卧屈膝上抬

作用：发展腹肌及屈髋肌群。

要领：仰卧于垫子上，双腿卷曲并拢，以髋关节为轴屈膝上抬，速度不宜太快（图 3-73）。

① ②

图 3-73

增加难度：

第一阶段：屈膝上抬至与地面垂直，膝关节保持 90°不动，双手抱头抬上体，完成后回位，连续进行（图 3-74）。

图 3-74

第二阶段：双手抱头转体的同时上抬，完成后回位，紧接着反方向转体上抬，连续进行（图 3-75）。

图 3-75

第三阶段：双手抱头向上抬的同时，做屈膝上抬的动作，完成后回位，连续进行（图3-76）。

图3-76

第四阶段：双手抱头转体上抬的同时，做屈膝上抬的动作，完成后回位，紧接着反方向转体上抬屈膝，连续进行（图3-77）。

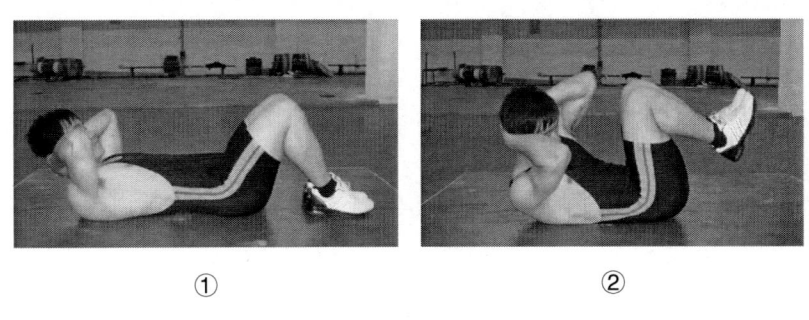

图3-77

2. 俯卧两头起

作用：发展腰背、髋部肌群及躯干控制能力。

要领：俯卧于垫子上，两腿并拢，两手平放于身体两侧，掌心向上，以腹部为支撑点，上体与下肢尽量向上抬举（图3-78）。整个身体保持紧张状态，速度不宜过快。

图 3-78

增加难度：

第一阶段：两臂向前伸直，上体、上肢和下肢同时向上抬起，并且要抬头（图 3-79）。

图 3-79

第二阶段：动作同第一阶段，但异侧腿臂同时上抬（图 3-80）。

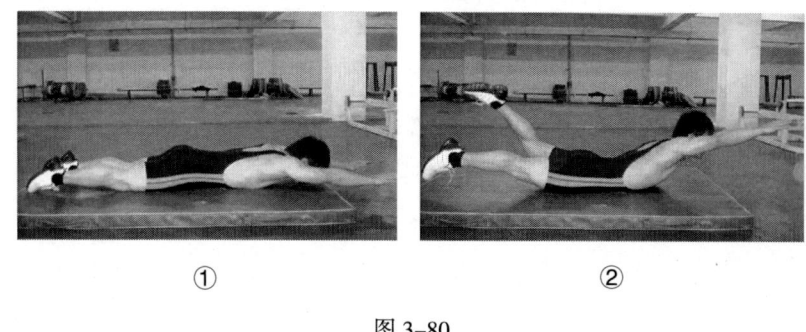

图 3-80

上述核心力量练习属于核心力量训练的初级、中级阶段，在运动员有一定基础之后，可以增加训练难度。

此外，不稳定状态下的负重练习，如采用健身球、瑞士球、平衡板、蹦床、悬吊训练、振动训练等，使运动员处于一种不稳定的状态（如让运动员站立于平衡板上手持杠铃或哑铃进行各种举、推、拉、蹲及旋转的动作等），在此状态下进行力量训练。这类练习难度较高，适用于有一定训练基础的运动员进行发展提高训练。

四、核心力量训练的安排及注意事项

（一）核心力量训练的安排

第一，核心力量训练应根据不同的练习对象，按照循序渐进的原则，逐渐增加练习难度和运动量。

第二，每周可安排核心力量练习2~4次，可在准备活动中进行，也可与其他力量练习或素质训练安排在一起。

第三，每次练习可选择3~5个核心力量的动作，每个动作练习1~4组，重复练习10~30次（或多次数重复练习，或持续练习20~40秒）；辅助练习动作1~2组，重复10~20次（或持续20~30秒）。组间休息30~120秒。

（二）核心力量训练的注意事项

第一，应按照循序渐进，逐渐递增难度的方式进行训练。对于不同年龄、性别、技术水平的运动员在难度和负荷安排上应有所不同，以保证练习的动作质量和效果。难度递增的主要方式，可以通过减少支撑点改变身体重心位置；使用不稳定器材来增加不稳定性；加长支撑点距身体重心的距离或提高身体重心的高度；左右肢体不对称地交替用力；变换练习速度和动作节奏，增加对动作控制的难度等。

第二，为提高对肌肉运动的感知力和控制力，进行核心力量训练时注意力应高度集中。所有静力性练习应随着课次的累积与保持静力练习动作时间的延长而增加难度。把稳定性的核心力量训练放在准备活动、或者负重抗阻训练的前面进行，可以使神经系统的兴奋性得到激活，核心区域的稳定性和力量得到增强，为后续的练习做好准备。动态练习应当安排在静态练习之后，也可以选择动静结合的练习方式。

第三，核心力量训练应与举重专项力量训练相结合，达到与专项力量和专项技术相融合的目的。在举重力量训练中，传统的力量训练占主导地位，核心力量训练只是对传统力量训练的一种补充，核心力量训练不能替代举重专项力量训练。

思考题：

1. 简述力量的分类与力量发展的敏感期。
2. 影响力量提高的因素有哪些？
3. 最大力量的训练方法有哪些？每种训练方法的负荷特征是什么？
4. 速度力量与力量耐力的训练方法有哪些？
5. 抓举、挺举的半技术练习动作有哪些？
6. 举重训练的一般力量练习动作有哪些？请分类描述。
7. 简述核心力量的作用。
8. 简述核心力量的训练方法及其安排要点。

第四章　举重教学

> **内容提要：**
> 本章运用现代体育教学理论，重点阐述举重教学的任务与内容、举重教学的特点与要求、举重教学的组织与实施、举重教学工作计划、举重考核、举重教学的检查与评定、举重技术诊断、纠正错误动作等理论及相关内容。

教学与训练是举重练习过程的两个基本阶段。教学是掌握必要的知识、技术、技能的阶段；训练是提高知识、技术、技能的阶段。这两个阶段既有区别又紧密联系，教学离不开训练实践，而训练过程中仍然有新的东西要学习。

教学是从事举重练习过程的开始阶段，开始基础打好，以后提高就有保证，因此，必须结合举重运动的特点搞好教学。

第一节　举重教学概述

举重教学是一个特殊的、有组织的教育认知过程。通过举重教学落实对学生的全面素质教育，使其了解举重运动的有关知识，掌握举重运动的方法和技能，进而将举重运动作为终身体育锻炼、增进健康的方法手段。举重教学是使学生掌握举重运动知识、技术、技能的基本形式，是学生形成举重运动技能、能力的初级阶段。

一、举重教学的任务与内容

（一）举重教学的任务

举重教学是教师根据一定的教学目的、任务、计划、学生身心特点及举重的专项特点，指导学生掌握举重的理论知识、技术、技能，增强体质，特别是发展力量，同时培养学生认知能力与良好道德品质的教育过程。教学任务包括：

第一，初步掌握举重的基本知识，基本技术和基本技能，以及发展力量的基本理论与方法。

第二，改善身体机能，增强体质，发展运动素质，特别是力量素质，提高运动成绩。

第三，培养勇猛顽强的意志品质和良好的思想、道德品质。

（二）举重教学的内容

举重教学的内容主要由教学大纲、教学计划所规定。它主要包括举重基本知识、技术、技能三个方面。教学内容根据不同的教学对象有所区别，举重或力量训练普修课、选修课一般只有24~36学时，由于教学时数少，教学内容应少而精，突出重点，兼顾一般。举重专修课一般都在900学时以上，教学内容全面、系统，重点与一般相结合，注重知识、技术、技能的全面传授与专项技能培养。

1. 理论知识教学

理论知识教学主要以讲授举重运动概述、竞赛动作技术、力量训练原理与方法、举重教学法、举重训练法、举重竞赛和发展力量的方法为主，引导学生掌握举重基本知识。

2. 技术教学

（1）竞赛动作技术：抓举、挺举。

（2）发展举重专项力量的技术练习：抓举力量技术练习、挺举力量技术练习、上拉力量技术练习、腿部力量技术练习、上推类力量技术练习、支撑类力量技术练习。

（3）发展一般力量的技术练习：发展上肢力量的技术练习、发展躯干力量的技术练习、发展下肢力量的技术练习、发展全身力量的技术练习。

（4）核心力量训练理论与方法。

3. 技能教学

（1）技术示范与讲解能力培养。

（2）帮助与保护技能的培养。包括一人保护与帮助方法、两人保护与帮助方法及自我保护方法。

（3）制定举重训练计划。包括课训练计划、周训练计划、年度训练计划及多年训练计划。

（4）组织教学比赛与裁判实习。组织举重比赛、担任举重比赛中的裁判工作。

二、举重教学的特点与要求

（一）举重教学的特点

举重的主要特点是负重练习，因此，举重教学的特点就是在增加重量的过程中，不断改进和提高技术水平。

举重教学共分3个阶段，不同训练阶段举重教学的特点各有不同。

1. 技术动作的分解教学阶段

这一阶段主要通过讲解、示范和练习使学生明确技术动作的各个部分的作用、要领、主要环节运动及主要肌肉用力，建立分解和完整动作的概念。这一阶段的特点是学生处于动作技能形成的泛化阶段、动作表现紧张、不连贯，肌肉用力不协调，并伴随着一些多余的动作。教学重点在抓住技术动作的主要环节和学生在掌握动作中存在的主要问题进行教学，不应过多强调动作细节，而应以正确的示范和简练的讲解帮助学生掌握动作。此阶段多采用竹棍或杠铃杆练习。

2. 用轻杠铃改进技术动作阶段

这一阶段主要是通过轻杠铃的反复练习，以及教师深入细致的讲解，从而不断改进和提高动作的质量，逐渐消除动作的紧张、不连贯及肌肉用力不协调等问题。这一阶段的特点是学生处于动作技能形成的分化阶段，动作逐渐变得连贯、准确。教学重点在于对错误动作的纠正，使用轻杠铃让学生体会动作的细节，使动作更加准确。此阶段多采用比较、对照、分析综合的方法来改进和提高技术动作的质量。

3. 增加重量，继续提高和巩固技术动作阶段

随着技术的改进和力量的增长，在平时练习时可适当增加重量，继续提高和巩固技术动作。这一阶段的特点是：学生技术动作的条件反射系统已经巩固，大脑皮质的兴奋和抑制在时间和空间上更加集中和精准，动作连贯、准确到位，肌肉用力协调，某些环节还可能出现自动化。在教学中，应对学生技术动作提出进一步的要求，针对每个人的情况，重点纠正主要错误动作；在练习中需加大发展专项力量动作技术的练习次数，提高专项力量素质；同时进行技术理论学习，有利于动力定型的巩固和技术动作质量的提高。

（二）举重教学的要求

为了更好地完成举重教学的任务，在具体实施举重教学的过程中，需遵循以下要求：

1. 教师主导与学生的主动性相结合

举重教学中要以教师为主导，同时需采取各种方法激发学生学习的积极性。

2. 循序渐进与重点突出相结合

举重教学以从最基本动作开始，循序渐进，同时在整个教学过程中要贯彻两项竞赛动作教学这个重点。

3. 理论与实践相结合

应从培养目标和对举重教学的要求出发，合理安排理论教学、技术教学和技

能教学，使理论知识与实际操作相结合。

4. **掌握学生基本情况，注意区别对待**

举重教师要深入了解学生的思想、学习、训练、生活及身体情况等各方面，在训练中做到因人而异，有针对性地进行教学。

5. **加强思想教育，提高学生意志品质**

举重属于单一动作结构项目，其技术动作较单调，长年反复进行举重练习易在思想上产生疲劳，在举重教学中应加强思想教育，提高意志品质。

第二节 举重教学的方法

教学方法是指在教学过程中，为实现教学目的、完成教学任务而采用的途径和手段。教学方法的选择与运用是否切合实际和有效，对完成教学任务、提高教学质量有重要意义。

一、竞赛动作与辅助动作教法

竞赛动作和辅助动作教法主要是指抓举技术、挺举技术和一些专项辅助动作技术的教法。

（一）抓举教法

1. 高抓

高抓技术动作的教学顺序依次为：预备姿势—开始提铃—膝上高抓—高抓。
（1）预备姿势
主要要求：近站、挺胸、直腰。
易犯错误：小腿距离杠铃过远，含胸松腰。

教法提示：

①教师首先讲清高抓与高翻的区别，然后做2～3次技术动作示范，然后让学生分组练习。

②练习时可将铃垫高，以便做出正确动作。

(2) 开始提铃

主要要求：挺胸、直腰、直臂，第一阶段主要伸膝，第二阶段膝髋并伸，第三阶段主要伸髋，同时膝前移至杠下。

易犯错误：杠铃不贴身，含胸松腰，展体过早，抬臀过早，拉臂过早。

教法提示：

①练习时两臂牵引住杠铃，两臂保持伸直，以防开始就用臂力提铃。

②教师首先讲清开始提铃技术要领，然后做2～3次技术动作示范，再让学生分组练习。学生练习3～4组初步体会即可，主要应在以后各个动作的练习中严格要求。

(3) 膝上高抓

主要要求：蹬腿、耸肩、快蹲、锁肩。

易犯错误：用力不够协调，发力过早或过晚；节奏不明显；展体不充分；杠铃不贴身；下蹲不积极；耸肩提肘不好等。

教法提示：发力和下蹲的配合是提铃技术的核心，如掌握得好对学习下蹲抓是很有利的，故可多练几组。

(4) 高抓：将预备姿势、开始提铃、膝上高抓等动作连接起来就成了一个完整的高抓动作。

2. 下蹲抓

下蹲抓技术动作的教学顺序依次为：抓举支撑深蹲—膝上下蹲抓—下蹲抓。

(1) 抓举支撑深蹲

主要要求：挺胸、直腰、锁肩。

易犯错误：手臂有屈伸、锁肩不够。

教法提示：

①用高抓举起杠铃后，接做2～3次支撑深蹲。

②对初学者应强调锁肩、挺胸直腰、躯干稍前倾。

③需人保护进行练习。

(2) 膝上下蹲抓

主要要求：蹬腿、耸肩、快蹲、锁肩。

易犯错误：杠铃不贴身；锁肩不及时；下蹲深度不够。

教法提示：

①初学者往往不敢快速下蹲，因此，除通过讲解示范消除顾虑外，对深蹲的深度和速度可逐渐提高要求。

②着重要求蹬腿、耸肩、快蹲。为了使两臂提铃时更好地伸直放松，可将杠铃垫高来做。

③做这一练习前，可做徒手发力和下蹲支撑的配合动作。

④加强双人保护与帮助，基本掌握后介绍自我保护。

(3) 下蹲抓

主要要求：近、快、低。

易犯错误：用力不够协调，发力过早或过晚；节奏不明显；展体不充分；杠铃不贴身；下蹲不积极；耸肩提肘不够；下蹲深度不够；进肩不够，锁肩不及时；起立时手臂有屈伸等。

教法提示：

①强调发力时蹬腿、伸髋、展体、耸肩、提肘、快蹲、锁肩。

②初步掌握后介绍放下杠铃及呼吸方法。

（二）挺举教法

1. 高翻

高翻技术动作的教学顺序依次为：预备姿势—提铃—发力—接铃—完整技术。

(1) 预备姿势

教学要求：提示"近"站、挺胸、紧腰、臀位、肩位、握法、站法、头位。

易犯错误：小腿距离杠铃过远、含胸松腰。

教法提示：

①学生若含胸松腰，则可要求先挺胸紧腰后再慢慢屈膝下蹲，臀部向上抬高，膝关节一般在100°左右，然后反复蹲、起。初步体会预备姿势中肩部、腰

部、臀部的位置变化及其要求。

②可将杠铃适当抬高，以利于做出正确动作。

（2）提铃

教学要求：让学生始终保持挺胸紧腰直臂，根据提铃的三个环节的技术要求，将杠铃前移至膝关节下。

易犯错误：杠铃不贴身；含胸松腰；展体过早；抬臀过早；拉臂过早。

教法提示：

①练习时两臂放松、伸直，手臂不要过早向上拉。

②做几组练习，开始阶段强调杠铃的用力路线。

（3）发力

教学要求：发力是按照举重技术的基本要求，在最短的时间内参与用力的肌肉按照先后顺序，爆发出最大的肌肉力量，获得最大的加速度。

易犯错误：拉臂过早，发力含胸松腰，展体不够充分。

教法提示：

①发力的顺序为蹬腿、伸髋、展体、耸肩、提肘、举踵。

②强调发力节奏、发力向上和发力下蹲的技术问题。

（4）下蹲支撑与起立

教学要求：发力完成后，积极主动下蹲，主动转肘，把杠铃置于锁骨和三角肌上。

易犯错误：发力和下蹲脱节，杠铃置于胸上，靠双手托着杠铃。

教法提示：

①下蹲不积极，发力向上和积极下蹲的动作不协调，膝关节角度在 90°~135°之间。

②一般而言，都怕把杠铃置于颈和喉节部位，但是为了更好地把握重心，必须置于此。

（5）高翻完整技术

教学要求：将预备姿势、提铃、发力、接铃等环节技术连接连续完成，就是一个完整高翻技术动作。

易犯错误：用力不够协调，发力过早或过晚；节奏不明显；展体不充分；杠铃不贴身；下蹲不积极；耸肩提肘不好等。

教法提示：

①提铃时拉臂，蹬腿耸肩不协调，下蹲不积极。可做徒手练习或轻器械

练习。

②接铃时必须将杠铃置于胸锁骨连接处和两处三角肌上,不可用两手托住杠铃。

2. 前蹲

主要要求：杠压三点（胸锁骨连接和两处三角肌前束），挺胸、抬头、紧腰，胸式呼吸，慢下快起。

易犯错误：含胸弓腰；下蹲太快。

教法提示：做 2～3 组体会即可，如踝关节太僵硬影响到下蹲，则应在平时的练习中加强压踝练习。

3. 膝上下蹲翻

主要要求：蹬腿、耸肩、快蹲。

易犯错误：用力不够协调，发力过早或过晚；节奏不明显；展体不充分；杠铃不贴身；下蹲不积极；耸肩提肘不够；下蹲深度不够。

教法提示：为了体会发力和下蹲的配合，在准备活动中先做几次徒手发力下蹲的动作。初学者往往不敢快速下蹲，因此除了通过讲解消除顾虑外，对蹲的深度和速度可逐渐提高要求。初学者往往拉臂太多，使得杠铃从较高处砸下来，因此，发力时可着重要求蹬腿、耸肩、快蹲。为了使两臂保持自然伸直放松，可将杠铃垫高来做。

4. 下蹲翻

主要要求：近、快、低。

易犯错误：用力不够协调，发力过早或过晚；节奏不明显；展体不充分；杠铃不贴身；下蹲不积极；耸肩提肘不够；下蹲深度不够。

教法提示：提铃时拉臂过早，蹬腿耸肩不好，下蹲不积极，可做悬吊式下蹲翻。初步掌握下蹲翻后，简单介绍起立动作。

5. 上挺

上挺技术动作的教学顺序依次为：预备姿势—预蹲—架上挺—完整挺举技术。

(1) 预备姿势

主要要求：挺胸、直体、杠压三点。

易犯错误：用手托着；含胸弓腰；身体和杠铃重心偏前。

教法提示：在讲解后做 2～3 次预备姿势体会一下即可。强调杠铃压三点，两臂高抬，挺胸直腰，杠铃重心落在支撑面中心。

(2) 预蹲

主要要求：直、稳、适中。

易犯错误：身体前倾；杠铃滑动；预蹲太浅或太深。

教法提示：做 2～3 组体会即可。强调两膝分开，做到直、稳、适中，杠铃重心落在支撑面中心。

(3) 架上挺

主要要求：猛蹬、快分、直体。

易犯错误：发力不猛；下蹲不积极；身体前倾；前出腿太小；后腿拉太长；先收后腿。

教法提示：学习架上挺之前，可做徒手箭步分腿，也可在地上画出"十"字标记进行练习。强调发力时蹬腿夹臀、夹肘抬上臂、下蹲积极、身体正直。

6. 完整挺举技术

主要要求：近、快、低。

易犯错误：所有下蹲翻和上挺的易犯错误。

教法提示：每组翻一次挺 2～3 次。注意完整动作的协调配合，根据存在的问题提出要求。初步掌握后介绍呼吸方法。

（三）辅助动作教法

举重专项辅助练习技术是与举重竞赛技术紧密联系的技术，大部分技术在举重技术教学过程中已经进行了教学，如蹲、拉的练习、支撑的练习与专项技术的要求是一致的，只需进行准确的示范并提出基本的要求即可。由于辅助练习量和强度更大，故教师和学生的保护能力需要提高，注意力要更加集中。

二、保护与帮助方法

（一）一人保护与帮助方法

保护者根据动作的特点站在练习者的身后，以不妨碍练习者做动作为原则，两手放在胸前上方，两眼注视练习者的动作。发现重心偏移或技术变形，立即扶住或接住杠铃。帮助其逃离或放下杠铃（图4-1）。此方法一般要求被保护的人不要轻易地放开杠铃，同时这也是对保护者的一种保护。在下蹲抓、深蹲、卧推、颈后推举等重量较大的单项练习中多采用此种方法。

图4-1 一人保护与帮助

（二）两人保护与帮助方法

保护者各自站在杠铃横杠的两端，面对杠端，身体距杠端20厘米左右，手指重叠或交叉，两手掌心向上，虎口向前，肘关节微屈（图4-2）。当被保护者不能够完成该技术动作时，两名保护者应及时地同时用双手接住杠铃进行保护，待练习者离开杠铃后将杠铃放下。保护时力求判断准确，出手速度要快。这种保护方法一般在下蹲抓和下蹲翻、后蹲的教学中，当练习者力量和技术不够稳定或者试举重量较大的情况下采用。

图 4-2　两人保护与帮助

（三）自我保护方法

1. 下蹲抓的自我保护

（1）当杠铃重心偏前时，用两手将杠铃向前推开，人向后跳，或两膝伸直以保护膝关节不致被砸。

（2）当杠铃重心偏后时，则向后转肩将杠铃后推，人向前跳或向前挺髋。也可以一手直臂握牢杠铃，一手松开并向握杠手方向转体 180°，使身体迅速躲开。

2. 下蹲翻的自我保护

当由于提铃高度不够或展体不充分而造成杠铃重心偏前并无法挽救时，两手可用力将杠铃向前推开，人向后跳或上体前倾伸直两膝以保护膝关节。当由于提铃路线不对而造成杠铃重心偏后并无法挽救时，则两手应更加用力向前推开杠铃，人向后跳或抬臀，上体前倾使两膝伸直，以保护膝关节。

3. 上挺的自我保护

（1）上挺未完成而支撑不住时，如重量不重可用胸部承接杠铃（可在箭步姿势中承接），同时两膝向下微屈以进行缓冲。注意在杠铃下落时，两臂不可完全放松，臂伸肌应继续用力使杠铃较慢下落，以减轻杠铃对胸部的压力。

（2）如果重量过大，用胸部承接杠铃困难，则应迅速后收前腿，让杠铃直接由体前落至举重台上。如上挺后支撑不住杠铃并且方向偏后时，应立即松手并使身体迅速躲开，让杠铃由体后落至举重台。

三、举重教学常用方法介绍

（一）理论课教学方法

1. 重点讲解法

讲解中针对教材的知识点和重点、难点深入分析，层层递进。这是一种经典传统的理论教授方法。

优点：帮助学生加深理解和了解掌握教材的实质性内容。

缺点：较为枯燥乏味，由于需要注意力高度集中，学生思维与注意力难以持续与教师同步。

2. 多媒体教学法

运用多媒体技术和学生多种感官的功能，充分而全方位地展示教材内容的细节和重点部分。

优点：直观性强、记忆深刻。

缺点：对教学条件有严格的要求，制作难度大，时间精力耗费多。

3. 讨论式教学法

在教师引导下，每位学生事先准备教材中规定的某一内容进行主体式讲解、讨论，然后学生对该问题再进行讨论评价，最后教师作总结式讲解。

优点：贯彻了素质教育原则，学生写作、语言表达能力得到提高，有利于知识的掌握，同时加快了知识向能力的过渡，教学氛围活跃轻松，教与学融为一体，激发了每一位学生的思维。

缺点：教学时数难以承受。

4. 探究式教学法

也称之为学习式教学法。理论教学实践中一般运用此教学法并分 3 个阶段进行：一是教师提供信息资料，学生提出有关概念或假设；二是对获得的概念或假设进行检验；三是引导学生分析他们获得概念或检验的途径。在探究式教学中，教师提供的信息必须有助于学生的探究发现。

优点：可培养学生探究发现式的学习习惯，充分调动学生的能动性和创造性，也是我们培养学生创新性能力的一种基本教法。

缺点：所费时间比用语言讲解方法要长，有一定局限性。

5. 程序教学法

是通过对教材结构的分析，再将教材内容划分成不同层次，在教师引导下，学生按照层次的顺序逐一学习掌握知识。程序教学法分成直线式程序和分支式程序教学。

优点：每一层次有相应的知识，并及时反馈。

缺点：对教师而言，由于首先要求对教材进行改写、改编，工作量大，要求也更高。程序教学更多地体现为一种教学思想，需要其他教学方法的配合才能有较好的效果。

（二）技术课教学方法

举重竞赛动作由于结构复杂，容易因练习重量的变化而变化，在技术的教学环节，为了更好地提高学生的学习积极性，更好地使学生掌握举重技术，一般可以采用以下几种举重教学法：

1. 示范与讲解法

（1）示范与讲解法释义

示范是教师用具体动作为范例，向学生演示所学技术动作的形象、结构和完成的顺序；而讲解指教师通过语言向学生讲解、说明所学技术动作名称、作用、要领、做法、要求等用概念指导学生进行技术动作学习。

(2) 示范与讲解法的具体运用

示范与讲解法常运用于举重教学的初级阶段，在具体的运用过程中，要求教师做到以下几点：①示范动作正确；②选择最有效的示范角度和距离；③讲解要正确并根据教学阶段、举重项目特点及教学对象的不同而有所区别；④讲解应简明扼要，力求精练，抓住关键；⑤可增加正误对比示范及运用手势、口令。

(3) 示范与讲解法优劣分析

优点：对形成规范的基本技术及建立较扎实的基本功有利。

缺点：教学形式较为枯燥、呆板，要求学生有明确的学习动机。

2. 分解教学法

(1) 分解教学法释义

分解教学法就是将完整的技术动作合理地分解为若干环节或部分，然后按环节依次由易到难地进行学习，最后连接成一个完整动作，达到全部掌握。其优点主要是简化技术动作，有利于更快更好地掌握动作。这种方法一般用于举重教学的初级阶段。

(2) 分解教学法的类型

在举重教学中，可用的分解教学法有单纯分解教学法、递进分解教学法及顺进分解教学法。

单纯分解教学是将动作的各步骤一一学习后再综合练习。

递进分解教学指先学第一阶段动作，再学第二阶段动作，然后一二阶段动作联合练习。再学第三阶段，再联合一二三阶段。如此做递进式学习，直至全部学完。

顺进分解教学法是指先学第一阶段；掌握后，再学第一、第二阶段；掌握后，再将一二三阶段联合起来一起学，如此步步前进，直至全部学完。

(3) 抓举技术分解教学法具体运用：

①单纯分解教学法（表4-1）

表4-1 下蹲抓单纯分解教学法教学步骤

第五步：下蹲抓			
第一步：预备姿势	第二步：提铃	第三步：发力	第四步：下蹲支撑与起立

②递进分解教学法（表4-2）

表4-2　下蹲抓递进分解教学法教学步骤

| 第一步：预备姿势 | 第二步：提铃 | 第三步：宽上拉 | | 第五步：高抓 | 第四步：锁肩接杆 | 第七步：下蹲抓 | 第六步：抓举支撑深蹲 |

③顺进分解教学法（表4-3）

表4-3　下蹲抓顺进分解教学法教学步骤

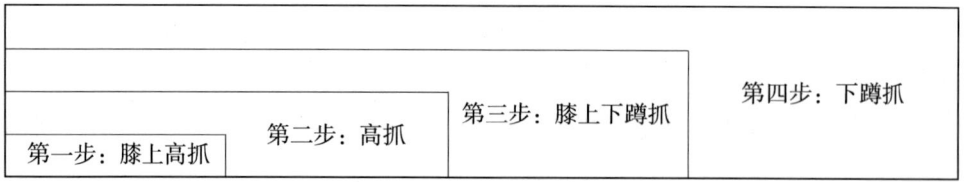

(4) 挺举提铃至胸技术分解教学法具体运用：
①单纯分解教学法（表4-4）

表4-4　挺举下蹲翻单纯分解教学法教学步骤

| 第一步：预备姿势 | 第二步：提铃 | 第五步：下蹲翻 第三步：发力 | 第四步：下蹲支撑与起立 |

②递进分解教学法（表4-5）

表4-5　下蹲翻递进分解教学法教学步骤

| 第一步：预备姿势 | 第二步：提铃 | 第三步：窄上拉 | | 第五步：高翻 第四步：转肘接杆 | 第七步：下蹲翻 第六步：前蹲 |

③顺进分解教学法（表4-6）

表4-6 下蹲翻顺进分解教学法教学步骤

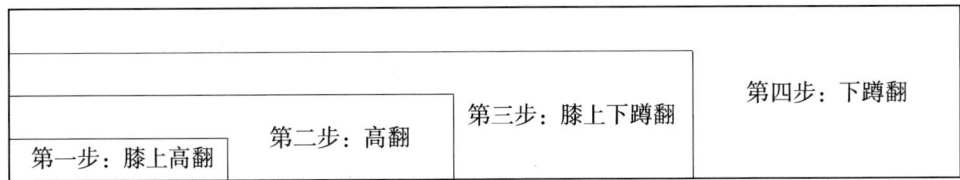

（5）上挺技术分解教学法具体运用：
①单纯分解教学法（表4-7）

表4-7 箭步挺单纯分解教学法教学步骤

第五步：箭步挺			
第一步：上挺预备姿势	第二步：预蹲	第三步：上挺发力	第四步：箭步分腿支撑与起立

②递进分解教学法（表4-8）

表4-8 箭步挺递进分解教学法教学步骤

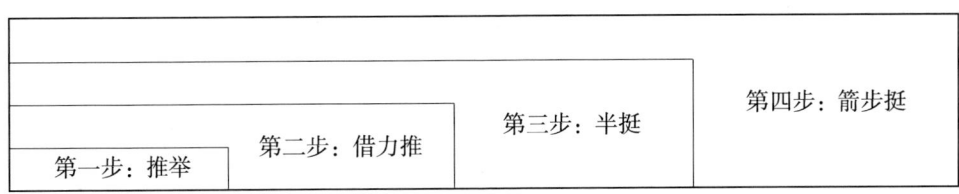

③顺进分解教学法（表4-9）

表4-9 箭步挺顺进分解教学法教学步骤

			第四步：箭步挺
		第三步：半挺	
	第二步：借力推		
第一步：推举			

(6) 辅助动作技术分解教学可根据技术动作的实际情况采取相应的分解教学法。具体运用时可根据每种分解教学法的要求分步骤进行。

(7) 分解教学法优劣分析

优点：有利于个别环节的掌握及主要技术动作的提高。

缺点：动作的整体性把握欠佳。

3. 完整教学法

(1) 完整教学法释义

完整教学法是指从技术动作的开始到结束部分环节，完整地进行教学的方法。在举重教学过程中通过完整技术练习逐步提高训练负荷和强度，提高完整技术的质量，在此过程中通过教师的提醒，改进技术。这种方法一般是在举重教学的初级阶段的中期教学时采用。

(2) 完整教学法的具体运用

完整教学法既可用于单个环节的技术教学（如上拉、深蹲等），也可用于完整抓举、挺举两项竞赛动作的技术教学。运用于单个环节技术教学时，要注意各个动作之间的紧密联系，逐步提高训练的负荷强度，提高完整练习的质量；运用于完整抓举、挺举技术教学时，在完成好各个单个环节的同时，须特别注意掌握多个环节之间的串联和衔接。

在举重教学中，应将两种教学法有机结合使用，使完整教学法与分解教学法优缺点互补。运用分解教学法时，应积极创造条件，以使学生完整地掌握动作。在以完整法为主练习时，也可对动作的某些环节进行分解学习，但要根据举重教材特点和教学的需要而定。

(3) 完整教学法优劣分析

优点：有利于对动作整体性的把握。

缺点：不利于个别环节纠错。

4. 重复教学法

(1) 重复教学法释义

重复教学法是指举重教学过程中通过多次重复练习，达到改进技术的目的。举重技术看似简单，然而随着练习的重量的变化使技术动作容易发生变化或者变形，只有通过千百次的练习，在练习中去寻找问题，才能达到提高和改进技术的目的。这种教学法一般是在基本掌握技术的前提下采用的教学方法。

(2) 重复教学法的类型

构成举重重复教学法的主要因素有：负荷强度（可通过最好成绩百分比表现）、每组次数及每两组练习之间的休息时间。据此，在举重教学中可用的重复教学法有大强度重复教学法、中强度重复教学法和小强度重复教学法。

(3) 重复教学法的具体运用

根据重复教学法的类型与特点，运用大强度重复教学法时，负荷强度大甚至达到极限强度，每组练习1~3次，两组之间有保证充分的休息时间，通常在冲成绩或需要保持最好成绩时使用；运用中强度重复教学法时，负荷强度较大，每组练习3~5次，两组之间保证较充分的休息时间，这种教学法是在平时的训练教学中最常用的一种；运用小强度重复教学法时，负荷强度一般，每组练习5~8次，两组之间保证较充分的休息时间，通常在恢复训练或放松训练时使用（表4–10）。

表4–10 重复教学法的类型及其特点

要素 \ 类型	大强度重复教学法	中强度重复教学法	小强度重复教学法
最好成绩的百分比	90%~100%	70%~90%	50%~70%
每组次数	1~3次	3~5次	5~8次
间歇时间	充分	较充分	较充分

(4) 重复教学法优劣分析

优点：通过同一技术动作的多次重复，经过不断强化运动条件反射的过程，有利于学生掌握和巩固技术动作。同时通过相对稳定负荷强度的多次刺激，可使机体尽快产生较高的适应性机制，有利于学生发展和提高专项身体素质。

缺点：在不断的重复练习中，可能形成错误的动力定型，因此，在实际运用过程中教师应注意随时纠错。

5. 变换教学法

(1) 变换教学法释义

变换教学法是在教学过程中为了进一步提高学生的学习热情和更好地掌握举重技术，采用变换负荷强度、教学内容及教学形式、方法等，改进现有状况，提高学生的积极性,更好地投入到举重中来。这种教学法在举重教学的任何阶段都可采用。

(2) 变换教学法的具体运用

在举重教学过程中应根据学生对举重技术的掌握情况,有意识地改变教学的节奏、内容,使学生变换对技术的理解,以更好地掌握举重技术。如在发力技术的教学过程中,学生用力顺序不对导致用手拉的情况,在多次提示、示范的情况下还没有改进,如果再继续练习,可能会使学生产生反感,这种情况下采用变换教学法,练习其他内容,达到注意力的转移,然后在下一次的教学中再进行发力技术的教学。

(3) 变换教学法优劣分析

优点:通过变换负荷强度、教学内容及教学形式、方法等,可使机体产生与举重的特点相匹配的适应性变化,使学生专项身体素质和专项技术得到协调发展。

缺点:过多使用变换教学法易使学生产生惰性,使学生在技术学习上的问题得不到有效解决,故不宜过多使用。

第三节 举重教学的实施

举重教学的实施主要包括举重教学工作计划的制定、举重教学的组织、考核、检查与评定。

一、举重教学工作计划的制定

举重教学工作计划是以教育计划作为总的根据而制定的。制定教学工作计划可以使教学工作得到科学和合理的安排,是长期教学目标与阶段教学目标的有机统一。在制定举重教学工作计划时,需要系统而均匀地分配各项工作,做到既有重点,又有一般。举重教学工作计划包括教学大纲、教学进度和教案的制定。

（一）举重教学大纲的制定

教学大纲是依据教学计划规定的任务和时数所制定的具体教学时数、内容和考核办法的文件。它是举重教学中的法定性文件，主要包括以下内容。

（1）前言（或说明）：说明制定大纲的依据。

（2）教学的任务和要求：包括思想、理论、技术和技能方面的内容。

（3）教学内容与学时分配：总学时教学内容与学时分配、理论课教学内容与学时分配及技术课教学内容与学时分配。

（4）教学内容知识点：主要提出各部分内容的教学要点与要求，可分为理论课和技术课两部分。

（5）考核：包括考核的要求、内容、方法、方式、评分标准和安排等。

（6）教材与主要参考教材：提出课程使用的教材及参考教材。

举重专修教学大纲示例（仅供参考）

一、说明

（一）课程定义

（二）编写依据

（三）目的任务

（四）课程编码及适应专业

（五）学时数与学分（表1）

二、教学内容与学时分配（表1、表2、表3）

表1　总学时教学内容与学时分配

	第一学期	第二学期	第三学期	第四学期	第五学期	第六学期	第七学期	第八学期	合计
理论	12	12	10	12	12	12	10	10	90
技术	94	126	126	126	126	126	26	74	824
考核	2	2	2	2	2	2	2	2	16
机动	2	2	2	2	2	2	2	4	18

表2　理论课教学安排及学时分配

内容安排 \ 学时安排 学期	第一期	第二期	第三期	第四期	第五期	第六期	第七期	第八期	合计
举重运动概述	6								6
举重竞赛技术与辅助动作	4	4	4						12
力量训练理论与方法			4	2					6
举重教学法	2	2	2	2	4	4			16
举重训练法		2	2	6	4	2	2		18
举重竞赛组织与裁判法				4	2	2			8
健美运动					2	4	2		8
核心力量训练							2	2	4
举重科研论文							4	8	12

表3　技术课教学安排与学时分配

内容安排 \ 学时安排 学期	第一期	第二期	第三期	第四期	第五期	第六期	第七期	第八期	合计
1. 重点内容： （1）竞赛技术：抓举、挺举	32	50	50	50	42	30	4	20	278
（2）辅助动作和发展举重专项力量的技术： 宽上拉、窄上拉、硬拉、前蹲、后蹲、高立翻、下蹲翻、高立抓、悬垂高抓、悬垂下蹲抓、力量推、借力推、立定挺、架上挺、卧拉、山羊挺身、弓身、负重仰卧起坐、卧推等	32	56	56	50	50	30		26	300
2. 一般内容：小肌肉群和其他项目发展力量的练习	14	18	18	24	32	34		10	150
3. 介绍内容：箭步抓、箭步翻挺、核心力量训练	2						6	8	16
4. 自选内容：结合学生情况学习健美技术（规定动作、自选动作和使肌肉健美发达的动作技术）与方法						30	12	10	52
5. 一般和专项体能训练	12								12
6. 实验教学、技能培养、考核等	6	6	6	6	6	6	6	6	48

三、教学内容知识点

（一）理论课

（二）技术课

（三）实验教学及技能培养

四、考核

1. 考评方式。

2. 考核评定办法。

五、教材与主要参考教材

（一）教材

（二）参考教材

（二）举重教学进度的制定

教学进度是教学大纲的具体化，是将教学大纲中规定的教学内容合理地分配到每次课中。教学进度安排得是否合理，在很大程度上影响着教学效果。教学进度是教师编写教案的直接依据。

举重教学进度的内容包括：

1. 课程信息：包括科目、教学班信息、任课教师、总学时等。

2. 教学目的和教学任务：提出学期教学的重点、难点、学时分配、教学应达到的目的和任务等。

3. 学期教学内容分配：以周为单位进行学时分配，并提出每周教学的内容纲要等。

表 4 所示为举重教学进度示例。

表 4　举重教学进度示例（仅供参考）

时间：2014–2015 学年度第 1 学期　　　　　　　　　2014 年 9 月 1 日

科目	术科	系别	运动系	年级	2013 级	班级	1 班
课程名称	举重普修	任课教师				总学时	34
教学目的任务	通过本课程教学，使学生掌握举重运动的基本知识、基本技术、基本技能，掌握力量训练的基本理论与方法，发展力量素质，提高对举重的理性认识						

续表 4

周次	时数	教学内容纲要	辅助活动	
1	2	理论课：举重运动概述		
2	2	力量素质测验：后深蹲、卧推、窄硬拉		
3	2	抓举（分解教学）、实力推、卧拉、负重弓身		
4	2	挺举（分解教学）、后深蹲、卧推、仰卧起坐、自选练习		
5	2	抓举（分解教学）、实力推、负重挺身、引体向上		
6	2	理论课：举重竞赛技术与教学		
7	2	挺举（分解教学）、后深蹲、卧推、负重弯举、自选练习		
8	2	前深蹲、卧推、窄硬拉、弯举、负重弓身、自选练习	素质练习	
9	2	挺举、后深蹲、卧推、收腹举腿、双臂屈伸、自选练习		
10	2	理论课：力量训练理论与方法		
11	2	抓举、实力推、卧拉、负重挺身、自选练习		
12	2	后深蹲、卧推、宽硬拉、弯举、负重弓身、自选练习		
13	2	理论课：举重技术规则与竞赛		
14	2	教学比赛		
15	2	力量素质测验：后深蹲、卧推、窄硬拉		
16	2	技评达标		
17	2	理论考试		

（三）举重课教案的制定

教案即课时计划，是教师根据教学进度编制而成的。科学地编写每次课的教案对全面完成教学大纲所规定的教学任务具有重要意义。

教案不仅是教师上课的依据，而且对积累资料、总结经验、提高对教学规律的认识具有重要意义。另外，教案还是检查、考核教师的工作态度、业务水平的具体内容之一。

举重课教案的内容包括：

①课程信息。包括周次、课次、时间、教学班信息、任课教师、教学地点等。

②教材内容。指出课程要教授的主要内容。

③教学目标。根据教学进度要求提出具体目标。

④课的内容及分配。分开始部分、准备部分、基本部分及结束部分,分别阐述各部分的教学内容及组织教法和教学要求等。

⑤场地器材。提出课程所需的场地、器材等。

⑥课后小结。根据实际上课的情况,在课后填写。

表 5 所示为举重课教案示例。

表 5　举重课教案示例（仅供参考）

人数＿＿＿＿　第＿＿＿周　第＿＿＿次课　＿＿＿年＿＿月＿＿日　系别＿＿＿＿　班级＿＿＿＿

教材内容		高翻挺、后深蹲、卧推、负重弓身	
教学任务		1. 复习高翻挺技术,纠正提铃拉臂过早的错误动作 2. 通过高翻挺、后深蹲、卧推、负重弓身练习,发展全身力量	
部分	时间	课的内容	组织教法及教学要求
开始部分	2分钟	1. 学生结合报告,师生问好 2. 下达科目：高翻挺、后深蹲、卧推、弓身 3. 检查人数和服装,处理见习生 4. 思想动员	学生分4列横队集合,要求精神饱满,服装整齐
准备部分	20分钟	1. 队列队形练习或集中注意力练习 2. 一般准备活动：主要部位关节活动 3. 专门准备活动：用体操棍做技术模仿练习	1. 分4列横队做准备活动 2. 专门准备活动可适当安排核心力量训练
基本部分	65分钟	1. 复习高翻挺 (1) 示范：做 1~2 次高翻挺 (2) 讲解：要求蹬腿发力,耸肩、提肘 (3) 练习方法：60%（强度）/3（次数）×2（组数）、70/3×2、80/2×2 2. 练习后深蹲、卧推、负重弓身 (1) 示范：各做 1~2 次 (2) 讲解：三个动作的作用和要领。练习时要求挺胸、紧腰。 (3) 练习方法：轻杠铃活动后,70/6×2、80/4×3、90/3×2	1. 高翻挺 (1) 分4组进行练习 (2) 教法提示：互相观察、分析和纠正动作。提铃拉臂过早的学生采用悬垂高翻 2. 后深蹲、卧推、弓身 (1) 分4组练习,交替进行 (2) 教法提示：注意互相保护,严格要求,严格训练
结束部分	3分钟	1. 肌肉拉长和放松练习：悬吊式举腿、互相放松按摩等 2. 课终讲评：教学任务完成情况,表扬技术进步快、成绩突出的学生,布置课外作业	
场地器材		整理场地器材	
课后小结			

二、举重教学工作的组织与实施

组织与实施环节是把举重教学的设计具体通过课堂教学展现出来，是举重教学最重要的实践环节。进行举重教学工作的组织和实施，必须充分发挥教师的主导作用和学生主体作用，教师要以高度的责任感和全面负责的精神，认真上好举重课，既要严格执行课的设计及教案，又要在实施过程中，依据反馈信息，灵活加以调控与运用。

（一）举重教学的组织形式

举重课教学组织形式一般包括举重技术教学组织和举重理论教学组织两种形式。根据课程结构和培养目标、方式的不同，举重技术以举重专项技术、力量练习方法、器械健身为教学基本内容，包括了教学的重点和基本面，完成教学内容的基本方法包括教法、教育实习、教学竞赛、课外辅导等方式。理论课的教学则是通过课堂上教师提示讲解和课外辅导作业的方式来进行教学，当前一般以举重基本技术、举重教学法、力量练习法、裁判法为基本教学内容。

（二）举重课的基本结构

举重技术教学课的结构是指在一堂课中合理地安排教学、训练和教育工作的基本顺序和构成。它是根据教学目的和任务、教材内容、教学方法、时间安排以及面对学生的基本特点而定。根据体育教学过程的一般规律，举重技术课的组织结构分为四个部分，即开始部分、准备部分、基本部分和结束部分。

1. 开始部分

开始部分的主要任务是组织学生，使学生明确课的任务和要求，一般包括：集合整队、清点人数、检查服装、处理见习生、思想动员。

2. 准备部分

准备部分的主要任务是使人体各系统迅速进入基本运动状态并发展一般身

体素质，为实施教学基本内容做好准备。准备部分一般包括：一般准备活动和专项准备活动。一般准备活动以人体的一般关节和肌肉活动为主，主要是为了集中注意力和提高神经系统的兴奋性，减少肌肉的黏滞性，使肌肉、神经系统达到适宜的运动状态。专项准备活动是以发展举重专项技术和专项力量相接近的准备活动，如做一些举重技术模仿练习和发展专项素质的练习（速度、弹跳练习）。准备部分的时间及内容应根据课的性质和任务、气候因素、学生特点、教材内容而定。

3. 基本部分

基本部分的主要任务是使学生掌握和提高举重的基本知识、技术和技能，发展身体素质，特别是力量素质，改善身体器官，增强体质，提高身体训练水平。基本部分的内容主要包括技术练习和力量练习，以及有关的理论知识和技能培养。基本部分的组织方法要根据学生的实际情况（如体能、状态、现有能力、技术动作的难易程度等），合理地安排教学内容以及教学的先后顺序，它对教学效果有较大影响。一般情况下安排3~5个练习，其中1~2个重点练习。发展专项素质的练习一般安排在课的后半部分。

4. 结束部分

结束部分的基本内容是做肌肉放松练习和课的总结、布置课外作业。放松的练习一般以本次课练习内容相关的肌肉拉长和放松练习为主，一般采用放松慢跑、悬吊练习、按摩等有利于提高肌肉的恢复练习，并转入相对安静的状态和进行课的总结。总结主要是教师讲评教学过程中还应该注意的问题，表扬先进。布置课外作业主要是根据当前教学的需要，安排课后练习内容，以及在练习过程中应该注意的问题。最后整理场地器材。结束部分的时间一般为3分钟左右。

（三）举重课的密度与强度

课的密度是指教学过程中合理运用的时间和课的总时间的比例，以及各项练习内容安排的比重关系。应根据课的任务、练习内容、对象特点以及气候条件等调整举重课的密度与强度。在安排和调节课的密度时应从几方面入手：

①教师应在课前认真备课。
②分班分组和练习方法合理。

③课上的组织工作应尽可能减少一切不合理的措施，如整队和调动队伍，以及场地器材的布置等。

④从教法措施上来调整密度。例如做练习的密度太大时，可通过讲解、示范、矫正动作等方法进行调节。

⑤充分调动学生的自觉性和积极性。

（四）举重课的运动量

课的运动量是指一堂课中学生所承受的生理负担量。在举重教学中，只有当学生的身体获得必要的、适宜的运动量时，才能完成增强体质、发展力量和提高专项技术水平的任务。教师在安排运动量时，应充分考虑以下几点：

①根据课的任务来安排运动量。

②运动量应符合学生的身体发展和训练水平。

③安排运动量时，要认真考虑教学内容的强度、性质以及与学生身体发展特点之间的关系。

④考虑与运动量有关的其他因素。

（五）举重课前准备工作

教师的课前准备工作首先应从钻研教学大纲和教材开始，同时应在深入调查研究、总结经验的基础上，使每一堂课与整体联系起来。课前准备工作包括以下方面：

①明确课的任务和要求。

②了解学生情况。

③深入钻研课的教学内容和教法。

④编写教案。

⑤准备上课的场地和器材。

（六）举重课的进行

举重课是以系统的知识、技术、技能武装学生的过程。课前教师应预先到达场地，布置与检查场地器材。上课开始，教师简明地说明课的任务和要求，启发学生的自觉性和积极性，共同完成预定的计划和要求。在课中各个环节上，特别是基本教学部分，教师应通过清晰的讲解和正确的示范，使学生了解动作的正确概念、要点及保护与帮助方法，同时正确地运用批评与表扬，严格要求学生进行练习。课后教师应将上课的基本情况、计划完成情况和存在的问题进行记录，以作为下次课的参考。

三、举重教学的检查与评定

举重教学的检查与评定是整个教学工作中的一个重要环节。通过各个方面检查材料的比较、分析，能经常地了解学生的知识、技术、技能、素质、身体等方面的变化情况及学生的学习态度等，以作为调整教学计划、改进教学工作的重要参考。

（一）教学工作情况的检查

教学工作情况的检查是检查工作的一个重要部分，包括教师对学生课内情况的检查（学生出席情况、课上学习态度、专项成绩及完成计划的情况等），以及教师工作质量情况的检查（通过填写教学日志、组织检查课和互相看课等形式进行）。是提高教学质量和检查教师业务水平的重要方法之一。

（二）学生身体检查

学生身体检查通常是由医生或教师对学生的身体情况进行定期的普查和不定期的个别检查。根据举重项目的特点，学生身体检查的内容包括身高、体重、体围（胸、腰、上臂、前臂、大腿、小腿围等）、心率、血压、肺活量等。

（三）专项成绩及身体素质检查

在举重教学过程中，专项成绩及身体素质的检查是教师根据教学任务和内容有目的、有计划地安排。一般每周安排一次检查，测试学生的抓举、挺举、深蹲、硬拉、实力推的成绩，以及跳远、百米跑等身体素质成绩。教师通过专门的表格进行登记，也可登记在点名册的成绩登记表内。

(四) 举重考核

考核是举重教学的一个重要环节，通过举重考核，能检查学生知识、技术及技能掌握的情况，同时也能检查教师的教学质量。举重考核的内容可分为平时成绩、达标成绩、技评成绩及理论考试成绩四个部分。教师可根据实际情况分配每个部分所占百分比。

第四节　举重技术诊断

技术诊断是改进和完善学生专项技术的重要步骤，也是技术训练中需要迫切解决的问题。一些举重强国把技术改革和创新作为保持和创造优异成绩的一项重要措施来抓，以提高运动水平。

一、技术诊断的意义与任务

(一) 技术诊断释义

诊断这一概念源自医学。近年来越来越多地被引入体育领域。通俗地说，诊断就是分析与判断，即训练中常说的根据运动项目的特点和要求，教练员、科研人员以科学理论为指导，运用现代科技手段或依据自身经验，对运动员的技术掌握和完成状态进行定性或定量的分析和判断，发现技术上存在的问题，并为学生实现理想的或满意的技术状态提供指导性意见和建议的活动。

(二) 技术诊断的意义

第一，技术诊断为一个完整的训练过程确定一个适宜的起点。运动员技术现实状态的分析和判断是运动训练阶段的出发点，只有在正确的科学诊断的基础上，才有可能做出准确的预测，提出恰当的训练指标和阶段任务，制定出切实可行的训练计划。

第二，对技术训练过程的进展情况及时地检查、评定，客观地评价训练效果，可使教师及时掌握训练过程的进展以及学生竞技能力的变化，对训练周期的划分、阶段任务的确定、训练方法和手段的选择、训练负荷的安排等做出准确的判断。

第三，通过诊断可以及时地发现技术训练中存在的问题，为训练过程实施有效的控制提供可靠的依据，以求实现技术训练的最佳化。

（三）技术诊断的任务

技术诊断及错误动作纠正的任务旨在帮助教师及时发现学生在训练中存在的技术问题，尽快改进技术动作，提高技术质量，探求新技术和论证创新技术的可行性及科学性，从而达到促进运动技术水平提高的目的。

二、技术诊断的常用方法

（一）定性诊断与定量诊断

1. 定性诊断

定性诊断是对运动技术的质的特征所进行的以观察法为主要手段的诊断。在采用观察法时，要注意观察的客观性、系统性和精确性。客观性指保证获得的关于学生技术情况的信息是可靠的；系统性指观察必须按运动的计划顺序进行；精确性指排除主观因素的影响，发现相似事物中的微小差异。

采用观察手段诊断学生技术状况时有两种途径，一是在学生完成动作的现场直接观察、诊断，二是借助录像技术在间接观察中进行诊断。

2. 定量诊断

定量诊断是对运动技术的量的特征所进行的诊断。这种诊断主要是依靠各种仪器设备，对学生的运动技术的各种生物学特征进行定量描述与诊断。定量诊断与定性诊断相比较，更具有准确性和可靠性，能迅速而准确地提出改进技术的措施或建议。

定量诊断采用"理论模式分析"和"实测"两种具体方法，前者是把运动中的复杂人体，进行一系列简化性假设，建立起技术动作的数学或生物学模型，使用生物力学或经典力学的方法对技术动作进行分析诊断；后者是应用现代科技手段对技术动作进行直接检测，以获得技术诊断所必需的人体运动学、动力学、形态学和功能解剖学等方面的参数。

（二）运动学诊断与动力学诊断

第一，运动学诊断是对技术动作的空间、时间特征及两者共含的时空特征的描述与诊断。

第二，动力学诊断是对人体惯性特征、动力特征及运动能量特征的描述与诊断。

（三）多维测试与综合诊断

多维测试指运用多种手段、尤其是现代科技手段，从多种角度对运动技术进行测试。随着现代运动训练的发展，单一的测试手段和角度已表现出局限性，多维测试应运而生。通过对多维测试所获得的多种信息进行综合诊断，可对运动技术做出更为透彻和准确的分析与诊断。

三、技术诊断标准

举重的技术诊断主要应该从两个方面诊断。一是判断有无犯规动作；二是在无犯规动作的基础上是否能发挥出学生的全身爆发力和速度。技术诊断主要通过侧面及正面的观察进行诊断。

（一）抓举技术诊断标准

1. 预备姿势

（1）躯干：微抬头、挺胸、直腰，上体前屈，上体前倾度必须超过摆在体前的杠铃横杠。

(2) 上肢：两臂自然放松，采用大于肩宽 30~50 厘米的握距伸直吊紧杠铃。

(3) 下肢：两脚同肩宽或稍窄地靠近杠铃站立，小腿胫骨贴紧横杠，使横杠的垂直投影线落在跖趾关节处，屈膝、屈髋，保持腿部肌肉处于最佳用力状态。

2. 提铃

(1) 躯干：保持预备姿势时的抬头、挺胸、直腰动作和躯干的前倾角度。

(2) 上肢：肩部下沉，两臂自然放松，伸直，提吊杠铃。

(3) 下肢：先伸膝，抬臀，尽可能使杠铃呈直线上升至膝盖高度，然后膝、髋并伸，利用伸膝伸髋的力量把杠铃提起至大腿上 1/3 处或大腿根部（发力点）。发力点必须固定，发力时膝角大约为 135°。

3. 发力

(1) 躯干：快速迅猛地提臀、伸髋、展体，使整个身体发力后成一定角度的背弓（190°左右）。

(2) 上肢：快速而充分地耸肩、提肘（两肘尽可能地向肩后上方提拉杠铃），使杠铃以最大速度沿身体向上加速运动。

(3) 下肢：充分地向上蹬腿、提踵、送髋，但两脚尖不要离地。发力结束时，髋角约为 190°，膝角约为 170°，踝角背伸约 120°。

4. 下蹲支撑

(1) 躯干：保持挺胸、直腰的动作；下蹲支撑时，整个上体略微前倾，翘臀，形成稳固的躯干支撑架子。

(2) 上肢：向头后上方甩前臂，翻手腕，然后锁肩，两臂在耳垂后方伸直支撑杠铃。

(3) 下肢：发力结束瞬间，腿部屈肌迅速收缩，积极地屈膝、屈髋，向两侧分腿蹲低，使臀部和大腿在下蹲过程中向前下方"挤坐"在小腿上，形成稳固的"底盘"。此时，膝关节必须沿脚尖方向分开，利于收紧腿和髋部。

5. 起立

(1) 躯干：收紧腰背，保持下蹲支撑的躯干姿势。起立时，既不要前倾，也不要后仰。

(2) 上肢：两臂伸直支撑住杠铃，锁紧肩肘。

(3) 下肢：利用伸膝伸髋的协调配合动作，向上起立，起立静止后使两脚站在同一横线上。

6. 放下杠铃

(1) 躯干：收紧腰背，保持上体挺直。

(2) 上肢：两手握住杠铃，屈臂，放松肩带，使杠铃从身前放下。

(3) 下肢：一腿向后撤半步，两腿蹲低。

(二) 挺举技术诊断标准

● 第一部分——提铃至胸

1. 预备姿势

(1) 躯干：抬头、挺胸、直腰，保持躯干适度的紧张，上体前屈，前倾度必须超过摆在体前的杠铃横杠，比抓举小一些。

(2) 上肢：两臂自然放松，采用与肩同宽或稍宽的握距，锁握吊紧杠铃。

(3) 下肢：两脚同肩宽或稍窄靠近杠铃站立，小腿胫骨贴紧横杠，使横杠的垂直投影线落在脚背的前1/3处跖趾关节处，屈膝、屈髋，保持腿部肌肉处于最佳用力状态。

2. 提铃

(1) 躯干：保持预备姿势时的抬头、挺胸、直腰动作和躯干的前倾角度。

(2) 上肢：两臂自然放松，两手握住杠铃。

(3) 下肢：先伸膝、伸髋，把杠铃带到膝盖高度，然后膝髋并伸，利用伸膝伸髋的力量把杠铃提起至大腿中部或略微偏下的发力点。发力点力求固定不变。

3. 发力

(1) 躯干：快速迅猛地提臀、送髋、展体，使整个身体发力并后仰成一定角度的背弓（约190°）。

(2) 上肢：快速而充分地耸肩、提肘（两肘外展，尽可能地向肩后上方提拉杠铃），使杠铃以最大速度沿身体向上加速运动。

(3) 下肢：充分地蹬腿、提踵，但两脚尖不要离地。发力结束时，髋关节角度小于 180°，膝关节角度为 150°~165°。

4. 下蹲支撑

(1) 躯干：在下蹲支撑时，腰背肌用力收紧，上体挺直，头部抬起，整个上体略微前倾（与身体的纵轴约成 30°），使总重心投影落在踝关节前，约在脚掌中部，形成稳固的躯干支撑架子。

(2) 上肢：以杠铃横杠为轴，两臂放松迅速向横杠下由后向内、向前转肘承接杠铃，使杠铃置于锁骨、两肩三角肌和两臂构成的支撑面上。两肘高抬，上臂尽可能接近水平位。

(3) 下肢：发力后，利用杠铃获得最大速度，产生短暂惯性运动的时机，积极迅速地屈膝、屈髋，向两侧快速分腿蹲低，使臀部和大腿在下蹲过程中向前下方"挤坐"在小腿上，形成稳固的"底盘"。此时，膝关节必须沿脚尖方向分开，利于收紧腿和髋部肌群，借反弹起立。

5. 起立

(1) 躯干：抬头，收紧腰背，保持下蹲支撑的躯干姿势。起立时，既不要前倾，也不要后仰。

(2) 上肢：两肘稍外展、高抬，用弯曲的两臂托住置放在锁骨和两肩三角肌上的杠铃。

(3) 下肢：利用伸膝、伸髋肌肉的协调配合动作，向上站起至两腿伸直时，立即将两脚向中间收拢站在同一横线上成较窄或同肩宽的站距，做好上挺预备姿势。

● 第二部分——上挺

1. 上挺预备姿势

(1) 躯干：微抬头，收紧下颌；挺胸直腰，上体微后仰，使整个身体重心和杠铃重心重叠在一起，成一直线落在两脚后跟处。

(2) 上肢：两臂放松、外展，微上抬（上肢与躯干成 40°~60°的夹角），支撑住锁骨上的杠铃，保持杠铃不移动。

（3）下肢：两脚左右成一直线自然开立（与肩同宽或略窄），膝关节伸直，保持腿部适度的肌紧张。

2. 预蹲

（1）躯干：保持微抬头、收紧下颌、挺胸直腰、上体微后仰的姿势。

（2）上肢：保持两臂放松、外展，微上抬姿势，控制好杠铃不要从锁骨上滑落。

（3）下肢：屈膝（100°~115°）、微屈髋，保持整个上体成一直线，重心落在脚后跟 1/3 处。

预蹲的最大速度为 0.8~1.2 秒，平稳预蹲阶段所用时间为 0.28~0.34 秒，制动预蹲阶段所用时间为 0.12~0.14 秒。

3. 发力

（1）躯干：微抬头，收紧下颌；挺胸直腰，上体保持垂直的姿势。

（2）上肢：先抬肘，后伸前臂向后上方推举杠铃。

（3）下肢：蹬腿，伸髋，提踵，夹臀。

4. 箭步分腿支撑

（1）躯干：挺胸收腹、直腰，上体保持正直，形成稳固的躯干支撑架子。

（2）上肢：两臂积极用力向上顶撑杠铃（肩角成 180°），然后锁肩，两臂在耳垂后方伸直支撑杠铃。

（3）下肢：发力结束瞬间，两脚迅速抬起离地分腿。前脚向前出一脚左右，前腿小腿垂直于地面，膝关节角度 90°~110°，前脚脚尖微内扣，后脚后撤一脚半至二脚，以脚趾撑地，膝关节角度为 150°~170°，后脚脚跟微外展，成弓箭步支撑动作。箭步动作要求：前脚用力向后顶，后脚脚尖撑地向前顶，形成合力，使杠铃重心和人体重心重叠，落在两脚形成的支撑面中心。

5. 放下杠铃

（1）躯干：收紧腰背，保持上体正直。

（2）上肢：两手握住杠铃，放松两臂，让杠铃从身前放下。

（3）下肢：前脚向后撤半步，后脚向前跟上，两腿屈膝蹲低。

（三）辅助动作技术诊断标准

第一，辅助动作发展的肌肉与完成竞赛动作的肌肉是否一致。
第二，肌肉的拉力方向与竞赛动作是否一致。
第三，肌肉工作类型与竞赛动作是否一致。
第四，环节的活动幅度与竞赛动作是否一致。

第五节　错误动作的纠正

纠正错误动作的根本目的在于不断地发展和提高学生的技能能力，改进和完善技术，并创造优异的运动成绩。为此，教师在技术教学过程中需要经常对学生技能能力的实际水平进行检查、评定，并及时地纠正其错误动作。

一、产生错误动作的原因

第一，思想上、心理上的原因。学生学习目的不端正，凭兴趣出发，对练习基本动作不感兴趣，注意力不集中，怕枯燥，遇到困难时有畏难情绪等。
　　解决办法：加强教育，加强互相帮助，改进教学方法，加强心理训练。
　　第二，技术、技能上的原因。技术概念不清楚，没有掌握动作要领。存在着错误动作的干扰，缺乏对技术动作的综合分析能力。
　　解决办法：采用各种针对性教学方法改进教学，提高讲解和示范的质量，加强技术动作各细节的练习。
　　第三，一般体能训练和技术水平上的原因。运动素质差，协调性差，技术水平起点低，肌肉重量感差等。
　　解决办法：加强一般身体素质的训练，加强基本技术各细节的分析，调整练习的难度等。

第四，教学安排上的原因。教师备课不够充分，教学内容和组织教法混乱，脱离学生的实际情况等。

解决办法：加强备课，修订计划。

第五，教学环境、场地设备上的原因。由于场地条件的限制，人多台少，环境嘈杂，注意力分散，影响讲解效果和练习密度。

解决办法：改善教学环境，因地制宜地改进教学方法等。

二、纠正错误动作的方法

（一）模式法

模式法指运用具有高度代表性的规范式目标模型来评定学生的技术状况，找出产生偏差的原因和纠正错误动作的方法。其操作程序为：

①解析产生错误动作的各种因素。

②获取影响因素的指标。

③以目标模型的评价标准数值为评定标准，对技术动作的结构状态进行评定，找出产生偏离状态的原因，纠正技术动作，使训练的结果不断逼近模式目标。

（二）直观法

直观法是指在纠正技术动作训练中，借助学生的各种感觉器官，建立正确动作技术的表象，获得感性认识，帮助学生正确思维，从而纠正和提高运动技术水平的方法。运用直观法应注意以下事项。

①尽可能创造条件，广泛使用各种直观手段，如电影和录像等，提高学生多感官的综合分析能力，感知和纠正技术动作。

②把运用直观法和启发积极思维紧密结合起来，形成正确的动作概念，从而纠正错误动作。

（三）语言法

语言法是指在纠正技术过程中，运用各种形式的语言，指导和纠正错误动作的方法。其主要作用在于帮助学生借助语词明确技术动作概念，纠正错误动作，提高技术水平。

采用语言法纠正错误技术动作，主要通过"讲解"手段来执行。讲解应该运用目的明确、通俗易懂、精简扼要、富有启发性的词汇，且讲解时机应恰到好处。

（四）想象法

想象法是指在纠正技术动作练习前，学生通过对正确技术动作要领的想象，在大脑中留下"痕迹"，然后在练习中激活这些痕迹，顺利地纠正技术动作的方法。

在运用想象法进行技术动作纠正过程中，应在头脑想象正确技术要领的同时，与各种感觉（肌肉用力感、空间感、方向感、平衡感和速度感等）紧密结合，把头脑中的想象变成运动器官的操作活动。

（五）分解法

分解法是把出现错误技术的单个动作或出现错误技术动作的基本环节从完整的技术动作中分解提炼出来，独立地进行纠正的方法。

运用分解法纠正技术动作，有利于提高动作质量，提高改进技术动作的效率，增强掌握动作的信心。但是运用分解法必须注意不要破坏技术动作的结构特点，不要破坏动作各部分的有机联系。

（六）变换法

变换法是指通过变换运动负荷、练习内容、练习形式以及训练条件，以提高学生训练的积极性、趣味性、适应性及应变能力，从而纠正技术动作的方法。

运用变换法进行技术动作纠正，主要是通过运用各种"变化"使学生产生新的刺激，激发他们较高的训练情绪和强烈的表现欲望，进而促使神经系统处于良好的准备状态，发展某些运动机能或素质水平，使机体产生与正确技术相符的生理适应，有效提高运动技术水平。

三、纠正错误动作的手段

（一）周期性单一练习手段

周期性单一练习手段是指周期性重复进行单一结构动作的身体练习。其动作方式较易设计，动作相对简单，动作环节相对较少。周期性单一练习手段分为全身周期性和局部周期性练习。

①全身周期性练习。是指全身各部位处于周期性运动状态特点的练习，如各种快跑练习、连续蛙跳练习、窄（宽）拉练习等。

②局部周期性练习。是指身体某部位处于周期性运动状态特点的练习，如坐推杠铃练习、卧拉杠铃练习、拉橡皮带练习、负重山羊挺身、拉伸肩带练习等。

（二）混合性多元练习手段

混合性多元练习手段是指将几种单一结构的动作混合进行的身体练习。其练习动作相对复杂、动作环节相对较多，有利于形成动作的神经联系、提高技能的储备量，掌握、纠正较为复杂的技术动作，提高运动的协调性素质和时空感知能力。

混合性多元练习手段亦可分为全身混合性和局部混合性练习两种类型。跑跳组合练习、拉抓、拉翻练习等属于前者，而借力推、半挺、摆浪双臂屈伸练习、摆浪引体向上练习、架支撑等属于后者。

四、纠正错误动作的要求

第一，在教学过程中采取预防措施，在讲解和示范时应让学生知道可能出现的某些错误，使学生注意力集中在正确动作想象上，随时注意改进动作，并相应地调节动作的难度和创造改进动作的条件，尽量减少错误动作的出现。

第二，当错误动作形成后，应区别主要和次要、关键和一般、形式和实质，集中精力先抓住主要错误，有的放矢，对症下药，解决实质问题。

第三，纠正错误动作时，对学生要耐心细致，循循善诱，把纠正错误动作和学习掌握动作有机地结合起来，使学生边学边改。

思考题

1. 举重教学的任务和内容是什么？
2. 抓举、挺举的教学顺序及各个阶段的要点是什么？
3. 在举重训练中如何进行自我保护？
4. 举重技术课的教学方法有哪些？如何合理运用？
5. 教学进度包括哪些内容？
6. 试编写一份举重课教案。
7. 什么是举重技术诊断？如何对错误动作进行纠正？

第五章　举重训练

> **内容提要：**
> 　　本章重点阐述和介绍举重训练的科学理论与方法，包括举重训练的内容、任务、原则；体能训练、技术训练、战术训练、心理和智力训练；负荷量及其有关因素和指标，负荷量的统计方法，安排负荷量的要求与方法；制定训练计划的要求，多年训练计划、全年训练计划、周期训练计划、周训练计划、课训练计划的制定；训练日记的编写；儿童少年训练，女子举重训练等。掌握上述内容对于指导举重训练有重要意义。

　　当学生通过教学阶段，初步掌握了举重运动的基本知识、基本技术、基本技能以及一些力量训练的方法以后，为了进一步提高运动技术水平，就要转入训练阶段。训练是教学的延续和深化，是教学过程的高级形式。

　　举重训练的内容包括体能训练、技术训练、战术训练、心理训练、智力训练、负荷量、训练计划、儿童少年训练、女子举重训练等。

第一节　举重训练概述

　　举重训练是通过教练员的科学指导和运动员的积极参与，依据有关科学理论，结合举重项目规律和运动员身心特点对训练过程实施控制，不断巩固和提高运动技术水平，最大限度地挖掘运动员的运动潜能而专门组织的一种教育过程。

一、举重训练的任务

举重训练的任务是发展力量、完善技术，最大限度地提高竞技能力，在比赛中充分发挥已有的训练水平，创造优异成绩。具体来说有以下几点：

第一，发展一般和专项运动素质，特别是专项力量素质，不断提高机体承受大负荷训练的能力。

第二，通过模仿练习、表象训练、增大重量等手段，改进和建立正确完整的技术概念和动力定型。

第三，培养搜集比赛信息，分析信息与预测对手实力的习惯。在训练与比赛中培养战术意识和各种战术素养，掌握限制与反限制对手的方法和手段，在比赛中提高战术能力。

第四，诱导训练动机，发展对举重运动的兴趣爱好，培养坚强、果敢、自信、稳定与勇于挑战自己极限的心理品质，改善运动员心理过程，调节心理状态，形成个性心理特征，形成独特的技术风格。

第五，学习并掌握相关的体育基本理论和举重运动专项理论，指导并解决实际训练问题。

上述任务紧密联系，相互影响与促进。训练是一个长期的过程，因此要根据具体情况调整和确定训练任务。训练具体任务的实施贯穿于整个训练过程，并最终体现在最大限度地挖掘运动潜能，提高运动技术水平，创造优异成绩上。

二、举重训练的内容

竞技能力是运动员的参赛能力，是取得优异成绩的主导因素。它由身体形态、身体机能、运动素质、技术、战术、心理和智力因素所决定。这些因素可近似地概括为体能、技能和心理能力（图5-1）。举重训练的内容主要包括体能（身体形态、身体机能、运动素质）、技能（技术、战术）和心理能力（心理、智力）训练。举重训练的最终目的是最大限度地提高运动员的竞技能力，并在比赛中创造优异成绩。

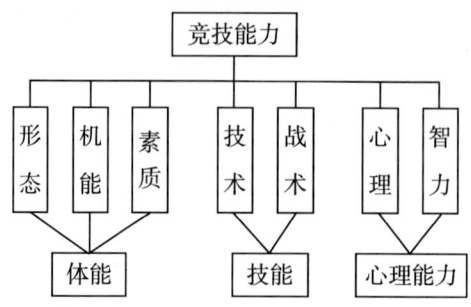

图 5-1 运动员竞技能力的决定因素

举重是体能类速度力量项目，竞赛动作只有抓举、挺举。因此，举重训练以发展力量和完善技术为首要任务。没有突出的最大力量，运动员不可能取得好成绩；仅有突出的最大力量而没有完善的技术，力量将不能充分发挥。此外，良好的战术素养、心理水平和智力发展水平对运动员创造优异成绩具有不可估量的重要作用。

三、举重训练的原则

训练原则是运动训练客观规律的概括和总结，是完成训练任务，实现训练目标必须遵循的准则。举重训练除了必须遵循"三从一大科学训练"（即从难、从严、从实战要求出发，坚持科学的大运动量训练）原则外，还必须遵循以下具体原则。

（一）整体性原则

整体性原则要求把训练当作一个整体系统，探索训练系统与环境间的物质、能量和信息交换，探索新的社会变革对举重运动的冲击，尤其是对运动员观念的影响。整体性原则要求把训练过程当作一个开放的系统，探索训练内容、任务、目标间的关联、关系，从中组织、调整训练过程。

（二）遵循运动员的身心发展规律原则

遵循运动员的身心发展规律原则包括以下三点：一是从儿童、少年、青年到成年的训练都应该按照各年龄阶段的不同形态、生理和心理特征,有计划,有重点地安排。二是人的认识是由感性认识到理性认识,从形象思维到抽象思维,由低级到高级逐步形成。因此,智能训练应循序渐进。三是训练要有连续性。只有遵循运动员的身心发展规律进行训练,才能取得更大成绩。

(三) 全面体能训练和专项训练相结合原则

基础训练,专项训练是在全面体能训练上的凸显。专项训练时的试举要与比赛时的试举一样,以低重复次数完成接近最大负荷的练习。运动员在比赛中就是三次重复完成抓举或挺举的大重量。因此,训练内容应根据动作结构、性质和作用科学合理安排,同时必须紧密结合竞赛动作的技术和负荷,以低重复次数完成最大负荷。

(四) 周期性原则

周期性原则的主要依据是发展专项素质、掌握技术和促成竞技状态形成的客观规律。采用周期性原则一方面有利于明确训练目标、任务,安排训练内容并在训练中对训练效果反馈、监督和调控;另一方面有利于运动负荷动态性的波动,有利于大负荷后的超量恢复。

(五) 区别对待和多样性训练原则

区别对待有两层含义:其一是根据运动员不同发展阶段而以发展的观点区别对待;其二是根据每个人的年龄、性别、身体发育状况、体型特点、训练水平、文化水平、心理特征、恢复能力不同而区别对待。多样性是指训练计划的构成要富于变化,避免"过度训练"。训练中要根据需要对课次进行调整,训练负荷要有节奏变化。

(六) 有效组数与负荷强度相结合的原则

最高重量60%以下的强度由于对机体刺激不大,一般只在准备活动或改进技术时采用,不计入负荷量。有效组数训练的强度一般为70%~95%的重量,这种强度的重量每组可做 2~3 次，重复若干组，这样才能给予机体以足够的刺激。根据举重运动的特点，95%以上的大强度乃至极限强度的训练，无疑具有重要意义，但是极限强度不是经常都能举得起，另一方面极限强度每组又只能举 1 次，尽管强度大，数量却不够，对肌肉的刺激不够深。所以，经常进行的一般是 85%左右的有效组数训练，高水平运动员可用 90%左右的强度进行有效组数训练。只有把有效组数训练和强度训练结合起来，才能取得良好的训练效果。

运动训练实际上就是一个生物适应的过程。运动负荷是引起机体变化、获得训练效应及提高运动成绩的基本要素。系统的训练过程就是负荷—疲劳—恢复—提高—再负荷……这样一个循环往复螺旋上升的过程。

第二节 体能训练

体能是指运动员机体的运动能力，是竞技能力的重要组成部分，是运动员为提高技、战术水平和创造优异成绩所必需的各种身体运动能力的综合。这些能力包括身体形态、身体机能、运动素质，其中运动素质是体能的最重要决定因素，身体形态、身体机能是形成良好运动素质的基础。

体能训练是举重运动员训练的重要组成部分，是结合专项需要并通过合理负荷的练习，改善身体形态，提高机体各器官系统机能，充分发展运动素质，促进成绩提高的过程。它是技术训练和战术训练的基础，并对掌握专项技术、承担大负荷的训练和激烈的比赛、促进身体健康、防止伤病及延长运动寿命等有重要意义。

一、身体形态训练

（一）身体形态的概念

身体形态指人体的内外部形状。反映外部形态特征的指标有：高度（身高、坐高、足弓高等），长度（腿长、臂长、手长、足长），围度（胸围、臂围、腿围、腰围、臀围等），宽度（肩宽、髋宽）和充实度（体重、皮脂厚度等）等。反映内部形态的指标有：心脏纵横径、肌肉的形状与横断面等。

科学研究证明，环境和遗传等因素对身体形态有较大影响。例如：身高的遗传率男子为 79%，女子为 95%；体重的遗传率男子为 50%，女子为 42%。决定身体形态的其他一些指标也有相当大的遗传度。

（二）举重运动员的身体形态

举重是按体重分级别比赛的项目，运动员的体型特征是小级别身材较矮小，大级别身材相对较高大，总体特征是体格健壮，体形匀称，骨骼粗大，胸脯厚实，皮下脂肪少，肌肉线条明显，四肢发达有力，肩宽，手指长，臀部肌肉紧缩上收等。

2005 年 10 月，科研人员通过调研和测量参加第 10 届全国运动会男女举重决赛各级别前 15 名运动员，获得了我国男女举重各级别高水平运动员身高的数据。男子 8 个级别的平均身高为：56 千克级 155.7 厘米，62 千克级 158.9 厘米，69 千克级 163.1 厘米，77 千克级 167.1 厘米，85 千克级 170.2 厘米，94 千克级 171.6 厘米，105 千克级 175.6 厘米，+105 千克级 181.2 厘米。女子 7 个级别的平均身高为：48 千克级 152.5 厘米，53 千克级 154.8 厘米，58 千克级 157.1 厘米，63 千克级 160.1 厘米，69 千克级 162.1 厘米，75 千克级 164.1 厘米，+75 千克级 170.2 厘米（杨世勇，2006）。上述统计数据说明我国男子举重中小级别选手的身体形态指标较好，而 94~+105 千克级部分运动员身高略矮，皮下脂肪较多。我国女子举重选手的身体形态指标较好，而 +75 千克级部分运动员身高略矮，皮下脂肪较多。上述身高数据可以作为举重运动员选材和训练的重要参考。

（三）身体形态训练的要求

身体形态与举重成绩有密切联系，选材时应从遗传等因素出发，把具有优越身体形态条件的少儿挑选出来。身体形态在一定程度上反映着相应的生长发育水平、身体机能水平和竞技水平，影响着运动素质的发展。因此，应采用系统科学的方法对运动员的身体形态进行训练，以适应创造优异专项成绩的需要。

身体形态训练应注意遗传因素的影响，要根据项目特点安排身体形态训练，要根据生长发育的形态特征安排身体形态训练，要采用多种方法和手段改善身体形态。

二、身体机能训练

（一）身体机能的概念

身体机能是指运动员有机体各器官系统的功能，它是身体活动能力的基础。良好的身体机能是达到高水平体能的重要基础，也是体能训练涉及的重要内容。

人体生理机能包括中枢神经系统、心血管系统、呼吸系统、消化系统、生殖系统、内分泌系统、物质和能量代谢、感官、体温等等。举重训练中经常涉及的身体机能指标主要有心率、血压、血红蛋白、血睾酮等等。

（二）身体机能的评价

1. 举重运动员身体机能评定参考范围标准

（1）心率（HR）：45～80次/分（安静状态）。

（2）血压（BP）：90～140mmHg（收缩压），60～90mmHg（舒张压）。

（3）血红蛋白（HB）：男子130～160g/L，女子120～150g/L。

（4）红细胞（RBC）：3.5～5.6（×10^{12}个/L）。

（5）细胞压积（Hct）：35%～47%。

（6）红细胞分布宽度（RDW）：11.0%～15.0%。

（7）血清铁蛋白（SF）：40～150μg/L。

（8）白细胞（WBC）：4.0～11.0（×10^9个/L）。

（9）CD2/CD8：0.7～2.0。

（10）NK细胞：7.0%～38.0%。

（11）免疫球蛋白G（IgG）：8～16g/L。

（12）免疫球蛋白M（IgM）：1.4～4.2g/L。

（13）免疫球蛋白A（IgA）：0.5～1.9g/L。

（14）血清睾酮（T）：男280～1000ng/L，女10～100ng/L。

（15）血清肌酸激酶（CK）：男10～300U/L，女10～200U/L。

(16) 血清乳酸脱氢酶（LDH）：125～290U/L。

(17) 血乳酸（Bla）：小于 2mmol/L（安静时）。

(18) 乳酸无氧阈：4mmol/L。

(19) 主要糖酵解代谢区：大于 12mmol/L。

(20) 血尿素（BUN）：4～7mmol/L。

2. 举重运动员身体机能恢复状态评定参考标准

(1) 心率（HR）：晨安静时恢复到个人正常范围。

(2) 血红蛋白（HB）：恢复到个人正常范围或自身的高水平上。

(3) 血清睾酮（T）：恢复到个人正常范围或自身的高水平上。

(4) 血乳酸（Bla）：运动后消除快，恢复时间短，表示机体的恢复能力强。

(5) 血尿素（BUN）：晨安静值在 7mmol/L 以下。

(6) 尿蛋白（PRO）：运动后 4 小时或次日晨尿蛋白消失。

3. 举重运动员赛前身体机能的综合评定（最佳身体状态评定）

(1) 心率（HR）：呈稳定状态。

(2) 白细胞（WBC）：处于本人正常值的上限。

(3) 血红蛋白（HB）：处于本人最高水平上。

(3) 血尿素（BUN）：晨安静时保持在正常范围内（5～7mmol/L）。

(4) 血清睾酮（T）：保持在自身参考范围或自身的最高水平上。

(5) 尿常规指标：晨安静时，各指标均在正常参考内。

4. 举重运动员训练负荷量监控指标及评定参考值

(1) 心率（HR）：根据本人最大心率百分数评定。

(2) 血乳酸（Bla）：运动后上升的幅度大，表示运动强度大，训练适应后升高幅度减小。

(3) 乳酸无氧阈：4mmol/L。

(4) 主要糖酵解代谢区：大于 12mmol/L。

(5) 血尿素（BUN）：运动后增值大，表示负荷量大或机能下降；训练适应后增值减小。运动后以小于 8.0mmol/L 为宜。

(6) 血清肌酸激酶（CK）：CK 的活性越高，表示训练强度越大；适应后升高幅度减少。

（三）身体机能的训练

良好的身体机能是达到高水平运动成绩的先决条件，身体机能的许多指标既受遗传决定，也受环境影响，同时又有变异性，因此必须采用系统、科学的方法提高身体机能。身体机能的训练主要通过专项训练、运动素质训练的途径去实现。科学合理的运动素质训练和专项训练可以有效地发展运动员的身体机能，而运动员身体机能水平的提高又能有效地促进体能训练水平和专项成绩的提高与发展。

三、运动素质训练

运动素质是指机体在中枢神经系统控制下，在运动时所表现出来的各种基本运动能力，通常包括力量、速度、耐力、柔韧、灵敏等。

运动素质训练是指运用各种有效的手段和方法，通过增进健康、改善身体形态、提高机能能力、充分发展运动素质，从而提高承受运动负荷能力的训练。

（一）运动素质训练的任务和要求

（1）运动素质训练的主要任务就是发展专项和一般运动素质，提高人体机能能力，为掌握完善的运动技术和提高举重成绩打下良好基础。

（2）运动素质训练应遵循以下要求

①按照儿童和青少年运动素质发展的客观规律进行训练。

②在运动素质发展的敏感期充分发展专项运动素质（力量发展的敏感期为12~16岁，速度为8~13岁，耐力为10~20岁，柔韧为5~12岁，灵敏为6~13岁）。

③专项素质训练和一般素质训练相结合。

④运动素质训练和技术训练相结合。

举重是在极短的时间内通过抓举和挺举技术爆发出最大力量的运动项目。

举重运动员的运动素质训练包括一般素质训练和专项素质训练。

(二) 一般运动素质训练

发展一般运动素质的训练内容有：

(1) 弹跳力和爆发力练习：纵跳、立定跳远、多级跳、跳台阶、跳上山羊、跳深等。

(2) 速度练习：30米、50米、100米的短距离冲刺跑，或其他以短跑为主要内容的游戏。

(3) 灵敏和协调性练习：技巧运动的翻腾练习，篮球、足球练习和其他专门练习等。

(4) 耐力练习：球类活动和比赛、连续跳绳、中距离越野跑。

(5) 柔韧性练习：举重运动对肩、肘、腕、髋、膝、踝等关节部位的柔韧性要求较高，又由于肌肉力量的增长对关节起加固作用，因此，在训练的全过程中，必须坚持柔韧性的练习，否则随着力量的增强、肌肉的增大将可能使关节变僵。其主要练习内容有压肩、转肩、吊肩、压肘、转肘、压腕、压踝、压腿、体前后屈、劈叉、倒立等。

(三) 专项运动素质训练

举重运动员的专项素质训练包括专项力量、专项速度、专项耐力和协调性训练等。专项力量又包括最大力量、速度力量（爆发力）、力量耐力，其中最大力量是举重运动员竞技能力的重要决定因素。

举重实践证明，在运动员技术完善的情况下，后深蹲最大力量指标与抓举成绩的比例为：100%（后深蹲最大力量）×0.62＝抓举成绩；后深蹲最大力量指标与挺举成绩的比例为：100%（后深蹲最大力量）×0.81＝挺举成绩（P.罗曼，1975）；实力推举与挺举成绩的比例约为：100%（实力推最大力量）×2＝挺举成绩。因此最大力量水平与举重专项成绩紧密联系。

表5-1所示为参加第29届北京奥运会的中国举重队主要专项力量指标水平。

表 5–1　2008 年奥运会中国举重队员主要专项力量指标水平[1]

姓名	性别	级别	体重	抓举	挺举	前蹲	后蹲	宽硬拉	窄硬拉	高抓	高翻	架上挺
陈燮霞	女	48	49.45	100	126	145	170	130	153	87	105	140
陈艳青	女	58	60.3	106	136	160	170	160	170	90	115	
刘春红	女	69	71.45	133	165	200	215	185	205	114	141	155
曹磊	女	75	75.75	130	155	195	210	160	190	105	125	160
龙清泉	男	56	58.9	132	165	200	210	180	200	115	145	
张湘祥	男	62	65.3	145	180	205	220	195	215	132	160	
廖辉	男	69	72.9	160	195	240	260	230	260	145	170	
李宏利	男	77	80.1	168	200	250	270	240	260	150	170	
陆永	男	85	86.3	180	214	251	270	255	275	155	185	

（1）专项力量主要以发展抓举、挺举所需的上肢支撑力量、腰背力量和腿部力量为主。

①发展抓举力量的辅助动作主要有：高抓、直腿抓、高翻、宽拉、宽硬拉、弓身、颈后宽借力推、卧拉、直立提肘拉、颈后宽握、引体向上、负重挺身、抓举支撑蹲等。

②发展下蹲翻力量的辅助动作主要有：直腿高翻、分腿高翻、箭步翻、半高翻、膝上高翻、膝上下蹲翻、窄拉、硬窄拉、前蹲、后蹲、坐蹲、耸肩、提肘拉、下蹲翻接前蹲等。

③发展上挺力量的辅助动作主要有：架上挺、颈后挺、借力推、半挺、预蹲、预蹲发力、预蹲静力、实力推、坐推等。

（2）专项速度主要通过 75%～90% 强度的抓举、挺举技术练习和半技术动作来发展专项速度。重点应加强发力阶段的速度训练，使杠铃呈加速度上升。

（3）专项耐力主要通过专项力量训练和专项技术训练来发展专项耐力。专项耐力的发展是建立在良好的一般运动素质基础和一般耐力基础之上的。

（4）协调性包括一般协调性和专项协调性。一般协调性通过一般身体训练和运动素质的发展来提高。专项协调性主要表现在举重时杠铃上升的节奏性和准确

---

[1] 表 5–1 是参加 2008 年奥运会的中国男女举重队员赛前主要专项成绩和力量指标水平。除李宏利获得 77 千克级银牌外，其余 8 人均为金牌获得者。

性上。专项协调性的提高有赖于灵敏素质的发展和对技术动作的准确掌握，并通过专项技术训练来发展。

第三节 技术训练

技术训练包括竞赛动作和辅助动作技术训练。凡是为了建立正确完整的技术概念，改进、提高和熟练抓举、挺举技术而进行的训练都通称为技术训练。技术训练的任务是建立正确完整的技术概念，提高肌肉用力的协调性和用力感觉，培养准确、熟练、巩固、稳定的技术风格，形成运动技能，建立复杂的、连锁的、本体感受性的运动条件反射。这种条件反射的形成过程分为四个相互联系和相互作用的阶段，即技术泛化阶段、技术分化阶段、巩固技术阶段和自动化技术阶段。

一、技术训练内容及要求

（一）技术训练内容

根据举重专项辅助动作与竞赛动作技术性质和结构，举重技术训练所包括的技术环节、呼吸方法与环节连接如下：

(1) 三个预备姿势：抓举预备姿势、下蹲翻预备姿势和上挺预备姿势。
(2) 两个提铃：抓举提铃和下蹲翻提铃。
(3) 三个发力：抓举发力、下蹲翻发力和上挺发力。
(4) 三个下蹲支撑和一个预蹲支撑：抓举下蹲支撑、下蹲翻下蹲支撑、上挺下蹲支撑和上挺预蹲支撑。
(5) 三个起立：抓举起立、下蹲翻起立和上挺起立。
(6) 两个定铃：抓举定铃和挺举定铃。
(7) 两个放下杠铃：抓举放下杠铃和挺举放下杠铃。
(8) 两个呼吸方法：抓举呼吸方法和挺举呼吸方法。
(9) 八个连接：预备姿势接提铃、提铃接发力、发力接下蹲、下蹲接支撑、预蹲接上挺发力、支撑接起立、起立接定铃和定铃接放下杠铃。

(10) 其中提铃包括伸膝、伸髋和膝髋并伸环节及连接，抓举发力包括蹬腿、伸髋、展体、耸肩、提肘、起踵和甩臂环节及连接，下蹲翻发力包括蹬腿、伸髋、展体、耸肩、提肘、起踵和转肘环节及连接，上挺发力包括伸膝、伸髋、屈踝（起踵）、夹臀和伸臂环节及连接。

竞技举重虽然只有抓举和挺举两项动作，但其技术是多环节的联合运动，是在最短的时间内爆发出最大的力量。运动员要创造优秀成绩，只练习抓举、挺举是不够的，还必须进行辅助动作训练。人们根据竞赛动作的技术环节、要领、易犯错误和用力方式，针对完整的技术动作和某个动作环节从难或从易、增加重量或减少重量、延长路线或缩短路线设计各种辅助动作，以改进技术和提高专项力量。根据竞赛动作与主要专项辅助动作的主要环节运动、主要肌肉用力、作用和用力特点，举重技术辅助动作还包括以下训练内容：

①抓举类：高抓、垫人抓、膝上抓、垫铃抓、悬垂抓、直立抓、窄高抓、宽提肘拉、抓支撑和颈后宽挺蹲。

②下蹲翻类：高翻、垫人翻、膝上翻和垫铃翻。

③上挺类：负重预蹲、预蹲发力、架上挺、半挺、借力推、颈后架上挺、上挺支撑、半蹲支撑和箭步翻。

（二）技术训练要求

(1) 抓主要技术环节，注重连接技术。掌握完整的抓举和挺举技术应从分解动作开始，也可以练完抓举再练挺举；可以从预备姿势按顺序练到下蹲支撑与起立，当然也可倒过来练习。比较好的方法是采用综合练习，从发力开始到提铃再过渡到支撑，最后把整个动作连接起来。

(2) 内容多样，合理组合。辅助动作的练习不仅能使技术和力量得到全面发展，还能提高训练兴趣和效果。专项辅助动作的作用是发展竞赛动作所需要的肌肉力量和改进竞赛动作技术，这些动作都和竞赛动作关系比较密切。其中，有些动作是改进技术的，有些是发展力量的，有些既可发展力量，又可改进技术。特别是改进和掌握技术动作阶段，采用合理组合方式收效很好。动作组合一般体现在训练计划中，也就是抓举和挺举技术分配比例。动作组合方式有同性质动作组合和不同性质动作组合。比如为了掌握翻铃技术，可采用膝上发力+膝上高翻+膝上下蹲翻+膝下下蹲翻四个动作连续练习为一组。又如，为了掌握抓举技术，可采用膝上发力+膝上高抓+膝上下蹲抓+膝下下蹲抓四个动作连续练习为一组。

（3）想练结合。从学习到掌握一个技术动作并非单纯练练而已，同时也是人的心理、生理和外在因素相互作用的结果。通过想练结合充分发挥人的意识能动性，帮助建立概念与本体感觉之间的联系，促进正确技术概念和掌握正确技术动作。

（4）区别对待，形成技术风格。技术训练是标准技术、训练方法和运动员个人特点的统一。由于每个运动员竞技能力不同，在技术细节、训练方法上亦应有所区别，以形成技术风格。

（5）认真对待每一次试举，保证成功率。认真对待每一次试举是态度引起的习惯问题。认真使人注意力集中。认真对待每一次试举，才能充分保证成功率。

（6）掌握适当的试举重量，重视发力技术。评定抓举、挺举技术、一般采用85%~95%的负荷强度进行。如果是以技术训练为目的，试举重量的选择主要看发力情况，即发力是否迅猛、充分、协调。如果发力正确，完成动作轻松，则可适当增加重量，否则应适当减少重量。

（7）平衡发展抓举、挺举技术。技术训练的过程实际是不断改进技术和熟练技术的过程，在此过程中，总会出现这样或那样的问题，要解决问题首先应抓住问题的本质，同时要了解与掌握矛盾的形成条件。影响抓举和挺举成绩平衡发展的因素很多，要具体问题具体分析。

（8）不断创新。每一次新技术的出现都会大幅度地提高运动成绩。技术创新的首要的任务是理念创新，其次是理论创新，再次是在技术实践中勤于思考、善于分析和总结。技术创新包括理念创新、理论创新、动作方式创新、训练方法创新以及训练内容创新。

二、技术泛化阶段

（1）特点：神经过程处于"蜻蜓点水"式的泛泛阶段，内抑制过程尚未精确建立起来，注意力范围比较窄，知觉的准确性较低，对动作的技术环节、路线以及整体概念模糊。动作表现出紧张、牵强、不连贯、缺乏控制力。此阶段可能由于刚刚练习，兴趣较高，情绪饱满，自我投入，并利用过去经验。此阶段运动技能提高先慢后快。

（2）易犯错误动作：从预备姿势到完成动作，收腹、挺胸和直腰不能很好保持，杠铃不贴身，手臂紧张，提铃时伸膝、伸髋和膝髋并伸顺序、变化角度或高度不正确，发力点偏低，主要上肢用力，发力顺序不正确，发力方向偏后，有双脚离地跳跃动作，提肘、甩臂、转肘、夹臂和伸臂不正确，发力与下蹲支撑脱节，定铃不主动，尤其是箭步挺，前后分腿不协调、不稳定。

（3）任务：通过讲解、示范和练习使运动员基本了解技术原则与技术动作各个部分的作用、要领、主要环节运动和主要肌肉用力，建立分解和完整动作概念，粗略地掌握各个分解运动和完整技术动作。同时，积极培养兴趣。

（4）内容：抓举和挺举共有的性质、结构相同或相似的主要环节动作，尤其是发力和提铃；各种环节技术连接的抓举和挺举半技术性动作；整个技术连接的抓举和挺举全技术性动作。利用某些趣味性的辅助动作或技术组合，提高运动员的训练兴趣。

（5）方法：采用分解结合完整动作的徒手或木棒练习，组数10组左右，每组5~8次。练习顺序从抓举和挺举共性环节动作到异性环节动作；从单环节到双环节再到多环节动作。紧紧围绕技术原则安排丰富多彩的趣味性的辅助动作或技术组合。通过一段时间练习，建立分解和完整动作概念，粗略地掌握分解和完整技术动作。

三、技术分化阶段

（1）特点：神经过程处于同类信息、相同结构信息联系阶段，兴奋和抑制过程在空间和时间上更加准确，内抑制过程加强，注意力范围有所扩大，知觉的准确性增大，对某些环节技术要领概念比较清楚。动作表现出紧张程度有所减少，动作之间干扰减少，但动作之间的衔接常出现间断、停顿现象。有可能练习兴趣会降低，觉得枯燥，影响练习的动机和情绪，可利用经验较少。此阶段运动技能提高先快后慢。

（2）易犯错误动作：提铃时伸膝、伸髋和膝髋并伸节奏不稳定，发力顺序仍不正确，发力有摆动腰部动作或不能积极提肘导致杠铃不贴身，发力不够迅猛、充分，上挺预蹲发力衔接不紧，上挺过早伸臂，箭步支撑仍不稳，定铃动作仍不明显。

（3）任务：进一步建立正确技术概念，继续改进错误动作，消除多余动作，促进动作技能不断分化、巩固，逐步地达到用力协调、节奏明显、动作和杠铃路线基本正确。同时，继续培养训练兴趣。总之，改进错误动作和培养训练兴趣是这一阶段的中心任务。

（4）内容：除了要进行抓举挺举完整技术训练外，必须针对错误动作，较多采用技术性辅助练习来进行训练。同时注意采用改进动作的一些趣味性或组合性辅助练习，提高兴趣，消除疲劳，提高训练效果。

（5）方法：主要采用60%~70%强度，组数8~10组，每组3~5次。强度小是为了使运动员的注意力能集中到技术要领上，组数、次数多是为了通过重复练习不断进行强化。此阶段培养运动员发现错误的原因非常重要。只有及时发现错误动作，才能对其进行分析和纠正。发现错误动作除了依靠自己体会外，可以通过现场相互观摩，观看技术录像与正确动作的比较分析结合进行。

四、巩固技术阶段

（1）特点：神经过程的兴奋与抑制更加集中与精确，动作在大脑中建立起巩固的动力定型。动作表现出完整的系统性，此阶段运动技能逐步提高。

（2）易犯错误动作：由于重量增加而引起提铃高度不足，发力点偏低，过早发力。发力不够迅猛充分，提肘甩臂和伸臂不够积极主动，高度不足。

（3）任务：训练的主要任务是使已经比较正确、协调而有节奏的动作更加巩固与熟练，使运动员在试举不同的重量甚至较重的杠铃时，也能做出正确的技术动作；并使主要环节动作逐渐走向自动化，同时建立完整的技术概念。

（4）内容：由于主要错误动作基本得到纠正，抓举、挺举完整练习比例增大，以保证动作的完整性和各环节的协调配合。同时，应有针对性地重点选择一些技术性辅助练习，完善发力技术，并在不断增加杠铃重量时，保证发力迅猛充分。

（5）方法：可以采用70%、75%、80%、85%、90%、85%、80%的强度进行练习。70%~80%强度的组数3~5组，每组3~4次；85%~90%强度的组数2~4组，每组2~3次。状态好时可酌情安排90%~100%的强度，有效组数1~2组，每组1次。另外，可有针对性安排强度在70%~80%，有效组数6~8组，每组1次，3~4个动作组合练习强化提铃和发力技术。随着技术不断巩固与熟练，应加强运动员理论联系实际的学习，培养运动员敏锐的肌肉用力感觉，建立完整的技术概念。

五、自动化技术阶段

（1）特点：神经过程的兴奋与抑制高度集中与精确，动作在大脑中建立起巩固、完善的动力定型，在合适重量下，不用意识控制也能做出正确动作。动作表现得心应手，各环节衔接无痕，富有节奏感，由于训练时负荷强度大，个别环节技术要领伸展不够充分，但通过意识可以起调节作用。此阶段运动技能进一步提高。

（2）易犯错误动作：发力不够迅猛、充分。

（3）任务：在巩固熟练的基础上，使动作走向自动化，改进细小的技术动作，不断发展与完善自己的技术风格，不断提高技术水平。

（4）内容：以抓举挺举完整动作为主，分解动作以发力、提铃、定铃为主，突出自己的强项，同时适当安排自己喜爱的技术辅助动作，为了提高技能，努力创造一些新的训练手段。

（5）方法：高水平运动员主要注重负荷强度的训练，只有大强度才能不断刺激神经和肌肉，从而提高运动技能。主要有三种类型强度：一是85%～95%中大强度，有效组数8～10组，每组2～3次，这种训练最能够表现技术的完整性，发力迅猛充分，试举成功率高。二是较好状态时95%～100%的大强度，有效组数3～5组，每组1次，这种训练既可巩固技术，又可发展素质。三是状态好时可酌情安排100%～103%的超大强度，有效组数1～3组，每组1次，这种训练符合举重技术训练的最终目的，能够强刺激神经和肌肉，锻炼拼搏自信的心理状态。

运动技能的形成是由心理、生理、外在重量、训练内容和训练方法的多变量复杂过程。在这个抽象过程中含有动作外形在大脑中的想象活动、经验在大脑中的表象活动、知识在大脑中的概象、理念在大脑中的意象。它们可以相互整合（如表象同初级概象结合，形成高级概象），也可以依需要而进行分离、转化（如体验活动中，意象内容部分还原为概象与表象；想象推理活动中，表象、概象和意象的互动互补与动态分解等情形）。它是以神经为中介传导，整合人体各种组织、器官和系统，最终以动作的具体形式发挥人的潜力。整个技能训练有时还表现出同质或异质的正迁移、零迁移和负迁移过程，用合理的技术发挥人体最大的力量是举重训练的基本要求。

第四节 战术训练

一、战术的概念与分类

战术是依据比赛规则，根据比赛双方情况，正确地分配体力，充分利用信息和发挥己方身体、技术、心理等方面特长，限制对方特长，争取比赛胜利的艺术。

战术按限制分类，可分为无限制、限制和反限制战术。无限制战术即自我发挥战术，是为了发挥自己的实力而制定的战术，多在水平较低或水平最高的运动员中使用，水平较低则无实力与对手对抗，水平最高则实力太强无对手与之对抗。限制战术是有意识地限制对手的发挥而制定的战术，多在实力相当的运动员中使用。反限制战术是针对对手使用的限制战术而采用的应对战术，多在实力相当的运动员中采用。

战术按人数分类，可分为集体、双人和个人战术。集体战术是为了取得全队胜利而制定的不同级别的参赛战术，其中有的运动员可能升级或降级，有时一个级别安排两名运动员参赛，有时会放弃某个级别参赛。双人战术即双保险战术，是在一个级别内安排两名运动员使用夹击逼迫对手，争取主动。个人战术是运动员利用体重、开把重量、试举重量增加等信息所使用的战术，所有的战术实施最终都归到个人战术上，由个人完成。

不管何种战术最终都建立在个人实力上，以保证成功率为前提。自己的战术必须心中有数，对手的战术只能通过对手的情况预测。战术意识是培养出来的，战术的方法有多种多样，有迹可循，可以了解并掌握。但使用战术时由于比赛的情况千变万化，尤其是对手的实力与意识难以摸清，只能根据当时比赛的具体情况，使用一个或多个战术组合。

战术训练是指为了使运动员掌握最合理的战术手段和战术方法,培养运用这些手段和方法的能力,以便发扬自己的特长,限制对方的特长,为比赛做好战术上准备而进行的训练。正确地运用举重战术对夺取比赛胜利有重要作用。战术运用得当,常常能以弱胜强;战术不当,强者也会变成弱者甚至失败。

二、战术训练的要求

根据举重运动的特点,战术训练应特别注意以下要求。

第一,要树立正确的战术思想。首先,举重是非直接对抗性的项目,比赛中运动员之间不发生身体接触,决定比赛胜负时在战术上受对手的影响比较小;其次,举重比赛的每项竞赛动作只有3次试举,如果3次全失败就无成绩可言,因此每次试举都极其珍贵,极为重要。鉴于上述原因,举重比赛中必须坚决贯彻"以我为主,以成功率为主"的战略思想,把自己的训练水平充分发挥出来。总之,发挥自己特长是主要方面,限制对方特长是次要方面。

第二,培养战术意识,提高战术能力是战术训练的中心环节。战术意识是运动员在比赛中为达到特定战术目的而决定自己战术行为的思维活动过程,它包含了两方面的内容:一是运动员在比赛中对自己所采取的战术方法有充分的认识和理解;二是在复杂多变的比赛环境中,适应环境随机应变,迅速判断并正确决定自己的战术行为。在势均力敌的情况下能否夺取优胜,战术能力起着决定性作用。举重比赛中并没有太多的战术内容和战术配合,因此培养战术意识、提高战术能力就显得更加重要。

从某种意义上说,运动员临场的每个活动都应该是战术性活动,因为战术内容中有一个重要方面就是战术心理。你的表现是信心十足,对手就会害怕、紧张;反之,你表现得紧张或焦躁不安,却能使对手感到鼓舞而信心增加。所以,要加强战术意识的培养,提高战术能力。

第三,掌握具体的战术手段和战术方法,并提高运用能力。举重的战术手段主要有体重、试举重量安排和战术心理3个方面。具体运用这些手段时,又有各自的战术方法。战术训练中,只有教会学生掌握这些战术方法,并且提高他们的运用能力,才能在比赛中达到自己的战术目的。

三、举重比赛的战术手段与战术方法

(一) 体重战术

1. 体重战术的意义

举重竞赛规则规定,举重比赛按体重分级,称量体重的精确度为 0.01 千克。当运动员成绩相等时,体重轻者名次列前。这意味着体重重 0.01 千克者要多举 1 千克才能赢得比赛。体重轻者除了可很好地利用体重战术外,还能争得试举战术和心理战术的主动权,从而在战术上占据优势而易于取得胜利。

2. 运用体重战术的要求

(1) 预见性:能否有效地使用体重战术,关键在于预见性。因为规则规定,体重应该在赛前两小时称量,一旦称好,它就要在整个比赛中发挥战术作用。控制体重需要一定的时间,而且临时控制的幅度是很小的。所以,体重的战术运用在赛前就已经开始了。赛前充分了解对手的级别、体重、成绩,从而确定自己如何控制体重是十分重要的。

(2) 战术考虑与保持充沛的体力相结合:体重无疑有着重要的战术作用,但绝不是体重越轻越好。因为减轻体重(特别是减得太多)也会在一定程度上影响体能,影响成绩的发挥。所以,在应用体重战术时,一定要从实际出发,使战术考虑与保持充沛的体力相结合,切忌盲目性和片面性。

3. 体重战术的运用方法

(1) 确定级别。举重比赛中只有属于同一体重级别的运动员才可在一起比赛,是升一级比赛有利,还是降一级比赛有利,这就有个战术问题。确定级别要注意以下几点:

①要充分了解对方参加比赛人员的名单、级别、体重和成绩,然后根据对对手的分析判断,再做出本队的安排。

②个人的级别安排要服从对团队取胜是否有利。

③体重如超过级别标准太多,则应服从长远利益,以升一级比赛为妥。

(2) 控制赛前体重。运用赛前体重战术应注意下列几点：

①成绩稍占优势者，应少考虑体重战术，而应多注意保持充沛体力，主要依靠试举重量战术去战胜对手。

②原有体重较重而又必须降级比赛时，应少考虑体重战术而多注意保持体力，体重宜控制在刚好符合级别标准。

③原有体重超过级别标准不多的运动员，在不影响体力的前提下，为了在战术上有利，可以把体重控制在比级别标准低 0.5 千克左右的水平上，以取得战术上的主动权。

④当自己成绩与对手相近时，赛前应注意体重保密，同时可采取正当的手段了解对手情况，力争使自己的体重轻于对手。

⑤在成绩相近的情况下，如已得知对手的确实体重，而自己又是力所能及，可以采取措施临时再控制 0.1 千克左右，以取得体重上的主动。

（二）试举重量战术

1. 试举重量战术的意义

试举重量是举重比赛的主要战术手段。试举重量选定得正确，就可能获得较高的试举成功率，取得良好的成绩。反之，如果试举重量选定得不恰当，就会对运动员技术水平的发挥产生不良影响，小则影响成绩和名次，大则可能使 3 次试举全部失败。

2. 确定试举重量应考虑的因素

确定试举重量是主观判断的问题，然而判断的依据是客观存在着的各种因素。确定试举重量之前，必须认真分析各种有关因素。

(1) 平时训练，特别是赛前一个月训练的各种情况。赛前训练情况较好的，比赛成绩也往往比较好。

(2) 心理状态，尤其是运动员的信心，这方面的表现主要有 3 种情况：第一，赛前比较紧张、害怕、信心不足；第二，赛前信心很足，但对自己的能力估计过高；第三，既充满信心，又冷静客观。对第一种情况的运动员应设法排除其心理障碍以增强其信心；对第二种情况的运动员应积极引导，提高其比赛成功率；对第三种情况的运动员应善于听取其建议，并努力使其在比赛中发挥应有的水平。

(3) 是否减轻体重，这也是确定试举重量应考虑的重要因素之一。人工减轻体重一般来说对体力往往有些影响。减得多者影响大些，减得少者影响小些或不受影响；轻级别影响大，重级别影响小；脂肪少者影响大，脂肪多者影响小；力量小而技术好者影响大，力量大而技术差者影响小。此外，比赛经验、对手情况都是确定试举重量应考虑的重要因素之一。

3. 确定试举重量的原则

举重比赛确定试举重量的基本原则是以我为主、保成功率、稳拼结合、兼顾对手、失败不加、灵活掌握。

4. 第一次试举重量战术

第一次试举重量战术也称"开把重量战术"，包括第一次抓举和第一次挺举试举。其基本要求是稳，并且是很有把握成功的重量。开把重量战术如下：

(1) 无限制战术（自我发挥战术）是为发挥自己的实力而制定的战术。举起开把重量对后面的试举非常重要。在未减体重的情况下，开把重量一般为赛前一个月最高训练成绩的 95% 左右。

(2) 限制战术是有意识地限制对手的发挥而制定的战术。开把重量应用得当，有利于限制对手的发挥。

(3) 反限制战术是针对对手使用的限制战术而采用的应对战术。要使用反限制战术，首先是确定（或猜测）对手是否使用的是限制战术，如果不是，反限制战术就不成立。如果对手使用限制战术，以自我发挥为主应对是一种策略，也可以根据双方体重大小、试举的顺序以及具体情况应对。

5. 第二、三次试举重量战术

第二、三次试举重量战术也称"试举重量增加战术"。第二次试举重量相对比较固定，即比第一次试举重量增加 5 千克左右，接近赛前训练最高成绩；第三次试举的基本要求是拼，力争表现出赛前训练的最高水平，并夺取优胜。

运动员增加试举重量的幅度多种多样，归纳起来，主要有不增加（如第一次或第二次试举失败）、按规则增加或跳跃性增加等。应用试举重量增加战术时，必须结合具体情况进行分析。一般来说，体重轻、试举顺序在后对安排战术有利。

（1）无限制（自我发挥）试举重量战术。在正常情况下，第二次试举重量为97%～100%，第三次试举重量为100%或以上。但也有使用跳跃性增加重量的方法，跳跃性加重应确保成功率。

（2）限制性试举重量战术。可根据以下情况制定：

①体重轻、试举顺序在前。第二次试举重量为97%～100%，第三次试举重量为100%～102%，逼迫对手每次试举重量比自己重1千克或以上。

②体重轻、试举顺序在后。这是最有利的情形，每次试举保持与对手相同重量即可。

③体重重、试举顺序在前。第二次试举重量为98%～100%，第三次试举重量强度100%～102%，逼迫对手每次试举重量与自己一样。

④体重重、试举顺序在后。根据对手情况，每次试举应比对手重1千克或以上。

⑤体重相同，试举顺序在前。以我为主，确保成功率。前面单项成绩一样时，逼迫对手每次试举重量比自己重1千克或以上，如果总成绩一样，则第三次挺举逼迫对手试举重量比自己重1千克或以上。

⑥体重相同，试举顺序在后。主要看对手试举情况，确保自己每次试举成功。

（3）反限制性试举重量战术。首先要确定对方是否实施的是限制性试举重量战术，如果确实，只使用与限制性试举战术相反的战术即可。在比赛中也有使用跳跃性加重的方法的，尤其是大级别的试举，有的运动员甚至每次增加10～20千克。

（三）心理战术

1. 心理战术的意义

运用某些心理手段来使对方增加心理负担，而使自己处于良好的心理状态，以达到制胜对手的目的，这就是心理战术。身体素质和技术水平是心理战术的基础，而成功的心理战术的运用，则能充分调动运动员的积极性和创造性，从而促进运动员技术水平的发挥。

2. 心理战术的运用方法

（1）尽量了解对方，而不让对方了解自己；

(2) 麻痹对方和给对方以心理负担；
(3) 通过暗示给我方以鼓舞和信心。

心理战术要求运动员在比赛中胸有成竹，镇定自然，不被对手的战术左右，不被利益影响，保持适当的紧张度，专心致志地完成每一次试举。

不利于比赛心理战术的因素很多，例如赛前领导、教练员和亲友期盼过高，对奖金、奖品的期盼过强，过分看重比赛结果，过高估计自己的实力等。对运动员出现的心理负担，可以通过目标分割、信心鼓励和注意力的调节等手段加以改善。

第五节　心理与智力训练

心理和智力训练主要指运动员的心理能力和运动智能的训练，它是运动员竞技能力的重要决定因素之一，也是运动训练的重要内容。

一、心理训练

良好的心理素质和心理能力是举重运动员成功的重要因素。随着举重水平的不断提高，比赛竞争更加激烈，在比赛最关键的时刻，决定胜负的因素不只是运动员所掌握的技术和已有体能能力，还包括其心理素质和意志品质。对一名优秀运动员来说，良好心理素质的建立必须经过长期训练和比赛磨砺；而对教练员来说，如何运用心理学知识培养运动员优秀的心理素质，则是训练中非常重要的一环。

（一）心理能力与心理训练的作用

1. 心理能力

心理能力是指运动员与训练竞赛有关的个性心理特征，以及依训练竞赛的需要把握和调整心理过程的能力，是运动员竞技能力的重要组成部分。

运动员的个性心理特征在其从事举重竞技活动时起着重要作用。多血质、黏液质的人比抑制质、胆汁质的人更适合从事举重训练，并常常在比赛中表现出较高水平。观察力敏锐的选手，善于在比赛中抓住战机；想象力丰富的选手更富于创造性；而能够高度集中注意力的选手则在训练和比赛中表现出坚韧不拔的精神。

运动员心理过程的特点同样也对其训练及竞赛行为有重要影响。对祖国、对人民强烈的责任感，会推动运动员坚持刻苦训练和顽强拼搏，而出色的意志品质则有利于保证运动员的竞技能力在比赛中充分地甚至超常地发挥。

例如，在1996年亚特兰大奥运会举重比赛中，中国59千克级运动员唐灵生在挺举170千克成功，但裁判员未及时发出放下杠铃信号的情况下，将杠铃支撑了足有5秒钟。

在2000年悉尼奥运会上，中国77千克级运动员占旭刚在抓举成绩不利的情况下，顽强拼搏，成功地挺举起207.5千克，蝉联奥运会冠军。

在2008年北京奥运会上，中国85千克级运动员陆永第二次试举214千克，在裁判员判决成功，但仲裁改判失败的困难情况下，在第三次试举中再次挺举起214千克，夺得宝贵的金牌。

2. 心理训练

心理训练就是有意识地对运动员的心理过程（包括认识过程、情感过程、意志过程）和个性心理特征施以影响，发展积极的心理品质，并使运动员学会调节心理状态的方法，为更好地参加训练和完成复杂的比赛任务做好心理准备。

运动员的心理训练，可分为一般心理训练和准备比赛心理训练两类。一般心理训练又叫长期心理训练，它的主要任务是根据项目特点的需要，改善运动员现有的心理过程和个性心理特征，提高心理品质，从而形成参加比赛的心理准备状态。准备比赛心理训练又叫短期心理训练，是指比赛期内和比赛过程中，以运动员现有心理水平为基础，根据参加具体比赛的任务而安排的心理训练。主要目的是促进形成最佳竞技状态，以便在比赛中争取优胜。一般心理训练是必要的基础和准备，比赛心理训练则是在特殊条件下的继续和提高。

3. 心理训练的作用

充分挖掘运动员的内在心理潜力，训练运动员有效控制自己的心理活动，在训练和比赛的困难条件下具有稳定、积极、适宜的心理状态，并进入最佳竞技状态，从而保证训练的质量和在比赛中表现出最高的运动水平，创造优异成绩。

（二）心理训练的任务与要求

1. 心理训练的任务

改善运动员的心理过程，形成个性心理特征，发展积极的心理品质，创造适宜的心理状态并培养运动员具有控制自己心理稳定性的能力，从而使心理准备程度达到高度水平，为训练和比赛创造良好的心理条件。

2. 心理训练的要求

充分发挥自觉性积极性；心理训练必须与身体训练、技术训练、战术训练及智力训练等有机结合；要掌握好循序渐进与重复性原则，心理品质的改善，个性心理特征的提高都是长期教育训练的结果；注意区别对待。

（三）心理训练的方法

1. 模拟训练法

模拟训练是指模拟设置未来比赛中可能出现的条件进行的训练。它是赛前进行的准备参加比赛的心理训练，其内容包括以下两种：

（1）适应比赛环境的训练。大致可分为三个方面，即适应地点、气候、时差、温度、饮食等自然因素的变化而进行的训练；适应场地、设备、器材、照明、音响等因素的改变而进行的训练；适应观众、裁判和对手等人的因素的改变而进行的训练。

（2）提高试举成功率的训练。提高试举成功率的训练应强调以下几点：赛前要特别重视抓竞赛动作的成功率；在训练时间、举的重量、加重方式、间歇时间、规则要求等方面，应尽量与比赛相适应。

2. 自我暗示法

自我暗示就是运动员以自己的语词（组成"套语"）对自己进行暗示，以便调整自己的心境情绪，进而造成所需要的良好心理状态。自我暗示的套语多种多样，按其作用和性质一般分为下面几种：

（1）意念套语。主要用于技术方面，默念的内容应包括动作要领、用力顺序、方法、时间等。一边默念，一边用意识指挥肌肉随之"活动"，以达到强化技术概念，集中注意力于技术动作的目的。

（2）自我控制、自我调整套语。例如用意识来使肌肉放松，使赛前神经系统不过于兴奋等。

（3）自我动员和自我命令套语。以增强决心和信心，克服消极情绪。

3. 意志训练法

意志是指人们为了达到既定的目的而去支配和调节自己的行动，自觉地克服各种困难，从而实现目的的心理过程。良好的意志品质主要有自觉性、果断性、勇敢、主动性、自制性、顽强性、坚定性等。举重运动员的意志品质训练一般采用以下方法：

（1）不断教育运动员明确训练和比赛的目的。
（2）严格要求遵守各种生活制度。
（3）通过举重训练中的技术、重量、运动量等多种因素来培养意志品质。
（4）在疲劳厌倦的状态下要求完成一定的任务，以培养运动员的顽强性。
（5）利用举大重量培养勇敢精神。
（6）利用不利的气候条件培养刻苦精神。
（7）在伤痛情况下注意加强意志品质的训练。
（8）运用比赛场合进行意志训练。
（9）重视运动员在意志方面的自我调整能力培养。

4. 注意力集中训练法

注意是人的心里活动对一定对象的指向和集中。注意力能否高度集中，往往对训练效果和比赛成绩产生重大影响。要使运动员养成注意力集中的能力和习惯，主要靠平时训练培养和严格要求。注意力集中训练应注意以下几点：

（1）注意培养对举重训练和比赛的目的性。
（2）注意对举重项目浓厚兴趣的培养。
（3）加强意志努力。坚强的意志品质能够排除各种内外干扰，克制自己，从而使注意力集中在所从事的举重训练和比赛上。

此外，意念训练法、诱导训练法、阻断思维法、表象放松法、音乐调节法、激励法、升华法、转移法、体验法、暗示法等也是举重运动员心理训练常用的方法。

二、智力训练

（一）智力训练及其构成

智力也叫运动智能，是指运动员在一般智能的基础上，运用包括体育运动理论在内的多学科知识，参加训练和比赛的能力。是运动员总体竞技能力的主要组成部分。

智力训练是指为了提高运动技术水平而有目的、有计划地安排运动员在提高一般智力水平的基础上，学习体育的基本理论和专项运动理论，培养智力能力的过程。

（二）智力训练的作用

（1）现代体育运动的显著特点是越来越科学化和现代化，具有较高智力的举重选手对本专项的特点和规律有着较为深刻的把握，对于训练理论和方法也有更为准确的认识和体验。

（2）具有较高智力的选手善于理解先进的举重技术，能明显缩短学习和掌握技术的过程；能够更为准确地把握比赛试举战术的精髓和实质，并在比赛中灵活运用；他们具有较多的心理学知识，善于动员和控制自己的心理活动，从而在比赛中更为出色地发挥已有竞技水平，表现出更高的总体竞技能力。

（三）智力训练的要求

（1）智力训练应列入多年和全年训练计划之中，并应在实际工作中予以落实。

（2）应提高运动员对学习理论知识和发展运动智能意义的认识，启发他们参加运动智能训练的自觉性和积极性。

（3）智力训练应根据对象实际情况（文化水平，专业基础知识水平及年龄特点等）选择内容，确定方法及分量。

（4）积极创造条件，尽量在训练工作中利用一些现代化的技术手段。

（四）智力训练的基本方法

1. 一般智力训练

运动智能的提高是以一般智力能力为基础的，提高影响智能的各个因素，如提高运动员的观察力、注意力和思维想象力等是提高运动智能的基础。因此，在平时的训练和日常生活中，要通过多种方法提高运动员的感觉能力、观察能力、记忆能力、探索知识的想象能力、分析问题和解决问题的能力、接受信息的能力、以及形象思维、抽象思维、灵感思维等。同时加强思维速度训练，注意开拓思路，养成集中注意力的习惯。

2. 运动智能训练

运动智能训练的主要途径是传授知识、掌握技能和开发智能。可采用以下方式进行：

（1）提高运动员专业理论知识水平。首先是要掌握学习文化理论知识的一般方法；其次是结合训练实践学习体育专业理论知识（学习有关体育运动的基本理论和专项运动理论，如专项技术分析、专项教学训练方法、竞赛规则与裁判方法等）；最后要广泛学习相关学科的科学知识。

（2）提高运动员运用知识的水平。不断提高运用理论知识的自觉性，认真做好专题总结。

第六节　负荷量

负荷量也叫运动量，是指运动员在训练中完成负荷的数量。它也是指给予运动员的一种训练量，即运动员在训练中完成或承受的生理负荷量。

评定负荷量大小是否科学合理的依据，是人体对负荷量引起的生理机能反应和实际训练水平。负荷量小，则机体的反应小，成绩提高慢；而负荷量过大，超过了运动员机体的负担能力，则容易造成过度疲劳或伤病。因此，既要坚持大运动量训练，又要把负荷量安排到接近运动员所能负担的极限，但又不超过这个限度。在负荷量的刺激下运动员生理机能反应良好，成绩增长快，这样的负荷量就是科学合理的。

举重负荷量的特点是强度大、时间短、负荷重。运动员在训练中经常要用90%以上的大强度进行训练，每次训练课时间为150分钟左右，每周6~13次训练。在大强度训练下，一次课的总负荷量经常超过10000千克。

一、举重负荷量的相关因素与指标

举重负荷量的相关因素包括数量、强度、时间、密度和动作性质五个方面。其中数量和强度是主要因素，时间和密度与数量有密切关系，动作特性对负荷量有重要影响。

（一）数量

数量是指一组练习、一个动作或一次训练课中重复练习的量或训练总量等，是衡量运动量的基本因素。它包括以下指标：

（1）组数。指每个动作重复练习的组数。运动员从提起杠铃做动作到放下杠铃休息为1组。每个动作可以重复练习若干组。

（2）总组数。指一次训练课中所有动作练习的总组数。它是评价负荷量的重要因素，也是衡量一次课负荷量大小的重要指标。

（3）次数。指每组练习中重复举的次数。1组练习中可以举1次，也可以举2次、3次，甚至5次、6次。

（4）总上举次数。指一次训练课内所有动作练习时的总上举次数。它是衡量一次课负荷量大小的简易指标之一。

（5）单个动作上举重量。指一个动作的上举总重量。它是一个动作中各组练习上举重量相加之和。而每组的上举重量等于杠铃重量乘次数。

(6) 单个动作平均重量。是指一个动作中各次上举的平均重量。平均重量 = 上举重量÷上举次数。

(7) 总重量。指一次训练课内所有动作练习时举的总重量。它是衡量一次课负荷量的重要指标之一。

(8) 总平均重量。指一次训练课中所有动作各次上举的总平均重量。总平均重量 = 总重量÷总上举次数。

（二）强度

强度指单位时间内所做的功，或者指单位时间内的生理负荷量，是举重负荷量的重要因素之一。在举重训练中，强度是由单位次数中所举重量大小来决定的。为了进行比较，一般用单位次数中所举重量占个人最高成绩的百分比来表示。可以采用下面 4 个指标来衡量强度大小。

(1) 单个动作强度：这是衡量一次上举的强度指标。是指某一动作中，一次上举所举重量占该项最高成绩的百分比。即：单个动作平均强度 = 1 次上举所举重量÷该项最高成绩。

例如，一名女运动员训练中挺举 140 千克 1 组，练习 1 次。她的挺举最高成绩为 145 千克，挺举的单个动作强度 = 140÷145 = 96.6%❶

(2) 单个动作平均强度：是指某一动作中，每次上举平均重量与最高成绩的百分比。即：单个动作平均强度 = 单个动作平均重量÷该项最高成绩。这是衡量一个动作的强度指标。

再以上述运动员为例，100/3×2（即挺举 100 千克练习 2 组，每组上举 3 次）、120/2×2、130/2×2、140/1。

单个动作平均重量 =（600 + 480 + 520 + 140）÷（6 + 4 + 4 + 1）= 1740÷15 = 116 千克

单个动作平均强度 = 116÷145 = 80%

平均强度也称为相对强度。根据对国内外优秀运动员的统计，各项练习的平均强度为 76%~80%（不包括拉类练习）。

(3) 强度系数：指训练的平均重量与最佳总成绩的比。是评价负荷量的重要参考指标。强度系数 =（平均重量×100）÷最佳总成绩÷100，即：

---

❶ 该负荷量也可以表示为 96.6%×1×1。即个人最高成绩 96.6% 的强度练习 1 组 1 次。

$$强度系数 = \frac{平均重量 \times 100}{最佳总成绩} \div 100$$

例如，某 62 千克级男运动员一次训练完成各项练习共举 80 次，总负荷量为 10000 千克，他的最佳总成绩为 310 千克。先求平均重量 = 10000 ÷ 80 = 125 千克。强度系数 = (125 × 100) ÷ 310 ÷ 100 = 40.3%。

优秀运动员训练的强度系数一般在 37% ~ 42% 之间。若以 40% 作为强度系数，则可以根据这一系数和运动员的总成绩来计算和规划训练中的平均重量，即负荷强度。

例如，总成绩是 260 千克，便可以算出：平均重量 = (260 × 40) ÷ 100 = 104 千克。如果经过一段时间训练总成绩提高到 280 千克，训练平均重量应提高到：(280 × 40) ÷ 100 = 112 千克。

(4) 总平均强度：是指课中各项动作每次上举的总平均重量占该课中各项动作总平均最高成绩的百分比。这是衡量一次训练课中负荷量的强度指标。即：总平均强度 = 总平均重量 / 总平均最高成绩

负荷强度是一种重要的刺激因素，只有这种刺激足够大、时间足够长、重复次数足够多时，才能提高中枢神经系统机能，促进肌肉中收缩蛋白的合成过程，改善肌肉进行爆发性用力和憋气用力时氧和能量的供应（郭廷栋，1990）。举重运动员在训练中除举大重量和极限重量外，强度主要集中在 80% 左右的中等重量上，还要举小重量作为过渡和调节[8]283。

（三）时间

时间是构成负荷量的因素之一，可采用以下指标进行衡量与比较。

(1) 单个动作训练时间：是指一个动作的训练时间。包括实际负荷时间和组与组之间的间歇时间。用这一指标可以比较不同动作的训练时间长短。

(2) 总训练时间：是指一次训练课的总时间。它是衡量一次训练课负荷量大小的指标之一。

(3) 间歇时间：是指两组练习之间的休息时间。一般为 2 ~ 3 分钟，但也有的运动员间歇时间较短，只有 1 ~ 2 分钟。通常不用缩短间歇时间来加大运动量，但有时在准备期或者赛前训练中也适当采用，以适应比赛需要。

（四）密度

密度是指单位时间内重复练习的量。它体现训练中时间和数量之间的关系。它可以反映训练课的紧张性，也在一定的程度上影响着负荷量。可以用下列指标来表示密度的大小。

（1）单位时间重复组数：是指每分钟内重复练习的组数（×组/分）。以训练时间除组数所得的商数来表示。

（2）单位时间重复次数：是指每分钟内重复练习的次数（×次/分）。以训练时间除上举次数所得的商来表示。

（五）动作性质

动作性质是举重训练中比较重要的因素之一。举重动作很多，性质各异，不同的动作对机体的负担量差别很大，而且不同的动作还会对机体某些局部给予不同的影响。在动作性质中，首先要区分竞赛动作和辅助动作，而竞赛动作中挺举的运动量比抓举大。辅助动作则可以按负荷大小区分为大负荷动作、中负荷动作和小负荷动作。静力性动作和退让性动作也可以按其负荷大小分别归类。有时为了安排运动量的需要，还区分为抓举类动作和挺举类动作。为了避免局部负担过重，或为了加强局部刺激，安排运动量时，还应注意某些动作对局部机体的特殊影响。

二、举重负荷量的统计方法

下面以一次训练课的练习内容为例，说明负荷量的统计方法。
抓举：70／3、80／2、90／2、100／1、90／2×4。
挺举：70／3、90／3、110／2、120／2、130／1、120／2×4。
宽拉：95／3×8。
力量推：50／3、60／3、70／2、75／2×3、70／3×2。
后蹲：90／3、120／3、140／3、150／3、160／2、150／3×3。
然后将所有统计数字填入表5-2，一次训练课的负荷量就有准确数据了。

表 5-2 举重负荷量统计表❶

项目名称\数量	数量			强度		时间	密度		动作性质
	组数	上举次数	上举重量	平均重量	最高成绩	平均强度	训练时间	重复组数	重复次数	
1. 抓举	8	16	1370	85.6	100	85.6%	24′	0.34/分	0.67/分	抓
2. 挺举	9	19	2030	106.8	130	82%	27′	0.34/分	0.7/分	挺
3. 宽拉	8	24	2280	95	105	90.5%	16′	0.5/分	1.5/分	大
4. 力量推	8	21	1410	67	80	83.8%	16′	0.5/分	1.3/分	中
5. 后蹲	8	23	3170	137.8	170	81%	20′	0.4/分	1.15/分	大
总计 5	41 组	103 次	10260 千克	99.6 千克	总平均 585/5=117 千克	85%	103′	0.4 组/分	1 次/分	竞大中 2 2 1❷

注：表 5-2 中的数字，只是运动员所完成的训练量，还不能反映出生理负荷量，要了解生理负荷量，必须通过有关生理功能指标的测定。

以课负荷量统计表为基础，可以统计出周、月、阶段或年的负荷量。根据实际需要，既可以按动作进行统计，以便检查各动作之间安排的比例是否适当，也可以统计总的负荷量，以衡量运动员的负荷能力提高情况。

三、安排负荷量的要求

负荷量在提高运动成绩中的作用是和其他许多因素练习在一起的，特别是和负荷强度紧密相连。苏联沃罗比耶夫等（1981）认为，负荷大小与运动成绩之间没有密切联系，即有的运动员总负荷量较小，有的较大，均能取得较高成绩。这种观点虽不无道理，而且在实践中也能见到这样一些实例，但孤立地这样看问题却是不能接受的。当然，如果用中、小重量每组重复次数很多，没有必要的强度，虽然负荷量很大（这样练习很容易提高负荷量），却不能有效提高举重成绩。

---

❶ 参见体育学院通用教材. 举重 [M]. 北京：人民体育出版社，1990：281

❷ 竞大中 2 2 1："竞"指抓举、挺举两个竞赛动作练习；"大"指宽拉、后蹲两个大负荷动作练习；"中"指 1 个中等负荷的力量推练习。

但如果在提高负荷量的同时,保持或者提高举重训练所需要的强度,采用先进的恢复措施,使负荷量和强度增加产生的疲劳能够较快消除,那么加大负荷量则能促进成绩更快提高。

20世纪60～70年代举重运动员年负荷量平均为800～1000吨,而80～90年代一些优秀运动员年负荷量已经提高到了3000吨以上。例如,保加利亚男子举重队备战1980年奥运会时,大负荷量每周训练多达28.5小时;每周一、三、五全天负荷量达到22～27吨,二、四、六达到12～17吨(弗尔纳杰夫等,1982)。中国举重队备战2008年北京奥运会时,大负荷量周达到14～15次训练课(其中早操3次),每周训练达到27小时。

在训练中要有相当大的负荷量是因为任何有效的刺激都必须多次重复才能起作用。这不仅因为中枢神经系统的兴奋和调节机能需要反复刺激才能强化,也是因为细胞的分解达到一定的程度才能促进其合成。据认为,在训练中许多起重要作用的激素系统只有经过3～5小时紧张的肌肉活动才能活化起来发挥作用。长时间的大负荷训练便是这样一种应激因素(郭廷栋,1990)。

但是,如果负荷量很大而缺少有效的恢复措施,产生的疲劳得不到消除,那么加大负荷量不但没有意义,甚至是有害的。盲目追求大负荷量会造成过度训练、过度疲劳等不良后果。安排负荷量的基本要求有以下几点:

第一,要勇于打破平衡,不断提高运动员承担负荷的能力。

第二,负荷量要有节奏,应依靠负荷量的节奏性来保持对运动员机体的新异刺激。

第三,要根据每个运动员的具体情况加以区别对待。

四、安排负荷量的方法

安排负荷量时主要有两个问题应认真考虑:一是负荷量(主要是数量和强度)的掌握;二是各种不同性质动作的安排和搭配。

(1)负荷量的掌握。强度和数量是影响负荷量大小的主要因素。负荷量的安排要根据训练时期、任务以及运动员的具体情况而变化。负荷量的增加应遵循量变质变的一般规律。

①加大负荷量可以采用以下方法:增加量保持强度;增加量增加强度;保持

量增加强度；减少量增加强度；增加量减小强度。

②减小负荷量可以采用以下方法：适当减量保持强度；适当减强度保持量；量和强度均适当减小。

（2）不同性质动作安排方法：主要有全面影响、集中刺激、重点刺激与全面影响相结合三种类型。

第七节　训练计划与训练日记

训练计划是教练员对运动员整个训练过程的总体规划、设想和安排。科学合理的制订切实可行的训练计划才能使计划的目标任务得到落实和实现。

科学地制订训练计划，可以保证训练工作有组织、有步骤地进行，避免盲目性、随意性。训练计划能帮助教练员和运动员全面地了解训练总体目标和各阶段的任务和目标，使教练员和运动员在不同时期按照阶段所需抓重点，解决问题，提高竞技能力。

一、制定训练计划的要求

第一，训练计划必须尽可能地反映训练的客观规律，不能盲目和主观片面。

第二，训练计划的制订要根据训练对象有针对性地合理安排。切忌脱离实际，否则无法实现计划目标。

第三，训练任务、目的和各种指标要明确。

第四，训练计划的制订要尽可能地全面、具体和细化。只有这样才能保证训练计划得以贯彻、落实与执行。

第五，训练计划中要合理安排负荷和强度，明确负荷量和具体的强度要求。在负荷和强度上必须有的放矢。

第六，制定出检查、考核的时间、办法及做好总结。

训练计划包括多年训练计划（全程性和区间性多年计划）、年度训练计划，阶段计划（周期）、周计划、课计划、训练日记、小结和总结。

二、多年训练计划的制定

多年训练计划是对所培养的运动员创造优异成绩的长远规划或设想,必须以多年训练的系统性、科学性、合理性为依据。

多年训练计划是长期训练的基本方向,为了实现长远目标,必须依靠更具体的年度训练计划、周期性训练计划(阶段)、周计划和课计划来实现。

多年训练计划是训练过程中一个较长远、大致的总体规划。有了这样的规划就可以尽可能地避免训练过程中的盲目性,达到预想目标。

多年训练计划必须根据训练的对象、性别、年龄、目的、年限的长短等情况进行具体的制订。

(一)多年训练计划的分类

多年训练计划是对运动员从开始到成为优秀运动员训练的全过程进行的远景规划,是保证长期系统训练的必要条件。根据时间长短,多年训练计划又可分为"全程性多年计划"和"区间性多年计划"两种。"全程性多年计划"是指运动员从开始接受运动训练到达到个人竞技水平的最高峰直至竞技活动全过程的完全结束。全程性多年训练计划分为启蒙训练阶段、基础训练阶段、专项提高阶段、最高竞技阶段和竞技保持阶段。这五个阶段的要求如下:

启蒙训练阶段是按举重项目特点和基本要求初步选材,进行一般的身体素质、柔韧协调性、专项特点等的训练;技术基础训练阶段是在初步阶段的训练基础上培养运动员的兴趣和爱好逐步过渡到专项的基本技术训练上去,掌握基本的专项技术,为下阶段打好素质和技术基础;专项提高训练阶段是进一步提高专项技术,提高专项训练内容和要求,扩大专项训练范围与各方面的肌肉活动能力,有效完善专项需要的力量、速度、耐力、柔韧等素质;最高竞技阶段是加大专项训练的运动量和运动强度,大力提高专项素质能力和专项成绩,使其达到运动水平的高峰;竞技保持阶段是运动员达到最高竞技水平的延续,是运动员运动寿命的保持阶段。

"区间性多年计划"是指针对运动员在训练全过程中达到一定竞技水平后的某一个(2~4年)特定时间阶段而进行的训练规划和设计。主要是针对优秀运动员的教练员围绕国际、洲际、国家等大中型比赛而制定的训练计划。区间性多年计划根据大周期多年训练计划可分为启蒙训练阶段、基础训练阶段、专项提高阶段、最高竞技阶段和竞技保持阶段五个阶段。

（二）多年训练计划的内容

（1）根据训练对象设计基本设想和总的训练任务，以及为实现这一目标提出的具体措施。

（2）对运动员基本情况进行分析和测定。包括竞技能力、文化、优势和弱点、发展和训练的潜力、技术、战术、心理、身体素质、承担量和强度等各项能力的分析和测定。

（3）阶段针对性地制订计划任务和指标。儿童和少年运动员的训练可根据他们的年龄特征进行阶段划分，每个阶段分年度进行，遵循青少年的生长发育规律和生理心理特征及发育敏感期来制定各阶段任务和指标、恢复措施与安排。

（4）训练内容、各项运动量和运动强度的要求和总体安排，多年任务指标及解决问题的有效途径和方法，训练的课次和总时间量。

（5）拟定参加比赛和考核的时间、方式，参加比赛和考核的预案措施。

（6）总结多年训练计划的具体执行情况。

表 5-3 为运动员多年训练计划内容的示例。

表 5-3 举重运动员多年训练计划内容（仅供参考）

训练阶段		基础训练阶段	专项提高阶段	最佳竞技阶段	竞技保持阶段
年龄范围		10~15岁	16~20岁	21~27岁	28~33岁
身心特点	男	身高、体重、胸围突增期；力量、爆发力和柔韧素质训练的最佳时期	最大力量、爆发力和柔韧素质训练的最佳时期	身高稳定，力量和爆发力达到最佳，耐力和柔韧素质逐渐下降	身体形态、速度、力量、爆发力、柔韧和耐力随年龄的增长而下降，但心理素质和比赛的经验日渐丰富
	女	10~12岁身高和10~13岁速度力量耐力素质突增期	力量和柔韧素质增长速度下降，尤其是爆发力增长缓慢	19岁身高稳定，力量、耐力、柔韧和爆发力20岁后增长缓慢或停滞	身体机能、速度、力量、爆发力、柔韧和耐力随年龄增长下降，但心理素质和比赛经验日渐丰富

续表 5-3

每课持续时间		2~2.30 小时	2~3.30 小时	2~3.30 小时	2~3 小时
课负荷（组）		25~35	35~50	35~50	35~50
周负荷（组）		75~210	150~350	150~350	150~300
周有效组数占总量的百分比		70%以上的强度占 40%~60%	80%~95%的强度占 50%~70%，100%的强度占 5%~10%	85%~95%的强度占 40%~60%，100%的强度占 5%~10%	80%~95%的强度占 40%~60%，100%的强度占 5%
月训练日		15~26 天	26 天以上	26 天以上	26 天以上
年训练日		150~290 天	290 天以上	290 天以上	290 天以上
主要训练任务		1.了解和培养对举重的兴趣和感情；2.学会标准的竞赛技术动作及专项辅助动作，建立正确的技术概念；3.全面加强身体素质训练，打好扎实的基础；4.逐渐发展腿部、上拉力量和周身小肌肉力量的练习	1.培养意志，树立使命感和荣誉感；2.完善技术动作，提高技术水平；3.大力提高腿力、拉力、支撑力和专项辅助练习成绩；4.加强智力、战术和心理训练，掌握举重战术	1.加强技术训练，增加负荷量，提高运动水平；2.大力提高腿力、拉力和支撑力等绝对力量，提高相对力量；3.提高比赛战术运用能力；4.加强训练外的监控	1.采用各种训练手段加强专项技术训练，有计划的增加负荷量，提高技术水平；2.大力加强腿力、拉力和支撑力量训练，在发展绝对力量的同时提高相对力量；3.提高比赛的战术运用能力；4.加强医务监督和训练外的监控
周课次		3~6 次	6~12 次	6~12 次	6~12 次
训练内容比例 %	运动素质	35	20	5	5
	竞赛动作	20	35	40	35
	辅助动作	40	40	50	50
	战术、心理、智力训练	5	5	5	10
	思想和康复训练	全年根据运动员的实际情况进行	科研、康复是训练计划中的一部分	科研、康复是训练计划中的一部分	科研、康复是训练计划中的一部分
年度比赛和测验次数		4~6	6~10	6~10	4~6

三、全年训练计划的制定

全年训练计划是根据多年训练计划的总目标、总任务等结合当年的具体情况、任务、要求及年度比赛的节奏来制定的。全年训练计划具有明显的周期性特点，通常以年度训练计划作为组织系统训练的基本单位。

全年训练计划的内容包括：

第一，总结上一年度训练工作和完成任务情况，发现存在的问题并制定解决问题的措施与方法。

第二，制定全年训练各时期的基本任务和目标。

第三，运动素质、专项素质、技术、战术、心理、智力等的训练方法、要求及指标。

第四，全年理论课程讲授的题目和内容。

第五，全年各时期的划分及各时期的训练任务和时间。

第六，技术、力量、负荷量与运动强度的要求和各项训练内容的比重安排。

第七，全年的比赛安排和全年的训练大纲。

根据我国的竞赛计划，一般一年有两次大的全国性成年举重比赛（4月的全国锦标赛和10月的全国举重冠军赛。此外，还包括一次全国青年举重锦标赛和一次全国少年举重锦标赛）。所以，举重的全年训练计划常采用一年两次比赛来进行双周期安排，一年两个周期，11—4月为冬训期，5—10月为夏训期。而每个周期又分为准备期、基本期、竞赛期、休整期（过渡期）。

1. 准备期

（1）主要任务：提高运动员身体机能、有氧能力、增强承担大负荷量训练的能力；打好全面身体素质和专项素质基础，改进运动员存在的基本技术问题；加强学习有关的理论知识和技术，培养顽强意志品质和优良的训练作风；提高身体素质，特别是专项素质（爆发力），做好进入专项训练的准备。本阶段专项成绩增长较慢，一般素质强度应达到较高水平并加强体能储备。

（2）训练时间：1~1.5个月（40天左右）。

（3）训练内容：结合专项进行针对性素质训练，注重发展速度力量和灵敏、柔韧性训练；适当加强耐力训练，减少专项训练内容比重；提高小肌群力量，提高各关节协调性。

（4）负荷量和强度：逐步增加，量在前强度在后。

（5）具体训练的措施和方法。

2. 基本期

（1）主要任务：在这一阶段的训练具有明显的专项特点，主要是发展专项耐力和专项辅助能力，加大专项训练的比重和负荷量，巩固和提高专项运动技术，提高专项训练水平。一般身体素质训练减少到20%左右，负荷量和强度达到较高水平。为形成竞技状态创造有利条件。

（2）训练时间：约3个月。

（3）训练内容：主要以发展各部分力量的专项辅助动作以及技术和半技术动作为主，围绕专项提高专项能力和专项耐力，提高腰、腿、支撑三大力量；一般运动素质只安排少数与专项特点有密切联系的动作，全面提升综合实力，为突破原有的运动成绩积累有效的负荷量。

（4）负荷量和强度：相比之下负荷量的要求要高于强度，在规定时间段提高强度的训练，运动量适当减少。

3. 竞赛期

（1）主要任务：竞赛期前期主要是提高专项能力和专项技术水平，加强心理训练、智力训练、技战术训练和赛前思想教育、增加竞赛动作训练比重；形成和调整好竞技状态，巩固和提高竞技状态，稳定技术，准备参加比赛，为创造优异运动成绩提供良好条件。在此阶段后期负荷量应逐渐减少并控制在一定范围内，要保证第1次、第2次试举重量的成功率，树立信心，为比赛做好充分准备，调整好身体、心理、思想等各方面的状态。

（2）训练时间：约1个月。

（3）训练内容：以竞赛动作为主，保障腰、腿、支撑三大力量的稳定，减少一般辅助项目的训练比重，进行针对性的竞赛动作练习。做好赛前一系列的有关工作，保证比赛的顺利完成。

（4）负荷量和强度：在基本期的基础上，强度达到较高水平，负荷量有所下降，在后期保证比赛中的第1、2次试举重量的成功率，减少运动量和相应强度，保证机体得到充分的调整和体力储备。

4. 休整期

（1）主要任务：使经过比赛所造成疲劳的机体得到充分的恢复，在此阶段保持一定的训练水平；总结比赛和训练过程中的经验教训，为迎接下一个训练周期做好准备。

（2）训练时间：20天左右。

（3）训练内容：主要以积极休息为主，保持一般身体素质的训练（如旅游、球类、游戏及小力量训练等活动）和一定的专项强度，负荷量和训练强度都为年度比较低的水平。

（4）负荷量和强度：相对较小，着重以专项小肌肉练习和适当力量及技术来保证训练活动。

四、周期训练计划的制定

周期训练计划是根据全年训练计划的周期划分，以及训练阶段的周期性循环（图5-2）制定的。制定周期训练计划时应根据该年度计划的各项要求结合训练的实际情况，将训练任务、内容、时间、项目比重、负荷量及强度具体落实到训练中，并根据运动员的年龄、训练年限和专项素质能力等情况采用相应的节奏来安排。既要注意多年训练的系统性，又要衔接好每个阶段的节奏性和连贯性。

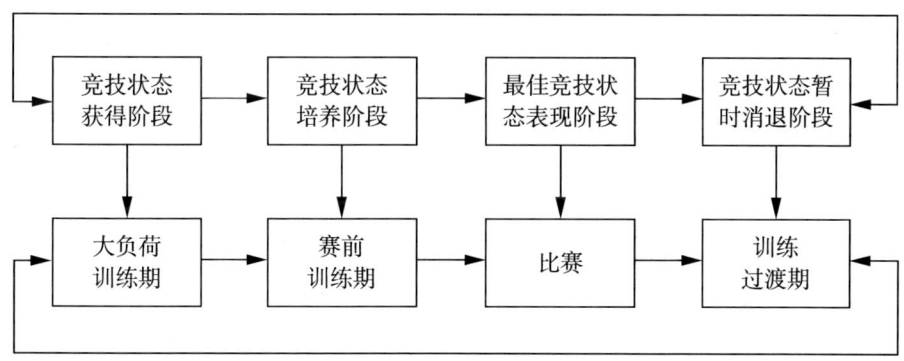

图5-2 训练阶段的周期性循环

由于举重全年训练计划多采用双周期安排,每一个训练周期的时间不是太长,因此通常可以按照阶段训练计划来划分,包括冬训、夏训阶段。周期训练计划的具体内容如表5-4所示。

表5-4 周期训练计划的具体内容

任务和要求	以辅助项目练习为主,专项练习为辅,大力加强负荷量积累,增强三大力量和速度力量,解决存在的不足技术环节,培养意志品质			
总时间	4个月左右			
总周数	20~25周			
周次数	9~12次			
课时(小时)	2.5~3.5左右,调整周为1.5左右			
负荷	量	一周小→两周大循环进行		
	强度	小→中→大→最大→最小		
训练内容比重及强度	技术%	40%	强度%	达80%~95%
	力量%	45%	强度%	达90%~100%
	素质%	10%	强度%	达80%
	其它%	5%	强度%	一般
主要训练方法与手段	素质以持续、间歇重复法为主。以技术和力量相结合,采用一条龙训练、重复训练等			
恢复	注意训练节奏,采用热水浴、按摩、放松等自然措施。			

五、周训练计划的制定

周训练计划以周期(阶段)训练计划为中心,结合运动员的训练实际情况制定。包括对训练的任务、要求、时间、课次、内容、运动量和运动强度的具体安排,把周训练的计划具体地落实到每周训练计划中去。训练计划的节奏性、负荷量和强度应根据运动员的个体差异而定。

周训练计划的制定可参见表5-5示例。

表 5-5 周训练计划安排示例（仅供参考）

练习项目	准备期月份的周						比赛期月份的周						赛前一周（星期日比赛）					
	1	2	3	4	5	6	1	2	3	4	5	6	1	2	3	4	5	6
抓举					★		★		★		★		★		★		★	
高抓	★			★			★			★							★	
垫铃抓			★								★							
宽拉	★		★		★		★		★		★		★					
颈后宽推				★														
颈后宽支撑		★								★								
挺举		★		★				★		★		★	★		★		★	
高翻		★						★	★					★				
下蹲翻					★													
窄拉		★		★		★		★		★								
借力推				★							★							
架上挺					★			★										
前深蹲		★			★		★				★			★				
后深蹲	★		★		★		★		★		★		★				★	
负重躬身		★		★														
架上支撑			★		★			★				★						
推举	★																	

六、课训练计划的制定

课训练计划是根据周计划所规定的任务、内容、负荷量来制定。一般包括以下内容：

（一）任务和要求

将周训练计划规定的任务和要求进一步分配和落实到每次训练课中。任务和要求应与课的内容及运动员的实际情况紧密联系，保持一致。

（二）训练内容

训练内容应根据任务和运动员的具体情况安排。安排内容的原则是：技术性动作在前,力量性动作在后;主要技术动作在前,次要技术动作在后;集中刺激,全面兼顾;循序渐进,注意节奏。

(三)训练内容的组合

训练课中不同性质技术动作的安排,可以采用以下几种组合方法:

1. 全面混合组合法

这是全面影响的一种组合安排方法。即一次课中,抓举和挺举、技术性动作和力量性动作,以及发展有关肌肉群力量的动作,均给予全面兼顾。这种方法在安排少年训练时采用较多。参见表5-6。

表5-6 全面混合组合法示例

1. 抓举	1. 抓举	1. 高抓	1. 高翻
2. 挺举	2. 架上挺	2. 挺举	2. 借力推
3. 前蹲	3. 坐推	3. 实力推	3. 垫铃宽拉
4. 宽速拉	4. 宽拉	4. 前蹲	4. 颈后宽挺蹲
5. 颈后宽推	5. 后蹲	5. 窄硬拉	5. 深蹲
6. 跳台阶	6. 负重挺身	6. 仰卧起坐	6. 负重挺身

2. 重点混合组合法

这是重点刺激与全面影响相结合的安排方法。即一次课中以抓举类练习为主,同时混合安排挺举类练习;或者以挺举类为主,混合安排抓举类练习。参见表5-7。

表5-7 重点混合组合法示例

抓举重点混合	挺举重点混合
1. 高抓	1. 高翻
2. 抓举	2. 挺举
3. 颈后宽推	3. 架上借力推
4. 颈后宽支撑	4. 窄速拉
5. 宽拉	5. 深蹲
6. 深蹲	6. 负重山羊挺身

3. 项目组合法

这是集中刺激的一种组合安排方法。即按照抓举和挺举两项竞赛技术安排练习组合。即一次课中的内容或者全是抓举类技术动作，或者全是挺举类技术动作，并包括力量性辅助动作。参见表5-8。

表5-8 项目组合法示例

抓举练习组合（单日采用）	挺举练习组合（双日采用）
1. 高抓	1. 高翻借力推
2. 抓举	2. 挺举
3. 颈后宽支撑	3. 架上挺
4. 宽速拉	4. 窄拉
5. 宽硬拉	5. 后蹲
6. 宽提肘拉	6. 预蹲

4. 一条龙组合法

这是力量练习时对有关部位肌肉群集中刺激的一种组合安排方法。这种安排对有关肌肉群的集中刺激较大，可在高水平运动员中适当采用，但安排不宜过多。参见表5-9。

表5-9 一条龙组合法示例

拉力一条龙	腿力一条龙
1. 直腿高翻	1. 下蹲翻
2. 高翻	2. 前蹲
3. 宽速拉	3. 后蹲
4. 窄速拉	4. 架上半挺
5. 窄硬拉	5. 架上半蹲

（四）训练方法

一次课的动作顺序安排好以后，就要选择每个动作的训练方法，即具体规定每个技术动作的训练重量、组数和次数。包括以下几种方法：

1. 变换重量法

指训练重量由轻加到重，然后再由重减到轻。如70%3、80%3、85%3、90%

2、100%1、90%2×2、80%4×2、75%6。这种方法主要在基本期中负荷量与强度同时增加时采用。

2. 递增重量法

主要指训练重量按 5~10 千克的幅度逐步递增（高水平和重级别运动员也有的按 15~20 千克的幅度递增），这类方法又可分为两种：

（1）有效组数训练法：重量由轻开始，用 3~4 组递增上去，达到 85%~90%强度时，就固定下来进行重复训练。如 70%3、80%3、85%3、90%2×7。这种方法主要在准备期或基本期以增加负荷量为主时采用。

（2）大强度训练法：从 70%重量开始，然后逐步递增上去，直至极限强度。如 70%3×2、80%3×2、90%2×2、95%（1~2）×2、100%1×2，或者 70%3、80%3、85%3、90%2×2、95%1~2、100%1×4。这种方法主要在基本期或赛前期前两周加大强度时采用。

3. 固定重量法

这是重复训练法在举重训练中的具体运用。特点是重量、组数和次数均相对固定。可以固定小重量，用以改进技术（新手采用）和发展小肌群；也可固定中等重量，用以改进技术和发展爆发力；还可固定较大重量以发展绝对力量。例如，宽速拉训练采用 90%3×6 的安排，就属于固定重量法[3]300，参见表 5–10。

表 5–10 周（课）训练计划示例（仅供参考）

任务	重点发展腿力，相应地发展拉力和支撑力量 改进抓举提铃不贴身，发力速度慢的问题，进一步完善挺举技术并冲强度 培养顽强的意志品质，力量练习到最后要保质保量		
星期	内容	运动量安排	要求
一	1.高抓	6 组　70%6×2、80%3×4	进一步完善抓举技术，强调快速发力
	2.抓举	8 组　70%3×2、80%3×2、90%2×2、85%2×2	
	3.高翻借力推	8 组　70%3、80%3、90%3×3、95%2×3	
	4.前蹲	10 组　70%3、80%3、90%3×6、80%5×2	
	5.壶铃蹲跳	2 组　25（千克）5×2	
	6.俯卧拉	8 组　80%3×2、90%3×6	

续表 5-10

任务	重点发展腿力，相应地发展拉力和支撑力量 改进抓举提铃不贴身，发力速度慢的问题，进一步完善挺举技术并冲强度 培养顽强的意志品质，力量练习到最后要保质保量		
星期	内容	运动量安排	要求
二	1.挺举 2.窄速拉 3.窄硬拉 4.坐推	10组 70%3×2、80%3×2、90%2×3、95%（1~2）×3 6组 90%3×2、100%（挺举最大重量）3×2、95%3×2 6组 90%3×2、100%1×2、90%3×2 8组 75%5、85%3、90%（2~3）×4、85%（3~4）×2	
三	1.高抓 2.抓举 3.架上挺 4.后蹲 5.颈后宽推 6.负重转体	6组 70%3×2、80%3×4 8组 70%3、80%3×2、90%2、95%1、85%3×3 8组 70%3×2、80%3×2、90%2×4 10组 70%3、80%3、90%3×2、100%1、90%3×5 6组 70%5、80%3、85%3×4 4组 30%10×2、40%8×2	
四	足球活动	1小时	半小时一般活动，半小时全场比赛
五	1.挺举 2.抓举 3.后蹲 4.坐推 5.窄速拉	10组 70%3×2、80%2、90%2、95%1、102%1×2、85%2×3 8组 70%3×2、80%3×2、90%3×2、95%2×2 10组 70%3、80%3、90%3×5、85%5×3 8组 70%5、80%3、90%3×4、85%3×2 6组 90%3×2、100%（挺举最大重量）3×2、90%3×2	强调快速发力，挺举冲新成绩
六	1.高翻 2.颈后宽支撑 3.借力推 4.预蹲 5.坐弓身	8组 70%3、80%3、90%2×4、85%3×2 8组 70%3、80%3、90%2、95%1、90%2×2、85%3×2 8组 70%3、80%3、90%2×3、85%3×3 6组 90%5、100%3×2（挺举最大重量）、110%3、100%3 6组 70%5、80%5、90%3×4	预蹲注意"直、稳、适中"

七、训练日记的写作

写作训练日记的目的是为了了解运动员训练前、训练中和训练后身体的各种情况，并根据这些客观情况对训练进行实际安排；同时也可以从运动员的训练日记中了解运动员的思想，从而不断总结、提高训练质量。

训练日记包括的内容有训练内容、运动量（组数、次数）、强度、成功率，训练前后体重和身体状况、心态变化、晨起前和晚睡时的脉搏次数、睡眠情况、食欲情况，运动员自我体会和小结（主要是思想、技术、训练状态、感受等）、教练员评语（完成情况、要求、提示和鼓励）。

训练日记是客观掌握运动员训练情况的第一手资料，要求运动员必须认真写好训练日记，如实反映身体情况和训练体会。训练日记对掌握和提高训练能力有着重要作用。

表 5-11 所示为运动员训练日记范例。

表 5-11 运动员训练日记范例（仅供参考）

年　　月　　日

时间		脉搏	晨脉		体重		体力	
星期			晚脉		睡眠		训练强度	
	训练内容						次数	重量（千克）
早操	1. 400m×3 圈							
	2. 30m×6 组多项组合练习							
	3. 拉伸关节韧带							
上午	1. 前蹲：150/3×2、170/3×2、180/3×2						18	3000
	2. 架上挺：130/3×2、140/3×2、150/3×2						18	2520
	3. 力量推：50/5×2、70/3×3							
下午	1. 抓举：100/3×2、120/3×2、130/2×3、140/2×3						24	2940
	2. 宽拉：130/3×2、140/3×3、150/3×3						24	3390
	3. 宽挺蹲：130/3×2、140/3×3、150/3×3						24	3390
	4. 引体向上、山羊挺身、腹肌							
晚上								

续表 5-11

训练内容	次数	重量（千克）
共计	110	15240
平均重量（千克）	138.5	
强度系数（%）	0.42	
自我体会		
教练评语		

说明：1. 小肌肉群练习的重量和身体素质练习不记入总量。

2. 重量的记录方法。例如，180/3×2，180 表示练习的实际重量，3 表示练习次数，2 表示组数。

3. 次数是每一项练习总的练习次数，重量是每一项练习总的重量。

4. 平均重量是总重量 / 总次数。

5. 强度系数是当天的平均重量 / 一名运动员最好的总成绩。

表 5-12 为运动员情况登记表示例。

表 5-12　运动员情况登记表

姓　　名		体重		出生年月		注册单位		
伤病情况								
平时最好成绩	抓举	挺举	高抓	高翻	前蹲	后蹲	窄拉	宽拉	架上挺
近两年比赛最好成绩		年比赛成绩			年比赛成绩			年比赛成绩		
		抓举	挺举	总成绩	抓举	挺举	总成绩	抓举	挺举	总成绩
	名次									
	次数									
	名称									

续表 5-12

近期训练目标								
近期比赛目标								
2014年训练比赛目标								
2015年训练比赛目标								

第八节 儿童少年训练

举重实践证明，要培养一名优秀运动员，从开始接触杠铃到世界水平，需要 7～10 年的时间。因此，要培养一名高水平的运动员，必须从儿童少年时期抓起。

一、儿童少年训练的任务

第一，培养兴趣，锻炼意志。
第二，发展素质，增强体能。
第三，学习和掌握抓举、挺举的基本技术和多种运动技术。
第四，循序渐进地加大负荷量和强度，提高训练水平。

二、儿童少年训练的年龄分组

(1) 少儿组（11~12岁）：主要任务是培养举重兴趣和发展速度、灵敏以及柔韧素质，其次是学习举重技术，适当提高专项素质。

(2) 少年乙组（13~15岁）：主要任务是在专项训练方面继续培养对举重的爱好和兴趣，抓好基本技术和力量素质训练，逐渐提高训练水平。

(3) 少年甲组（16~17岁）：主要任务是进行正规的举重专项训练，并继续发展一般身体素质和专项素质，进一步提高训练水平。

(4) 青年组（18~20岁）：训练内容与成年运动员相同。主要任务是加强专项训练，争取达到世界先进水平。

三、儿童少年训练应注意的问题

(1) 要根据儿童少年求知欲高、上进心强、成绩提高快的特点，培养他们对举重的兴趣。同时要严格训练，严格遵守生活制度，加强团队意识，做到团结互助，并养成爱护器材的习惯。

(2) 抓住运动素质（特别是最大力量素质）发展的敏感期，有的放矢地安排素质训练，最大限度地提高一般和专项运动素质。

(3) 强化战术训练。利用儿童少年好胜心强的心理特点，在教学和训练过程中安排各种不同方式的比赛内容，激发训练激情。

(4) 要教育儿童少年选手重视文化课和理论学习，养成分析问题和解决问题的习惯，学会并坚持写训练日记和比赛小结。

(5) 安排多年训练规划和全年训练计划时，各阶段要有详细指标。同时要建立训练档案，做好医务监督。

(6) 循序渐进地提高负荷量和训练水平。

(7) 儿童少年的训练应根据其身心发展规律和性别特点，区别对待。

四、儿童少年训练计划示例

以下三个年龄组周训练计划示例,是国内个别体校男子举重训练安排的实例。相同年龄组女子举重训练可参考此计划。此计划不具备普遍代表性,仅供参考。

(一) 10~12岁年龄组周训练计划示例

星期一

高翻:10组(每组2~5次)

借力推:10组(每组2~5次)

负重体屈伸(弓身):10组(每组10~20次)

俯卧撑:150次

跳绳:300次

星期二

膝上悬垂下蹲翻:10组(每组2~5次)

高抓:10组(每组2~5次)

两手实力推举:10组(每组8~15次)

仰卧起坐:10组(每组10~20次)

原地纵跳:150次

星期三

高翻:10组(每组2~5次)

宽速拉:10组(每组2~5次)

双杠双臂屈伸:10组(每组10~20次)

侧拉哑铃:10组(每组12~20次)

30米加速跑:15次

星期四

箭步翻:10组(每组2~5次)

半蹲抓:10组(每组2~5次)

跳山羊:100次

俯卧撑：150 次

徒手半蹲静力练习：10 组（每组 20 秒）

星期五

下蹲翻：10 组（每组 2～5 次）

窄拉：10 组（每组 2～5 次）

仰卧起坐：10 组（每组 10～20 次）

蛙跳：10 组（约 300 米）

负重体屈伸：10 组（每组 10～20 次）

星期六

半蹲翻：10 组（每组 2～5 次）

架上挺：10 组（每组 2～4 次）

双杠双臂屈伸：10 组（每组 10～20 次）

球类活动：40 分钟

（二）13～14 岁年龄组周训练计划示例

星期一

挺举：10 组（每组 2～5 次）

宽拉：10 组（每组 2～5 次）

前蹲：10 组（每组 2～5 次）

跳绳：500 次

负重仰卧起坐：80 次

颈后宽引体向上：10 组（每组 6～12 次）

星期二

抓举：10 组（每组 3～5 次）

借力推：8 组（每组 3～5 次）

窄拉：8 组（每组 3～5 次）

俯卧撑：10 组（每组 15～25 次）

侧拉哑铃：10 组（每组 10～30 次）

星期三

下蹲翻：10 组（每组 2～5 次）

半蹲抓：10 组（每组 2～5 次）

后蹲：10 组（每组 2~5 次）

负重体前屈伸：7 组（每组 10~20 次）

跳台阶：6 组（120 次）

双杠双臂屈伸：10 组（每组 10~25 次）

星期四

颈后下蹲宽支撑：8 组（每组 3~5 次）

架上挺：10 组（每组 2~5 次）

分腿高翻：10 组（每组 3~5 次）

俯卧撑：10 组（每组 15~25 次）

侧拉哑铃：10 组（每组 10~30 次）

蛙跳：8 组（约 300 米）

星期五

分腿高立抓：10 组（每组 2~5 次）

箭步翻接下蹲翻：10 组（每组 2~5 次）

前深蹲：10 组（每组 1~5 次）

双杠双臂屈伸：10 组（每组 10~25 次）

悬垂举腿：120 次

跳绳：500 次

星期六

分腿高翻：10 组（每组 3~5 次）

架上挺：10 组（每组 2~5 次）

窄拉：8 组（每组 3~5 次）

侧拉哑铃：8 组（每组 10~30 次）

单杠引体向上：10 组（每组 10~20 次）

60 米跑：10 次

(三) 14 岁以上年龄组周训练计划示例

星期一

借力推：8 组（每组 2~5 次）

分腿高翻接箭步挺：10 组（每组 2~5 次）

窄拉：10 组（每组 2~5 次）

后蹲：12组（每组1~5次）

颈后臂屈伸：8组（每组3~10次）

侧拉练习：7组（每组15~25次）

星期二

垫铃抓：10组（每组3~5次）

直腿宽拉：10组（每组2~5次）

垫铃下蹲翻：8组（每组2~5次）

宽硬拉：10组（每组1~3次）

颈后宽引体向上：8组（每组6~15次）

星期三

高翻：8组（每组2~5次）

借力推：7组（每组3~5次）

颈后架上挺：10组（每组1~5次）

前蹲：10组（每组2~5次）

负重仰卧起坐：8组（每组10~15次）

窄握直腿速拉：10组（每组3~8次）

星期四

下蹲抓：10组（每组1~3次）

宽拉抓：6组（每组2~6次）

颈后宽支撑蹲：8组（每组3~5次）

颈后宽借力推：10组（每组1~5次）

后蹲：10组（每组2~5次）

悬垂举腿：8组（每组15~20次）

星期五

高翻：8组（每组2~5次）

颈后宽挺蹲：10组（每组1~3次）

宽拉：10组（每组2~5次）

前蹲：8组（每组2~5次）

负重体屈伸：7组（每组5~10次）

星期六

高抓+抓举：10组（每组2~5次）

高翻借力推+挺举：12组（每组2~5次）

三个部位（膝下、大腿中部、腰部）停顿窄拉：6组（每组2~5次）

后蹲：10组（每组1~5次）

颈后臂屈伸：8组（每组10~12次）

表5-13是对男子12~16岁年龄组，各级别总成绩每年应提高幅度的基本要求（仅供参考）。女子12~16岁年龄组各级别总成绩每年应提高幅度也可参考上述指标，但提高幅度低于男子。随着举重运动员的进一步年轻化，优秀运动员出成绩年龄提前，一些选手20岁以前已成为奥运会冠军、世界冠军或世界纪录创造者。因此，男女举重运动员16岁左右总成绩应达到或超过一级运动员标准，部分运动员接近或达到运动健将水平。

表5-13　男子12~16岁年龄组各级别总成绩每年应提高的幅度

级别 （千克级）	假定 最初成绩	第1年 （12岁）	第2年 （13岁）	第3年 （14岁）	第4年 （15岁）	第5年 （16岁）	第5年应达到的总成绩
52	120	$\frac{37.5}{157.5}$	$\frac{27.5}{185}$	$\frac{20}{205}$	$\frac{15}{220}$	$\frac{10}{230}$	230
56	127.5	$\frac{42.5}{170}$	$\frac{20}{200}$	$\frac{22.5}{222.5}$	$\frac{17.5}{240}$	$\frac{12.5}{252.5}$	252.5
62	135	$\frac{45}{180}$	$\frac{32.5}{212.5}$	$\frac{25}{237.5}$	$\frac{17.5}{255}$	$\frac{15}{270}$	270
69	145	$\frac{47.5}{192.5}$	$\frac{35}{227.5}$	$\frac{27.5}{255}$	$\frac{20}{275}$	$\frac{15}{290}$	290
77	155	$\frac{52.5}{207.5}$	$\frac{37.5}{245}$	$\frac{32.5}{277.5}$	$\frac{22.5}{300}$	$\frac{17.5}{317.5}$	317.5
85	165	$\frac{55}{220}$	$\frac{40}{260}$	$\frac{32.5}{292.5}$	$\frac{22.5}{315}$	$\frac{17.5}{332.5}$	332.5
94	175	$\frac{57.5}{232.5}$	$\frac{42.5}{275}$	$\frac{32.5}{307.5}$	$\frac{22.5}{330}$	$\frac{17.5}{347.5}$	347.5

第九节　女子举重训练

在2000年到2012年间举办的共4届奥运会上，中国女子举重运动员共获得14枚金牌，创造了辉煌成绩。中国女子举重的成功经验主要是：抓得早、起步快、全国一盘棋进行系统管理；有一整套切实可行的选拔、训练、集训、管理制度；借鉴和优化男子训练方法；优化训练内容，注意强度和有效组数的结合；严格管理、竞争性强、科研和训练紧密结合。

一、体能训练

女子身体形态与男子相比，其身高低、体重轻、肩部窄、臀部宽、下肢短、躯干长、重心低、身体各部分的围度较小，这种形态特点有利于下肢力量发展，但在速度、爆发力方面不如男子。故可多安排一些中小重量的快速力量练习发展动作速度。由于女子肌肉纤细，肌肉占总体重的35%左右，每平方厘米肌纤维女子为7.1千克（男子为9.2千克）。女子的最大力量是男子的53%~74%，女子最大肌力是男子最大肌力的53%~74%。女子相对力量也小于男子。女子椎间盘比男子厚，关节囊和韧带比较薄，因而关节活动范围大，柔软性较男子好，动作协调优美。女子在糖的有氧代谢能力和心血管系统功能方面高于男子，利用脂肪酸供能方面也高于男子，故女子具有较好的力量耐力，能承担较大的负荷量和强度。女子在利用肌肉弹性能量方面要强于男子。在停止训练后，女子的力量比男子消退得快。

鉴于上述原因，女子举重运动员要加强一般身体训练和专项身体训练。在一般身体训练中，可以通过各种跳跃练习、跑步、球类活动，以及柔韧、灵敏性练习等提高身体机能水平和一般运动素质。专项体能训练应该侧重于专项力量的训练，特别是爆发力、绝对力量和专项力量耐力训练。此外，应加强上肢支撑力量、腰背部肌群力量和腿部力量训练。

二、技术与心理训练

（一）技术训练

女子柔韧性、协调性和稳定性较好，有利于掌握举重技术。但由于女子力量较弱，爆发力和关节支撑稳定性比较差，因此要加强动作速度、力量、节奏感和支撑力量的训练。一方面在技术训练中要突出强调这方面的要求，另一方面要加强爆发力的训练，提高速度力量和支撑力量。教练员应该根据女子的特点，把女子举重运动员的技术训练、肌肉力量训练与其他专项素质训练很好地结合起来。

（二）心理训练

举重是力量的象征，历来都被看做是表现男子阳刚之气的运动项目，而女子举重打破了传统女子柔美观念，也显示了她们的阳刚之气。从理论上讲，应该是"女子男性化"，但毕竟男女心理有别，突出表现在女子胆量较小、缺乏自信、自尊心强、好要面子、依赖性大、心理承受力较差、对自己力量能力估计不足等等。解决这些心理现象要通过多方面调节。比如可以在确保每一次试举成功的前提下冲击以往的新重量；在体能下降时减小强度，确保试举成功；在比赛中安排试举力所能及的重量，确保成功率。这就是"试举成功法"，即通过每一次试举成功，树立和巩固她们的胆量、自信、自尊，使她们对自己的能力有正确的估计。当然训练和比赛中不可能都是成功，也会出现试举失败的情况。试举失败时要弄清楚原因，是主观原因还是客观原因，要了解诱因。一般可以通过"语言法"和"暗示法"给予精神开导和鼓励，多肯定长处，少批评缺点，且方法要得当，以此消除她们的精神顾虑。同时管理要妥当，不要事事管得太紧太细，要有目的地逐渐消除她们的依赖性，树立独立性。

女性爱美是天性，尤其是体形美。举重是一项艰苦、劳累的体能项目。突出的力量训练特点以及下蹲类、上拉类、支撑类的动作训练必定导致运动员腿粗、腰粗、肩宽和手臂粗壮的肌肉形态。另外，举重训练还有一个突出的特点就是训练器械的铁质性。这种铁质性容易引起女孩娇嫩的手掌磨出血泡，甚至撕破。有些初级训练者由于提铃环节要领掌握不好，杠铃杆上拉时磨破小腿。有时由于挺举翻铃技术衔接不好，杠铃杆下砸或重量压在胸锁关节处，造成出血和肿胀现象。要消除由于上述情况所引起和造成选手们的思想负担，首先在训练的内容设计、动作速度的安排、负荷量与强度的搭配上应有科学性。其次训练时每一次试举都要求动作标准。再次不要随意地大幅度地增加体重，越级别参赛。最后是注意她们的内涵修养，培养气质，使她们的内心以此为骄傲。

女性还有正常经期和人工经期现象，正常经期容易引起头痛、失眠、精神抑郁、易于激动等轻度的神经系统不稳定症状，而人工经期毕竟是人为地打乱正常的月经规律，容易引起心理不适。对此，教练员应该高度重视，预防心理波动影响训练。

三、经期训练与比赛

　　月经是指女子有规律地周期性的子宫出血现象，是一种正常生理现象。出血的第一天为月经周期的开始，两次月经第一天的间隔时间称为一个月经周期，一般为28~30天，正常月经出血持续3~5天，称为月经期。由于个人情况不同，月经期所表现的各种心理、生理反应也不同。持续时间有长有短，出血量有多有少，不适反应有强有弱，承受运动负荷能力有大有小。因此，应根据她们的不同反应区别训练，以利于保护女运动员的身心健康和提高运动水平。

　　运动员在月经期多数表现为正常型（占64%），此类经期自我感觉良好，运动能力不变，心血管机能试验正常。抑制型（占23%），月经期自觉疲乏无力，嗜睡，体力及一般工作能力下降，厌烦训练。兴奋型（占10%），经期情绪异常激动，各种生理指标有提高的趋势，肌肉发紧，动作僵硬，下腹有痉挛性疼痛，头晕、睡眠差、心率快，呼吸频率增加，血压升高。病理型（占3%~5%），月经期感觉腰背疼痛，头痛，睡眠不佳，恶心，口渴，全身不适，不愿训练。

　　一般情况下，月经期间盆腔充血，子宫血流量增多，因此，有些运动员感觉下腹、腰骶部有下坠感，在此期间动作安排上应少做，严重者避免做深蹲和腰腹肌练习。如果有必要做下蹲动作也应安排浅蹲或半蹲动作，同时运动负荷强度和量应适当减少，可等经期之后再适当增加。要特别注意结合月经周期安排训练计划。正常型经期技术训练安排可用高抓替代下蹲抓、高翻替代下蹲翻，运动负荷稍微减少；抑制型与兴奋型经期训练安排可以多一些上肢力量练习，运动负荷做适当调整，严重者可安排停训1~2天；病理型经期应当根据严重程度停止训练2~3天。总之，月经期训练应根据反应的不同类型，区别对待地安排训练；结合月经周期安排运动量节奏；对初潮的少女应给予更多的关心；经期1~3天适当减量。

　　女运动员常常会碰到比赛期间与月经期间相一致的情况，这就面临两种选择：一种是在月经期间参加比赛；另一种是人工控制月经周期，使其与比赛期间错开。选择在月经期间参加比赛者应是正常型运动员，在比赛期能够正常训练，很好地完成训练指标，比赛时能够把竞技状态调整到最佳，至少是正常。选择人工控制月经周期的对象应是平时尚未养成经期训练习惯，经期有明显不良感觉，体力下降，影响运动能力发挥的运动员。

　　人工控制月经周期可分为提前和推迟行经日期两种方法。需要选择何种方法，提前或推迟的天数应根据个体差异进行安排，总之是以到比赛时能够形成最佳竞技状态的标准为主。经期比赛前应注意休息、营养、保暖和卫生，在可能的情况下尽量少减体重。比赛期间，还需要注意同室队友的安排，有可能某个队员来了例假而"传染"给另一个的现象，使得经期调整前功尽弃。最后不管是训练和比赛必须注意运动员的月经失调现象，在失调的情况下，训练和比赛的计划也应随之调整变化。总之，要从实际出发，区别对待，使运动员在较好的机能状态下去参加比赛，从而取得较好的运动成绩。

思考题

1. 请说明技术训练的内容及要求。
2. 试举重量增加战术包括哪些具体内容？
3. 请简要说明举重运动员心理训练的方法。
4. 某运动员一次训练完成各项练习共举100次，总负荷量为11500千克，他的最佳总成绩为290千克。请计算出该运动员的强度系数。
5. 简要说明举重运动员多年训练计划的主要内容。
6. 运动员为什么要写训练日记？训练日记包括哪些内容？
7. 举例说明儿童少年训练应注意的问题。
8. 如何安排女子举重运动员的经期训练和比赛？

第六章　举重竞赛

内容提要：

本章重点阐述举重竞赛的意义与任务、举重竞赛的特点、举重竞赛的制胜因素；赛前准备工作，赛前训练，确定参赛级别、制定开把重量，熟悉比赛环境；比赛发挥，运动员自身竞技水平发挥、教练员的临场指导、比赛中的突发因素；赛后总结与恢复训练等。使学生掌握举重竞赛的基本知识，培养基本能力，胜任一般举重竞赛的参与、组织和相关工作。

运动竞赛是在裁判员主持下，按统一规则要求，组织与实施的竞技较量。本章的举重竞赛主要指运动员在教练员的指导下，为了检查教学和训练效果，促进运动技术水平提高，而专门组织的一种教育过程。运动员通过训练不断提高的竞技能力，只有提高竞赛的形式表现出来，才能得到社会的承认，满足社会成员的需要。学习和掌握举重竞赛的有关理论，对运动员的参赛和竞技水平发挥有重要意义。

第一节　举重竞赛概述

一、举重竞赛的意义与任务

（一）举重竞赛的意义

举重竞赛的意义主要是检查训练效果，促进举重技术水平迅速提高；促进运动员的相互学习和交流；发现和选拔新生力量，推动群众性举重活动的开展；丰富大众文化生活，振奋民族精神，促进国际交流。

(二) 举重竞赛的任务

第一，把运动员平时训练中所达到的运动技术水平，通过比赛转变成竞技能力；

第二，提高运动员适应比赛的能力；

第三，使教练员的执教能力通过比赛得到升华，并转变成掌控运动员比赛的能力；

第四，创造优异成绩，促进举重运动发展。

二、举重竞赛的特点

第一，举重是按年龄分组、按体重分级的竞赛项目。

第二，举重竞赛中，因为动作快，成败界线分明，竞争公平性强。

第三，运动员名次的取得主要依靠自身的竞技能力水平，较少受对手影响。

第二节 举重竞赛的制胜因素

研究制胜因素，掌握制胜规律，有针对性地提高竞技能力水平，是夺取优胜的重要前提。制胜因素是竞争双方取胜对手的要素。制胜因素之间的本质联系是指各要素之间的相互关系及组合方式。制胜规律是在竞赛规则的限定下，在竞赛中战胜对手夺取优异成绩所必须遵循的准则。举重运动实践证明，人们对制胜规律的把握首先是从制胜因素的分析入手，逐渐深化到对制胜因素的本质规律的认识。

举重是我国优势竞技项目之一，在60多年的发展过程中取得了突出成绩。我国举重界的专家学者在长期实践的过程中，不断探索举重项目的发展规律，进而总结出举重项目的制胜因素。举重运动的制胜因素就是力量、技术及心理素质这三方面的完美结合。

一、突出的最大力量

举重是体能主导类快速力量非周期性动作结构项目,其竞技能力的基本特征是在极短时间内爆发出最大力量。因此,突出的最大力量是夺取优胜的重要因素。

力量是提举杠铃的根本动力,举重过程中,无论是提铃、发力、下蹲支撑与起立、上挺支撑与放下杠铃,都需要有强大的力量做基础。力量分为最大力量,速度力量(即爆发力)及力量耐力。举重竞赛比的是参赛运动员所能举起的最大重量。为了不断提高运动成绩,在比赛中取得优胜,举重运动员必须发展力量,不断提高自身所能举起的最大重量。因而,对于举重运动而言,突出的最大力量是运动员在比赛中取胜的最重要因素。其中,对于下肢、腰背和上肢的最大力量要求最高。

例如,男子 105 千克以上级选手总成绩要达到 472 千克(抓举 212 千克,挺举 260 千克)的世界纪录水平,其主要力量指标必须分别相应达到实力推 130 千克、后深蹲 380 千克、硬拉 390 千克。女子 75 千克以上级选手总成绩要达到 333 千克(抓举 146 千克,挺举 187 千克)的世界纪录水平,其主要力量指标也必须相应达到实力推 95 千克、后深蹲 250 千克、硬拉 250 千克。

当然,由于举重运动属于短时间爆发力项目,用力持续时间短,并且按体重级别分组进行比赛,故具备一定的相对力量及力量耐力也是非常重要的。

二、完善的技术

我国举重教练员和科研工作者经过长期的总结和探索,将举重技术归纳为近、快、短、稳、协调性等五项技术原则。这五项技术原则中,近是基础,快是关键,短是重要手段,稳是保障,协调性是优化条件。

实践表明,只有力量而缺乏技术不能构成良好的举重能力。如果说 100 多年前竞技举重运动处于起步阶段,力量在构成举重能力中起绝对作用的话,到了今天运动训练水平这么高,体重分级这么细的时代,单靠力量企图举得最重、赢得胜利已变得绝无可能了。今天如果强调举重主要是力量性项目,那么这种力量便应该是与技术密切结合的专项力量。

当今世界的优秀运动员莫不娴熟地掌握了正确合理的举重技术。而那种单纯靠巨大力量的举重运动员，在当今优胜者的队伍中早已消失不见。例如，20世纪50年代力量极大的美国运动员安德森·保罗（体重150千克以上），能硬拉1600千克，后蹲550千克，肩背负重2840千克，但因缺乏速度和完善的技术，挺举只达到200千克左右。而在20世纪90年代末，世界最优秀的70千克级运动员，虽然基础力量大大小于安德森·保罗，但挺举早已突破200千克。可见技术在发挥力量、构成举重能力方面起着巨大的作用。

没有力量，技术再好也等于零；没有技术，力量再大也无法发挥。只有突出的最大力量和完美技术的最佳结合，才能为创造优异成绩奠定基础。

三、良好的心理素质

举重项目的特点决定了举重比赛需要运动员具备出类拔萃的良好心理素质，大赛中仅凭力量和技术而心态不稳也不能取得好成绩。举重比赛的试举要在瞬间完成，在数秒内立判成败，负荷极大，动作过程中几乎无法纠正错误。在比赛气氛的压力下，运动员需要集中全部精力，动员最大力量顽强拼搏，同时又需要具有清醒感觉（重量感、时空感）和自我控制能力才能准确完成动作，获得试举成功。举重比赛所需要的这种强烈的好胜冲动和冷静的控制能力，结合在一起就形成了举重独特的心理素质。

举重是一种挑战自我的运动项目，运动员在举重台上面对沉重的杠铃、强劲的对手以及观众群，有些运动员还必须承受取得好成绩的压力，所以心理素质对于举重运动员而言十分重要。

综上所述，突出的最大力量、良好的技术和心理素质完美地结合，才能构成整体的举重能力。这三种因素又是互相制约、相辅相成的。只有各部分肌肉群具备足够的力量，才能用大重量完成正确的技术动作；只有正确合理的技术，才能充分发挥力量；也只有具备足够的力量和完美的技术才能在比赛时充满信心，保持稳定的心理状态。同样，具备了稳定的心理素质和顽强拼搏的精神，就往往能在势均力敌的激烈争夺中充分调动精神力量，征服重量取得胜利。

正确认识构成举重能力的制胜因素，并通过先进有效的手段和措施发展这种能力，就把握了举重项目的制胜规律。遵循制胜规律，发展举重能力，使举起的重量越来越重，正是举重运动不倦追求的目标。

第三节 赛前准备工作

举重竞赛按其性质、规模和种类不同，各有相应的目的和意义。如参加奥运会、亚运会等重大比赛，其目的主要是夺取金牌，振奋民族精神，为国争光。通过竞赛还可以加深与各国选手的相互了解，增进友谊，扩大举重运动的影响。因此，要充分认识比赛的意义并为此做好赛前准备工作。举重运动员的赛前准备工作包括赛前训练、确定参赛级别、制定开把重量、熟悉比赛环境等内容。

一、赛前训练

赛前训练是赛前准备工作中很重要的一环，它是培养最佳竞技状态的主要途径。赛前训练根据比赛的重要性以及目的和任务的不同，有多种安排。重大比赛前的训练安排不仅决定于运动员之前训练负荷的大小，也和运动员个人特点和习惯以及客观条件等有关。

赛前训练的中心任务就是使运动员从身体、技术、战术、心理、恢复、智力和思想等各方面做好充分的准备，努力提高训练水平。竞技状态实质就是各方面训练水平得到提高，并为比赛做好充分准备的一种综合表现能力。

赛前训练的时间一般为一个月，前半月变化不大，最后两周从内容到方法的变化均比较明显。在安排上应注意下列几点：

（1）一般身体训练的内容应更加结合专项特点，要少而精，可以保留弹跳力和柔韧性练习。赛前两周可以暂停一般身体训练，而只保留早操，主要目的不是发展身体素质，而是保持运动员早睡早起、适量运动、定时饮食的习惯。

（2）力量练习的内容应突出重点。对于主要力量性辅助动作（如深蹲、速拉、硬拉、支撑类动作等），必须每周安排3~4次，保证一定的运动强度，但要适当减少组数和次数，从而达到减少训练课的总负荷量。这时的训练目的是使运动员身体各部位的力量指标保持在最高水平上，以迎接比赛。

（3）技术强度训练的比重应适当加大。在赛前2~4周内，两项竞赛动作最好能在同一次课内，达到自己的极限或次极限强度1~2次，拟作为比赛时第一次试举的重量，并能够多次出现，且保证成功率。不举则已，举则成功，以增强自信心。安排技术强度时，应减少每组的次数，每组间隙可适当变化（与平时相比可适当延长），以适应比赛的要求。

（4）加强战术意识的训练和培养。随着举重技术规则的修改，运动员每次试举重量必须是1千克的倍数，这使体重在战术中的重要性下降，而试举重量在战术中运用的重要性则更加突出。所以，在日常训练中，对习惯的加重方法可适当改变，可以增加1千克，提高运动员的耐力和意志力；也可以增加10千克甚至更多，以提高运动员的适应能力和激活内在潜力，从而提高运动员在比赛中战术运用的自信心。

（5）赛前的恢复训练非常重要，应予高度重视。其中心任务就是要保证前一阶段训练积累的疲劳得以充分消除，使体力得到恢复，创伤尽量治愈，从而使运动员能够身强力壮、精力充沛、信心十足地投入比赛。

（6）结合比赛实际加强智力训练。对比赛中可能会碰到的各种情况进行相关知识的教育，如减体重、比赛时间安排、赛前的生理反应、熟悉规则、竞赛场地内外变化、心理自我调整等。

（7）制定科学的训练计划。赛前要给运动员一个恰当而明确的目标，如果目标含糊、不明确，即使训练计划制定得再好，步骤安排得再得当，也会让运动员感到无所适从。训练计划是为目标服务的，目标要得到运动员的认可，不可凭空想象。为实现目标运动员和教练员要密切配合，拧成一股绳，齐心协力。当然，在实现目标过程中会出现这样那样的困难和矛盾，这就要及时分析采取对策，加强引导，减轻运动员的思想顾虑。训练计划是死的，怎样把它活起来，是把握尺度的问题，它体现出一个教练员的水平。制定科学的训练计划主要要点是：总负荷要减少，强度适当提高；辅助动作要减少，竞赛动作适当增加；完成动作要轻松自如，留有余地；练后要有一定的疲劳感，但疲劳不深，到下一次训练课前疲劳就能消除。

（8）建立科学的训练平台。赛前应把训练平台建筑在科学合理的高度上。高度过低，只会消耗运动员的体力和精神，激发不起运动员训练的积极性，达不到量的积累；而高度过高，运动员很容易出现伤病或兴奋点出现过早。多年的实践证明，这个高度在90%~100%为最合适，但100%的重量要尽量少做或不做。在这一区间里，做多少次数、多少组数、什么时候上强度、什么时候调整和间隔多长，这些都要根据运动员的个体差异，如恢复的速度、承受重量的能力等因素而区别对待。

二、确定参赛级别

运动员参加的比赛级别应尽早确定，以便在思想、训练、物质及控制体重上早做准备。如何确定比赛级别，可以根据比赛需要而定，是升一级比赛有利，还是降一级比赛有利，这不仅会影响运动员的个人名次，而且直接关系到团体总分的排序，安排得当，有时弱队可以战胜强队。确定运动员级别时，主要应注意下列几点：

第一，要充分了解对方参加比赛人员的名单、级别、体重和成绩，然后根据对对手的分析判断，再做出本队的安排。

第二，个人的级别安排要服从于对团体取胜是否有利。

第三，体重如超过级别标准太多，则应服从长远利益，以升一级比赛为妥。

三、制定开把重量

确定开把重量这是主观判断的问题，然而判断的依据是客观存在着的各种因素。因此，开把重量选得是否恰当，就是主观判断是否符合客观实际情况，开把重量的制定符合客观实际情况就能使运动员的技术水平得到充分的发挥，反之就会起限制作用，打乱自己的节奏。要使主观和客观相一致，确定开把重量之前，必须认真分析各种有关因素。

1. 平时训练

平时训练的水平是确定开把重量首选考虑的因素，特别是赛前一个月训练的各种情况，包括训练最高成绩、技术动作的成功率、体力好坏与疲劳消除情况、赛前训练节奏的把握、生理综合反映情况，以及竞技状态的形成情况等。一般来说，赛前训练情况比较好的，比赛成绩也往往比较好。

2. 心理状态

心理状态也是开把重量应考虑的重要因素之一，尤其是运动员的信心。运动员这方面的表现主要有以下三种情况：

(1) 赛前紧张、害怕、信心不足。此种情况多见于新手或者是几次比赛失败以后的运动员。解决的办法有：

①查找心理原因，进行心理辅导，创造条件让运动员参与更多的比赛。

②用鼓励的语言，消除运动员的心理障碍以增强信心。

③试举重量采用保守的重量，尽量稳一些。

(2) 赛前信心很足，但对自己的能力估计过高。大多数运动员都是属于这一类，训练了几年但还不是很成熟，在以往的比赛中都有良好的表现，会主动与教练吵着要比较高的试举重量，自己信心很足，但较少考虑不利因素，如赛前睡眠是否正常、是否减体重和减多少、赛中等待试举时间是否比较长、比赛环境是否有利等因素，对此，教练员应做好以下工作：

①应避免头脑发热，要考虑运动员体力和精神状态。

②以肯定和鼓励运动员的信心为主，把自信心引导到试举的高成功率上，而不挫伤运动员的积极性。

③要以我为主，采取主动，发挥自己的最高水平。

(3) 既充满信心，头脑又比较冷静清醒，对自己的估计比较客观。这些运动员往往是比赛经验较丰富的老选手，经历过各种大赛的锻炼，对自己赛前状态能较准确地判断，教练员应多听他们的情况反映和对试举重量的建议，但不要过分迁就，要与自己对情况的分析判断综合起来考虑，以确定试举方案。

3. 运动员是否减体重

减体重对运动员的体力影响是显而易见的，但也存在着个体差异，有的影响较大，除体力下降外，甚至会出现肌肉抽筋的情况；而有的则影响较小。教练员只能在比赛中摸索和总结每个运动员的特殊规律，以确定试举的重量。但还有以下几个因素需考虑：

(1) 减体重多者影响大些，而少者影响小些甚至不受影响。

(2) 轻级别影响大些，重级别影响少些。

(3) 脂肪少者影响大些，而多者影响小些。

(4) 力量小而技术好者影响大些，力量大而技术差者影响小些。

(5) 快速减体重且多者影响大些，而小者影响小些甚至不受影响。

4. 比赛经验及以往比赛的发挥情况

运动员参赛越多，其参赛经验就越丰富，越善于控制好抓、挺的体力分配，越能发挥平时的最好成绩。但也有些运动员虽参赛多次，仍难以在比赛中稳定地发挥平时应有的水准，因此，参赛多与水平的发挥未必都能成正比。

参赛不多、经验不足的新手，试举重量一般应力求稳一些，要以我为中心，稳扎稳打，保证试举的成功率，以成功率取胜。当然，也有些初生牛犊不怕虎的新手能发挥平时的最好成绩，甚至超出平时的最好成绩，但这仅是个别现象。

认清赛场对手情况也是非常必要的，这也是确定试举重量应考虑的因素之一。如运动员拼搏能进入前八名或前五名，甚至能进入前三名的试举重量，也要把握机会，顽强拼搏，争取创造较好成绩。

四、熟悉比赛环境

熟悉参赛环境是运动员赛前不可忽视的重要部分，对运动员增强信心并做到心中有数有着积极的作用。运动员熟悉参赛环境主要从以下几个方面考虑：

（1）赛前的热身场地与比赛台的距离有多远，大概要走多少时间。

（2）比赛台大概有多高、与观众看台有多远距离，比赛台的灯光设置或光线是否会刺眼。

（3）热身场地与比赛场地是否有温差，温差大概有多少。特别在夏天比赛，有时在热身场地室温较高，而竞赛场地开冷气室温较低，身体感觉有点凉，由于温差的变化，会降低运动员的兴奋性。

（4）比赛台的台阶设置是否合理，稳固程度如何等等，这些对运动员的心理因素都有一定的影响。

（5）杠铃杆的转动性能。

（6）举重台组装的平整性。

（7）举重台表面油漆的光滑性如何，是否要用松香。

（8）热身场地与比赛场地之间的通道是否平整。

（9）洗手间及更衣室位置。

（10）运动员休息室的位置及设备。

（11）称量体重室的位置。

（12）赛场出入口的位置。

（13）接送运动员到赛场的车辆安排及往返车辆的等候位置。

(14) 赛会新闻厅位置。

(15) 兴奋剂检查中心位置。

(16) 要适应地点、气候、时差、温度、饮食等自然因素。不同地点之间各方面情况差异是很大的，地点的改变可能会带来因气候造成的干湿、气温的变化，还可能会带来时差及饮食习惯等各方面的改变，如不事先熟悉参赛环境，有可能会给运动员生理和心理上带来不利的影响。

第四节　比赛发挥

比赛发挥主要指运动员在比赛中竞技水平的发挥和展示程度。充分发挥竞技水平，创造优异成绩是运动员参加比赛的重要目标。与比赛发挥有关的因素有运动员自身竞技水平、教练员的临场指导能力、比赛中突发因素的影响等。

一、运动员自身竞技水平的发挥

运动员竞技水平的发挥要靠赛前有序的训练节奏、充分的热身活动准备以及良好的心理状态来实现。

（一）赛前有序的训练节奏

赛前有序的训练节奏是保证在比赛中正常发挥的基础，只有通过训练量的积累，才有厚实坚固的技术的发挥。有些运动员在赛前训练中，往往过分贪求大强度，其原因主要有：兴奋性高，竞技状态已逐步形成；信心不足，自己觉得心里没有底。但不管是出于哪一种原因，教练员都应讲清楚道理，严格控制计划外的大强度练习。一般来说，赛前对技术强度控制严一点为好，这样，一方面可防止运动员过度兴奋，防止竞技状态的过早出现；另一方面能够保证到比赛时运动员有举大重量的强烈欲望。这时的技术训练，除一般要求协调、准确外，应强调速度和节奏。

（二）充分的热身活动准备

热身活动准备充分是保证比赛正常发挥的基本要求，热身活动要有张有弛，不要太过急促，以免给运动员造成紧张。在比赛中，常会出现对手改变试举重量或者试举弃权的情况，这势必影响出场的次序和时间的变化。因此，教练员要及时注意场上情况的变化，及时调整运动员准备活动的节奏，以免措手不及或使运动员等待试举太久。

（三）良好的心理状态

良好的心理状态是保证比赛正常发挥的根本，参加比赛的目的要明确，是练兵、通过运动员技术等级、破纪录还是拿名次，教练员要与运动员在赛前沟通好，让运动员在思想上有所准备；其次摆正自己的位置，在参赛级别中处于什么位置，在保证试举成功率基础上，提要求出成绩；最后要发扬顽强拼搏、奋力争夺的精神，在争夺较好名次时，运动员要放下包袱，有敢于拼搏的意志。

二、教练员的临场指导

赛场比赛情况往往是错综复杂、千变万化，临场指导工作非常重要。比赛胜负除取决于选手的训练水平及实力外，还取决于教练员的临场指挥，要扬长避短，出其不意地打乱对手出场节奏，以抑制对手的兴奋点，使自己取得主动和优势。特别是在势均力敌的情况下，正确的临场指导是取得比赛胜利的关键。临场指导的基本要求：

第一，充分调动运动员的参赛能力、克服困难、顽强拼搏是临场指导的核心工作。

比赛是教练和运动员共同参与的实践活动，教练员制定方案、战术要通过运动员的实战运用才能实现，否则只是纸上谈兵。决定比赛的胜负，主要还是要靠运动员克服困难、临场发挥和顽强拼搏。因此，充分调动运动员的参赛能力，发挥运动员的聪明才智乃是临场指导工作的核心问题。

第二，有的放矢，知己知彼。这是实现正确指导的前提。

赛前教练员要对运动员参赛级别做全面分析，例如了解对手的训练成绩、是否降体重和降多少、以往的比赛及成功率、运动员是否有伤病等，只有深入了解情况摸清底细，指导工作才能有预见性，才能按照赛前计划，逐步实施，比赛才能争得主动和优势。

第三，及时调整运动员的心理状态是临场指导工作的中心环节。

比赛现场是错综复杂的，对手的情况有时是不能完全准确预测的，会碰到这样那样的问题。有的运动员第一次试举成功后，第二次试举增加重量较多，或者运动员连续试举失败，这样就会打乱运动员的试举安排，此时教练员要及时地做出正确的决断。及时调整运动员心理状态，进行安抚和正确的引导，增强运动员的自信心。

第四，保持清醒头脑，灵活运用战术是取胜的关键。

对于赛场的变化，运动员和教练员要保持清醒头脑，沉着应对，而不要随意改变原来的计划，打乱自己的步骤。随着比赛的深入，适当调整比赛计划在所难免，教练员要随时应对，多谋善断，及时更改自己的战术方案，运用两次更改试举重量的机会，灵活运用战术。

三、比赛中的突发因素

在激烈的比赛中，难免会出现一些突发事件，此时教练员应遇事不乱，果断应对。

（一）比赛中的主观突发因素

(1) 运动员对比赛激烈程度准备不足，产生肌肉僵硬，技术动作变形。
(2) 想赢怕输的心理压力，使自己无法放下包袱。
(3) 由于紧张产生尿频尿急。
(4) 抓举比赛结束后，运动员产生饥饿感。
(5) 降体重太多，肌肉抽筋。
(6) 肌肉受伤。
(7) 比赛服装或护具不符合规则要求，裁判员要求运动员重新整理。

（二）比赛中的客观突发因素

(1) 走道或场地不平整，使运动员绊脚或摔倒。
(2) 运动员突然减轻杠铃重量，使自己等候试举时间过长。
(3) 运动员突然加大重量，使自己准备活动不足。
(4) 举重台太滑。
(5) 比赛杠铃杆有血迹，使运动员有厌恶情绪。
(6) 由于裁判员的失误，叫错运动员出场，而要重新出场。
(7) 由于裁判员的失误，杠铃两端加的重量不平均或加的重量轻于所要的重量，需重举一次。

（三）应对突发事件的措施

教练员在赛前应做好应对突发事件的充分准备，无论是主体还是客体，各方面都要考虑周全，做到应对有方寸，具体措施如下：

(1) 对于主体引起的突发事件，影响运动员赛前最佳状态的心理变化，教练员要在赛前做好充足的准备并给予足够的重视。对于比赛中紧张的运动员，要加强心理辅导，不施加压力，尽量少谈或避谈比赛结果，创造一种宽松愉悦环境，尽量满足运动员的赛前要求和习惯；充分发挥队医和辅助教练的作用，做好物质上的准备。

(2) 对比赛前和比赛中运动员出现的伤病，以及抽筋和头晕等不适现象，首先教练员要保持冷静，切勿惊慌失措，手忙脚乱。其次要采取应急措施，对出现的小伤病要及时止痛，恢复功能；对出现的大伤病或急性损伤，不要随意处置，要请医生仔细检查，送医院治疗，以免耽误医治的时机。同时对运动员进行安慰和鼓励，尽量解除其顾虑，克服恐惧心理，并征询其意见，是否继续参赛，不要草率决定放弃比赛。

(3) 运动员的比赛服装或护具，在赛前的准备活动时就要穿戴齐整，以便尽早进入角色并适应穿戴后进行活动的感觉。切忌出场前草草着装马虎了事，结果被裁判员要求重新整理，从而影响运动员的赛前状态。

(4) 对于比赛前兴奋性太低或情绪不振的运动员，教练员可用重手法快速按摩其肌肉群或涂抹刺激性油质，刺激神经中枢，以提高其兴奋性，并用激将法或鼓励的言语加以鞭策；对于运动员赛前习惯性行为遭遇破坏，教练员可用事例或安抚言语、动作给予鼓励，甚至采用强烈批评，促醒运动员。对于兴奋性很高，出现过分高估自己或因着急而手忙脚乱的队员，教练员可让其轻微闭目一二十秒，使其情绪安定一下，然后简单提示一两点动作要领，再让其从容不迫地上台试举。

（5）由于客体引起的突发事件，往往会影响运动员最佳竞技状态的发挥。为减少此类事情的发生，教练员和运动员在赛前尤其要熟悉比赛场地，对比赛中要行走的路段要进行认真仔细地观察并试走一下，避免比赛时绊脚或摔倒而影响情绪。

（6）在比赛中，对对手突然加大或降低试举重量，教练员应早有预防和准备。对后场准备活动时间的掌握，应充分考虑运动员的习惯。一般来说，准备活动是宜早不宜迟，如各类基层比赛和全国青少年比赛，因比赛进程较快，故在掌握准备活动时间上，要有一定的提前量；而对于全国锦标赛、冠军赛和国际大赛，由于试举重量的战术运用较多，故在活动的过程中，可根据场上的比赛进程，适当调整自己的间歇时间。正常情况下，离上场还有20~25次试举时，开始准备活动较为合适；最后一次准备活动与自己上场时间控制在2~3分钟。如果准备活动做得太早，则每隔3分钟用中等重量再活动一次，以防止身体变凉和兴奋性降低；如果准备活动做得太晚，则可适当缩短间歇时间或增大加重的幅度来调节。

（7）教练员在运动员每次试举后，要向运动员询问试举的情况，如发现场地、器材及器材摆放位置等存在问题，则应在运动员下次试举前向技术监督提出，以保证运动员的良好心态和最佳水平的发挥。

（8）比赛中出现裁判员错判、误判等问题时，教练员要保持头脑冷静，心平气和地向技术监督提出质疑，向仲裁委员会提出申诉，即使得不到满意的解决，也不要牢骚满腹，甚至出现罢赛、不参加颁奖仪式等情况，应尊重裁判、顾全大局。

第五节　赛后总结与恢复训练

赛后总结和及时进行恢复训练是举重运动不可忽视的重要内容。

一、赛后总结

每场比赛以后，教练员要及时小结；全部比赛结束后，全队要及时总结。

(一) 每场或每天总结

对比赛的级别进行实力分析，有哪些运动员是该级别的竞争对手，应该采取何种策略应对？对自己的参赛队员技、战术的运用是否合理，各方面的协助有无待改进的地方，赛前的准备情况如何，运动员的发挥水平情况如何等进行总结。

(二) 全部比赛结束后的总结

比赛结束后全队要实事求是地及时总结，对比赛成绩好、表现好的运动员要进行表扬和鼓励；对存在的问题要从根本上查找原因；在比赛中暴露出的技术、战术、训练、思想教育、生活管理等各方面的不足要联系实际进行总结，做到比赛一次，提高一次，以利再战。

二、恢复训练

(一) 赛后恢复训练的要求

赛后恢复训练能尽快促进有机体恢复过程，消除疲劳，以便迎接新的训练和比赛任务。具体有以下几个方面的要求：

第一，恢复训练也应遵循训练原则。

第二，恢复手段的内容、数量和时间的安排，应与运动量的特点和运动员机体的反应相适应。运动员机体的疲劳反应是由运动负荷的特点所决定的，身体某部分负荷量越大，反应也越大，因而对于恢复手段和方法的选用，在内容、数量和时间的安排上也就应该与其一致，这样才有针对性，才能收到好的效果。

第三，恢复训练应该有计划地进行。应将恢复手段和方法作为完整训练计划的一部分来安排。

(二) 赛后恢复训练的手段与方法

一套完整的恢复手段应该是综合利用教育学、医学、生物学和心理学等方面的一些方法。下面根据国内外举重运动训练实践,介绍一些常用的恢复手段与方法。

1. 一般的恢复手段与方法

一般的恢复手段与方法是直接贯穿在运动训练的全过程中,其主要内容有:

(1) 改变各次训练课之间、比赛之间和练习之间的休息时间,以达到调整恢复的目的。

(2) 改变周、月、年训练计划,调整负荷。例如,休整期的安排,大、中、小运动量的节奏等。

(3) 合理安排作息制度,其中重要的是保证运动员要有足够睡眠。

2. 放松练习

训练以后采用放松练习对运动员的恢复有良好作用,这些练习应作为计划的一部分安排在训练的结束部分。具体手段和方法有:

(1) 慢跑步:0.8～1.2 千米的放松慢跑能全面促进有机体的恢复,并且能预防举重运动员的膝关节损伤。放松慢跑能增加局部疲劳肌肉群(特别是下肢)的血液循环,而且由于改变了工作节奏和呼吸室外的新鲜空气(从举重馆内的大重量负荷到室外操场上的轻松自如的慢跑),这些都能起到良好的恢复作用。慢跑步可安排在训练课的结束部分和早操时进行。

(2) 反向拉长练习:举重训练的显著特点是长时间的大重量负荷,练习时机体的某些器官特别是脊椎,经常处于被压迫的状态,据测量,练习后的身高比练习前平均低 1 厘米左右。因此,在训练课的结束部分,安排各种与主要训练内容方向相反的拉长性练习,是很有必要的。这些练习可以使有关器官得到拉长和伸展,使其恢复到原来的机能状态,这对加速机体恢复和预防运动损伤都是有好处的。这些练习有:

①悬垂屈膝举腿和悬垂直腿左右和前后摆动。这一动作可以在肋木或单杠上练习。

②斜板仰卧起坐(脚在上头在下)。

③倒悬垂。这也是反向拉长练习的一种,对于消除腰部疲劳和预防腰部损伤有较好的效果。做法是:将双脚套在特制的倒悬垂保护带内,然后自己或者依靠别人的帮助,将身体倒吊在单杠上,再利用自我暗示使自己的神经系统、肌肉特别是脊柱充分放松。倒悬垂时,由于人体的自身重力作用,脊柱被牵拉而恢复到

正常的状态，神经系统和全身肌肉也得到了放松。练习时间一般为 4～7 分钟比较合适，这时基本上可使身高恢复到训练前的水平。如时间太长，则关节囊及韧带由于受到过分的牵拉，反而会引起肌肉产生自我保护的牵张反射，从而使肌肉韧带处于紧张状态而不能放松。

3. 按摩

按摩是举重运动员用来消除疲劳和预防运动损伤的一个重要手段。各种按摩能够改善神经系统的调节机能，使肌肉内毛细血管开放增多，加强局部的血液供给，改善营养的供应；能改善物质代谢过程，促进代谢产物（如乳酸）消散，使肌肉放松；还能加速静脉回流，减轻心脏负担。

目前国内外举重训练中使用的按摩手段和方法主要有：

（1）徒手按摩。这是主要的一种。以消除疲劳为目的的恢复性按摩，主要是在训练课的结束部分或课后、浴后、睡前进行。主要应按摩负担量最大的身体部位，如腰背、肩部周围、大腿和臀部。

按摩的手法，在关节部位以揉为主，开始时先做几次轻推，然后用揉与重推交替进行，有时可加按压，最后以轻推、运拉结束。在肌肉部位则以揉为主（占总时间的 60%～70%），同样以轻推开始，再以揉捏与重推、按压、叩打、抖动等手法交替进行，最后以轻推、抖动结束。总的说手法应轻一些，时间应长一些，以起到镇静作用。

按摩时应先按摩大肌群，后按摩小肌群，做完一个部位再做另一部位，顺序进行。应使被按摩者处于舒适的位置，被按摩的肌肉要充分放松。一次按摩的时间为 20～30 分钟。

有条件的可以由运动医生按摩，没有条件的可以由运动员相互按摩。自己也可以揉捏、拍打、抖动等手法对主要部位进行一些自我按摩。

（2）振动按摩。这是利用电颤动对主要肌肉群进行按摩，有手枪式的按摩器等。

（3）水按摩。这是利用高压水流的冲力对负担重的部位进行按摩或进行休闲游泳。

4. 沐浴

沐浴能消除皮肤上的排泄物，促进血液循环，使肌肉放松，达到消除疲劳的目的。

(1) 热水沐浴。有条件者应在每次训练以后进行。

(2) 冷热交替沐浴。先进行几分钟热水沐浴，接着进行 30 秒钟冷水沐浴，交替进行。

(3) 漩涡浴。这是一种把水按摩和热水浴结合起来的一种方法。

(4) 蒸汽浴。一般每周进行两次，每次 15 分钟（在蒸汽浴室的时间）。

5. 紫外线照射和吸取氧气

举重训练一直是在室内进行，接受阳光照射的机会较少，适当安排紫外线照射可以促进恢复。每周可以安排 3 次，每次 5 分钟。举重动作多在憋气状态下进行，因此，训练中总是存在着一定的氧债，训练后补充一些氧气，可以加快疲劳的消除和机体的恢复。

6. 气功

练习气功可以调节神经系统的活动，加深抑制过程；以腹式呼吸为主的深呼吸，可以改善气体代谢过程；在下意识状态下引起的一些自发性的拍打动作，还能起到扣击按摩的作用。某些举重运动员采用"自发动功"，对消除疲劳、加快恢复起了一定的积极作用。

7. 营养

营养既是生活和增进健康的必需，也是最重要的恢复手段之一。它是一切运动活动所消耗的能量的最主要补充来源，也是细胞组织结构再合成所需物质的最主要来源。因此，每天必须供给运动员以丰富的营养物质。食物中应有必需的碳水化合物，以补充运动员所消耗的能量物质。但是，举重运动员的主要特点之一就是发展肌肉力量，增加肌肉体积是力量增长的主要物质基础之一，而构成肌肉组织的主要成分是蛋白质，因此，在举重运动员的饮食中必须供给比其他运动员更多的蛋白质（尤其是动物蛋白质），这对于增进健康和促进运动成绩的提高，都有着直接的关系。举重训练以后，所引起的疲劳是比较深层的，往往需要更多的恢复时间。因此，应加多维生素 B_1、维生素 C 和维生素 E 以及一些矿物质的摄取量，应多吃一些水果和蔬菜，以帮助消除疲劳和促进恢复。

某些营养性或者调理性的药物，也能起到祛疲强身的作用，可以促进恢复过程的进行。现在常用的有人参蜂皇浆、人参精、营养要素、祛疲丸以及各种维生素制剂等。

8. 心理恢复手段

包括心理调整、自我暗示、放松训练，以及组织丰富多彩的业余文化生活等。专门组织的心理机能恢复可以一周安排 1 次，每次 30 分钟，一般是在大运动量训练日的晚间进行。

思考题

1. 举重竞赛的意义和任务是什么？
2. 举重竞赛的制胜因素有哪些？
3. 如何科学合理地进行赛前训练？
4. 如何确定参赛级别及开把重量？
5. 如何使运动员的竞技水平在比赛中得到最好的发挥？
6. 赛后恢复训练的手段与方法有哪些？

第七章 举重技术规则与竞赛的组织

内容提要:

本章主要介绍举重技术规则与竞赛的组织。其中规则部分包括举重竞赛器材、场地、服装、护具,抓举技术规则,挺举技术规则,两种举式通则,犯规动作;竞赛的组织部分包括竞赛进程、竞赛的年龄分组和级别、裁判员职责、举重竞赛裁判设备等。掌握上述基本理论,培养举重竞赛能力,以胜任一般举重竞赛的组织和裁判工作。

每四年颁布一次的《国际举重联合会手册》,将举重竞赛规则统称为技术和竞赛规则(IWF Technicl and Competition Rules & Regulations,简称技术规则)。技术规则是举重竞赛的法,是举重竞赛必须遵守的规定、技术标准和行为规范。其宗旨是提倡公正竞赛,限制不规范的技术和行为,保证和促进举重运动的健康发展。

我国的举重竞赛均按照国际举重联合会的技术规则执行。举重技术规则具有一定的稳定性和连续性。但这种稳定性与连续性是相对的,随着举重运动的发展,技术规则也在相应地修改和变化,以便及时反映和适应举重发展的客观需求,并通过规则的修改与完善,促进举重运动的普及和提高,从而保持举重运动的锻炼价值,增加比赛的观赏性,提高举重运动的吸引力。国际举重联合会是制定与修改举重技术规则的唯一机构,通常每隔4年修改一次。

掌握举重技术规则与竞赛组织工作的基本程序和规范,是搞好举重竞赛的重要前提和基本要求。

第一节 竞赛器材、场地及服装

竞赛器材、场地是承办举重竞赛的前提条件,服装与护具则是对运动员参赛的要求。

一、竞赛器材

举重比赛用的器材为杠铃，它是由杠铃杆、杠铃片及卡箍三部分组成。

（一）杠铃杆

男子杠铃杆重 20 千克，杠铃杆长为 2200 毫米，杠铃杆的直径为 28 毫米；女子杠铃杆重 15 千克，长 2010 毫米，杠铃杆直径 25 毫米。

杠铃杆上必须有彩色标记以便于辨认。男子杠铃杆横杠用蓝色标记，女子杠铃杆横杠用黄色标记。这两种颜色分别与 20 千克和 15 千克的杠铃片颜色相同。

（二）杠铃片

杠铃片最大直径为 450 毫米，允许误差±1 毫米。杠铃片外面用彩色塑胶包裹，两面均涂有永久性颜色或至少在边缘涂色，杠铃片重量和颜色如下：

30 千克——黑色[❶]
25 千克——红色　20 千克——蓝色
15 千克——黄色　10 千克——绿色
5 千克——白色　2.5 千克——红色
2 千克——蓝色　1.5 千克——黄色
1 千克——绿色　0.5 千克——黑色

（三）卡箍

为使杠铃片固定在杠铃杆上，每根杠铃必须配备有两个重 2.5 千克的卡箍（男、女相同）。

[❶] 国际举重联合会决定：从 2013 年开始，在国际比赛中可以使用 30 千克的杠铃片。详见 World Weightlifting [J]. The International Weightlifting Federation.Hungary, 2012（4）：30.

二、竞赛场地

（一）举重台

举重台（设置于大台之上）为正方形，边长 4 米，高 10 厘米，周围 1 米之内不得放置物品，包括杠铃。举重台可用木料、塑胶或其他坚固的材料制成，表面可覆盖防滑材料。如果举重台周边的地板颜色与举重台的颜色相似或相同，则台的边缘须用一条不同颜色的线标明。

（二）大台

大台最小尺寸为 10 米×10 米，必须连接有标准尺寸的台阶。举重台顶部高度距地面不得超过 1 米。必须在运动员入场一侧靠近举重台的位置上提供松香和镁粉，并在大台附近为加重员放置杠铃清洁材料和工具。

（三）准备活动室

比赛时，必须为运动员在赛区附近提供一个准备活动室，并根据运动员人数配备一定数量的举重台❶、杠铃、镁粉等。另外，还需配备扩音器、计时显示器及计分板。计分板上显示按照顺序号排列的运动员名字、体重，并注明每位运动员赛前要求试举的重量。

三、竞赛服装与护具

（一）举重服

举重服可以是上下连体也可以是分开的，但必须为紧身衣，且能遮住躯干部

---

❶ 训练或准备活动区使用的举重台为宽 3 米，长 2.5~3 米。

分，颜色不限，不得有衣领，不得遮住肘部和膝部；举重服内可穿一件 T 恤，但袖长不得遮住肘部，同时还不能有衣领。举重服里面或外面可穿紧身连衣裤，但不得遮住膝部。

（二）举重鞋

举重鞋的鞋底不得超过鞋帮 5 毫米，鞋帮高不超过 130 毫米，不能穿高跟鞋，鞋底厚度不限；允许脚背处有一根扣带，鞋帮部分可重点加固。

（三）举重腰带

举重腰带必须系在举重服外面，其最宽处不得超过 120 毫米。

（四）绷带、线带和橡皮膏

手腕、膝部和手部可缠用绷带、线带或橡皮膏。手指或拇指上也可缠线带或橡皮膏。绷带可用纱布、医用绉丝或皮革制成。膝部可缠不影响活动的整条弹性绷带或胶皮护膝，但护膝不能以任何方式加厚。手腕上的绷带宽度不超过 100 毫米，膝部绷带宽度不超过 300 毫米，长度不限。橡皮膏、线带或绷带可系在手腕上，但不得缠扎在横杠上。允许戴特制的无指手套，但只可盖住手指的第一指骨。肘部、躯干、大腿、胫部和手臂不允许使用绷带或绷带的代用品。身体任何部位只准使用同一种类型的绷带。比赛服装与绷带之间必须分离明显。

第二节　竞赛动作规则

竞赛动作规则包括抓举、挺举技术规则，两种举式通则，犯规动作等内容。

一、抓举技术规则

杠铃平行地放在两腿前。两手掌心向下握住杠铃杆，以一个连续的动作将杠铃从举重台上提起举过头顶并以直臂支撑，双腿可采用下蹲或其他方式。在这个连续动作中，杠铃可沿膝和大腿向上滑行。除两脚外，身体其他部位不得触及举重台。杠铃举起后，两臂和两腿完全伸直，双脚站在与杠铃和身体平面相平行的同一条横线上，全身保持静止和稳定，待裁判员发出信号后，将杠铃放回到举重台上。一旦运动员身体呈静止状态，裁判员应立即发出信号。

二、挺举技术规则

（一）提铃至胸

杠铃平行地放在两腿前。两手掌心向下握住杠铃杆，以一个连续动作将杠铃从举重台上提至肩部，两腿可采用下蹲或其他方式。杠铃可沿膝和大腿向上滑行。提到肩部前不得触及胸部。可将杠铃接放在锁骨、乳头以上的前胸或全屈的两臂上。然后起立，两脚收回站到与杠铃和身体平面相平行的同一条横线上，两腿伸直。全身保持静止。

（二）上挺

两腿先屈膝预蹲，然后用伸腿、伸臂动作将杠铃举至两臂完全伸直。两脚站在与杠铃和身体平面相平行的同一横线上，全身保持静止稳定，裁判员发令后将杠铃放回到举重台上。

提铃至胸后、上挺前，运动员可调整杠铃位置。但这并不表示可以多次预蹲，只是允许运动员：
(1) 如采用锁握技术，可收回拇指改成普通握。
(2) 如杠铃位置过高妨碍呼吸或引起疼痛，可降低杠铃落在肩上。
(3) 改变握距。

三、两种举式通则

允许采用锁握技术，即握杆时其他手指扣压住拇指的最后一个指关节。

比赛中，运动员提铃后超过膝盖高度，即为一次试举。

当裁判员发令放下杠铃后，运动员必须从身体前面将杠铃放下，不得有意或无意让其掉下。在杠铃降至腰线以下时两手方可松开。

运动员如因肘部生理缺陷不能完全伸直手臂时，应在比赛前向3名裁判员和仲裁委员会报告。

采用下蹲式抓举、挺举或提铃至胸时，运动员可借助身体的弹动起立，次数、时间不限。

禁止运动员在大腿使用润滑脂、油、水、滑石粉或任何类似的润滑剂。到达赛场时，腿上不允许有任何东西。对使用润滑剂的运动员，裁判员将令其擦掉。此时，计时继续。

上场后允许在手和大腿等处使用镁粉。

四、犯规动作

（一）所有举式中

(1) 悬垂提铃以及提拉杠铃向上的动作过程中有停顿。
(2) 除两脚外，身体其他部位触及举重台面。
(3) 伸展臂部过程中有停顿。
(4) 用推举完成动作。
(5) 起立时，肘部有屈伸。
(6) 试举时身体任何部位触及举重台以外的地方。
(7) 试举完成时，从肩部以上的身体部位扔下杠铃。
(8) 放下杠铃时，杠铃未整体接触举重台。
(9) 试举开始时没有面对中间裁判。
(10) 在裁判员发令前放下杠铃。

（二）抓举犯规动作

(1) 试举过程中有停顿。
(2) 横杠触及头部（包括头发和头上饰品）。

(三) 挺举犯规动作

1. 提铃至胸

(1) 杠铃提到肩部前横杆放置胸部并调铃。
(2) 肘部或上臂触及大腿或膝部。

2. 上挺

(1) 任何明显用力上挺而未完成的动作，包括下降身体或屈膝。
(2) 上挺前任何有意使杠铃颤动及运动员与杠铃未处于静止状态。

(四) 没有完成的动作位置

(1) 完成试举时，两臂伸展不平均或不完全。
(2) 完成动作时，未能使两脚站在与杠铃和身体平面相平行的同一条横线上。
(3) 完成试举时，膝关节没有完全伸直。

第三节 竞赛的组织

竞赛的组织主要指举重竞赛的组织机构、比赛进程及其基本程序，包括举重竞赛的有关组织工作、竞赛进程、竞赛级别、裁判员职责、举重竞赛裁判设备等。

一、竞赛的组织工作

(一) 成立竞赛组织机构

赛前要成立竞赛组织机构，负责进行赛前、赛后的一切工作。竞赛组织机构大小应根据竞赛的规模决定，下设办公室、竞赛组、后勤保障组、场地组及仲裁委员会、裁判员等。

（二）制定竞赛规程

竞赛规程的内容应包括竞赛名称、竞赛时间、举办地点、竞赛项目、参加办法、竞赛办法、名次评定、奖励办法、裁判员要求、报名和接待以及其他相关规定等。

以下为竞赛规程示例（供参考）。

全国举重锦标赛规程
一、主办单位
国家体育总局举重摔跤柔道运动管理中心
二、承办单位（略）
三、竞赛日期和地点（略）
四、参加单位
（一）解放军、北京市、天津市、河北省、山西省、内蒙古自治区、辽宁省、吉林省、黑龙江省、上海市、江苏省、浙江省、安徽省、福建省、江西省、山东省、江西省、河南省、湖北省、湖南省、广东省、广西壮族自治区、四川省、贵州省。
（二）各体育院校，沈阳、大连、哈尔滨、武汉、广州、南宁、海口、大庆市。
五、竞赛项目和级别
女子进行48、53、58、63、69、75和75千克以上级的抓举、挺举和总成绩的比赛。

男子进行56、62、69、77、85、94、105和105千克以上级的抓举、挺举和总成绩的比赛。

六、参加办法
（一）必须是按规定注册的运动员。
（二）报名人数

1. 女子每单位最多只能报10名运动员。运动员在6名以上（含6名）的单位，可报领队1人、教练员2人、医生1人；运动员5名以下（含5名）的单位只能报教练员2人。

2. 男子每单位最多只能报11名运动员。运动员在6名以上（含6名）的单位，可报领队1人、教练员2人、医生1人；运动员5名以下（含5名）的单位只能报教练员2人。

七、竞赛办法

（一）采用中国举重协会审定的最新《举重竞赛规则》。

（二）仲裁委员会对执行裁判进行现场评估。出现两次明显错误即撤换。

（三）运动员报名后不能升降级参加比赛。

（四）男子比赛运动员抓举、挺举的第一次试举重量之和不得低于报名总成绩的20千克，女子不得低于报名总成绩的15千克，否则不得参加比赛。

（五）运动员称量体重时，须向裁判员出示注册证，否则取消其参赛资格。

八、录取名次、计分及奖惩办法

（一）个人：各级别总成绩录取前15名，抓举、挺举、总成绩前8名给予奖励。

（二）团体：前6名给予奖励。计分办法为：以各级别总成绩名次分和创、超纪录分之和计名次。各级别总成绩取前15名，按16、14、13、12、11、10、9、8、7、6、5、4、3、2、1分计；创、超纪录加分为：创全国总成绩纪录加10分，超亚洲总成绩纪录加20分，平世界总成绩纪录加30分，超世界总成绩纪录加45分。如同时创全国、超亚洲和世界纪录，只加最高分。

九、经费

参赛运动员和候补、测验运动员及编外教练员、随队官员交纳包干经费650元（任何人必须食宿于大会指定的饭店，否则不予参赛）。

十、报名和报到

（一）各单位须按规定填写正式报名单一式两份，于赛前30天（以邮戳为准）分别寄到国家体育总局举摔柔运动管理中心举重部和承办单位体育局。报名后，替补队员可按报名级别递补。

（二）代表队报名后因故无法参加比赛，必须提前向国家体育总局举摔柔运动管理中心举重部和承办单位出具书面说明。

（三）各代表队于赛前两天、裁判员于赛前3天开始报到。提前报到者，费用自理。所有参赛人员须于赛后第一天离会。

（四）技术会议于赛前一天召开，将最后确认参赛运动员名单，教练员或领队签字后生效。

（三）接受报名

根据竞赛规程要求，确定比赛运动队及队员。

(四) 制定工作计划、编写秩序册

竞赛组织机构各部门根据职责范围，分头制订工作计划，按期落实，并定期检查工作进展情况。各处（组）间既要分工明确，又要协调配合。

秩序册是组织竞赛的主要文件，是各代表队和有关部门了解竞赛日程安排的主要依据。其内容主要包括以下几个方面：

(1) 举重竞赛规程。
(2) 组织委员会及竞赛组织机构人员名单。
(3) 裁判员名单。
(4) 各代表队名单。
(5) 大会活动日程表。
(6) 竞赛日程表。
(7) 举重各项纪录。
(8) 运动员等级标准。

(五) 赛前准备工作

1. 组织赛前训练

在各队运动员按规定到达比赛场地前，应先制定好赛前训练安排表，组织各队运动员根据安排的时间表进行赛前训练。

2. 召开技术会议

赛前一天应召开有仲裁委员会主任、竞赛秘书长、竞赛秘书和各队教练员参加的技术会议。在技术会议上竞赛秘书长将就竞赛和技术规则的有关事宜进行说明，并进行最终报名的确认。各参赛单位在会议上将收到一份表格，并可在此表上进行如下确认或修改：运动员姓名、出生日期、体重级别、报名总成绩等。但是不允许更换运动员。最终报名表确认后，表格上最多只能有7名女运动员和8名男运动员，每个级别最多2名运动员。最终报名表确认签字并返回后，即为最终报名。

最终报名确认后将进行抽签。抽签可用计算机进行，也可进行人工抽签。在整个比赛中，运动员都将使用该签号。签号决定称重、比赛试举顺序以及运动员的分组。

3. 编排比赛场次

根据抽签结果,确定每场比赛人员。主要遵循以下原则:

(1) 先女后男,先小级别后大级别。

(2) 每场比赛人数 15 人左右为宜,超过 18 人即可分组进行。

(3) 每级的分组,按报名总成绩的高低依次排列,报名总成绩较高的运动员尽量安排在后一组。

(4) 一个级别要在一天内比赛完毕,而且要在同一举重台上进行。

(5) 如遇参赛人数较少等情况,也可以将两个级别或多个级别合并进行。

4. 称量体重

(1) 每场比赛称量体重均于赛前 2 小时开始,为时 1 小时。

(2) 称量体重前 5 分钟发放运动员卡片(表 7-1)。

表 7-1 运动员卡片(仅供参考)

序号		单位		姓名		签号	
出生年月		体重		级别		报名成绩	
项目	第一次试举	第二次试举	第三次试举	成绩	名次	总成绩	名次
抓举							
挺举							

教练员签名:

(3) 每位运动员必须在至少 2 名裁判员及竞赛秘书(长)面前称量体重。本队可有一名官员在场。

(4) 称量时由裁判员确认体重,竞赛秘书(长)记录。体重必须如实纪录。

(5) 运动员按抽签号码顺序逐一称量,并同时向竞赛秘书(长)出示参赛证(护照或身份证)。按顺序称量体重时,不在现场的运动员,应安排到最后称量。

(6) 如不同级别的选手安排在同一场比赛,称重顺序必须分级别进行。

(7) 运动员可在同性别的裁判员面前裸体或穿内衣裤称量体重。如竞赛秘书(长)是异性,可在实际称量时适当遮挡。

(8) 运动员体重在参赛级别范围内的只称量一次。不足或超重的可根据要求多次称量。

(9) 在称重时间内，运动员达不到报名参赛级别的体重要求，将被取消比赛资格。

(10) 称量体重时，教练员须在运动员卡片上写明抓举和挺举的第一次试举重量并签名。

(11) 每位运动员称重结束后，可得到3张进入准备活动区通行证。若一个队有两名运动员参加同一级别比赛，第二名运动员称重结束后可再得到一张进入准备活动区的通行证。只有持通行证的人员才能进入准备活动区。

(12) 称重后，根据每位运动员的比赛序号将发一个号码布，运动员必须将此号码布粘贴在举重服上，直至该场比赛结束。

(13) 称量体重的结果和运动员的第一次试举重量将由竞赛秘书填写到称量体重表上（表7-2）。所有运动员称量完毕后才能公布体重表。

表7-2 称量体重表

（男、女）___子___千克级___组　　时间：___年___月___日

比赛序号	签号	单位	姓名	体重	预报重量		原报名成绩
					抓举	挺举	

技术监督：_____　　执行裁判员：_____　　竞赛秘书：_____

5. 制定比赛记录表

竞赛秘书根据运动员卡片的签号顺序填写比赛记录表，以备比赛中使用。记录表格式如表7-3所示（仅供参考）。

表 7-3　____年____举重锦标赛第____场第____组男子____组比赛记录表

日期：____年____月____日　　开始时间：____　　结束时间：____　　地点：____

序号	单位	姓名	出生年月日	体重	级别	抓举			挺举			抓举		挺举		总成绩	名次	备注
						1	2	3	1	2	3	成绩	名次	成绩	名次			

仲裁委员：　　竞赛秘书长：　　1号裁判员：　　2号裁判员：　　3号裁判员：　　竞赛秘书：

（六）赛后工作

比赛结束后组织颁奖仪式，宣布团体名次以及体育道德风尚奖的评选结果，组织闭幕式，印发成绩册，安排和办理各队及裁判员离会有关事宜，完成赛会总结并向领导部门汇报。

二、竞赛的进程

（一）检录

检录员于赛前 15 分钟点名，集合参加该场比赛的运动员，并检查其服装、护具等，准备入场。

（二）介绍运动员、技术官员

每场比赛时，先按签号顺序介绍运动员，然后介绍技术官员❶。

（三）开始比赛

比赛时，先进行抓举，广播员根据记录表点名运动员进行试举，由 3 名执行裁判员判定试举成败。抓举比赛结束，休息 10 分钟后再进行挺举。运动员抓举和挺举的次数各 3 次。

（四）颁奖仪式

颁奖仪式在每个级别比赛结束后进行，颁奖顺序为：第三名→第二名→第一名。

---

❶ 世界锦标赛等重大国际比赛介绍的技术官员及其顺序是：中间裁判员、侧裁判员、候补裁判员、检录长、计时员、技术监督、医务监督、仲裁。

（五）竞赛过程中的若干规定

1. 试举时间

运动员从点名到试举开始有 60 秒钟的时间。30 秒钟后，发出警铃声。连续试举有 120 秒钟时间。规定时间 30 秒后或者规定时间结束前 30 秒钟，发出警铃声。如果时间结束时运动员未能将杠铃从举重台上提起，则 3 名裁判员判该次试举失败。计时从广播员宣布完毕或从杠铃加重完毕后开始，以较晚结束者为准。

2. 试举重量

（1）杠铃重量是逐渐增加的。运动员从最轻的重量开始试举，凡已宣布的重量加上杠铃后，就不得再减轻。

（2）杠铃重量必须是 1 千克的倍数。

（3）运动员第 1 次、第 2 次试举成功后，杠铃自动增加的重量必须至少为 1 千克。

（4）男子比赛可试举的最低重量为 26 千克；女子比赛可试举的最低重量为 21 千克。

（5）抓举和挺举中的起始重量，男子不得低于报名总成绩 20 千克以上，女子不得低于报名总成绩 15 千克以上。竞赛秘书、称重裁判以及检录长、技术监督和仲裁负责监督执行这一规则。

例如，一名男运动员报名参加比赛，他所报的总成绩为 200 千克。他抓举和挺举中第一次试举的重量之和任何情况下都不得低于 180 千克（80 千克和 100 千克、70 千克和 110 千克或者任何其他组合）。

3. 更改试举重量

教练员或运动员有两次机会更改试举重量，但必须在最后点名（30 秒）前进行更改。

若运动员进行连续试举（120 秒的规定时间），运动员 / 教练员必须在点名后的前 30 秒更改重量。否则将失去两次更改重量的权利。

更改重量时计时停止。如运动员要求更改重量后，由另一名运动员试举，则下一试举时间为 60 秒。

若某名连续试举的运动员因改重量而改变试举顺序，被点名的另一名运动员已经开始走表后又要求更改重量，从而导致第一名运动员再次被点名，那么这名运动员有1分钟的试举时间。

4. 试举顺序

运动员上场试举的顺序取决于以下因素：

（1）杠铃重量（重量轻的先试举）。

（2）试举次数（试举次数少的先试举）。

（3）之前试举的顺序（先试举的排在前面）。

（4）抽签号码（签号小的先试举）。

具体运用为：重量轻的先举；如果第一次试举重量相同，则签号小的先举。如果第二、三次试举重量相同，则试举次数少的先举；如果试举次数也一样，则按之前试举的顺序上场试举。示例表7-4。

表7-4　试举顺序示例

	抓举（千克）			挺举（千克）		
运动员A	102	106	107	135	140	141
运动员B	100	105	107	135	140×	143
运动员C	102	106	107	134	142	143

（注：×表示试举失败）以下是试举顺序：

　　　　抓举　B-A-C，B-A-C，B-A-C

　　　　挺举　C-A-B，A-B-A，C-B-C

5. 杠铃重量加错或报错的处理

当加重员在加装杠铃片时出错或广播报错时，仲裁委员会将视情况做不同处理，总的原则是试举失败重获一次试举机会，试举成功可选择承认重量或重举一次，杠铃重量只承认1千克的倍数。

例1：加完铃片后杠铃的重量未达到运动员的要求，而运动员试举又获得了成功，并且杠铃增加的重量为1千克的倍数。此时，运动员可根据自己的意愿承认这次试举有效，也可拒绝接受错误重量。如拒绝，则允许其按原先要求的重量增加一次试举。

例2：杠铃的重量未按1千克的倍数增加，而该次试举又获得了成功。运动员可将该重量视作减去不足1千克倍数后的重量而承认试举有效。

例3：杠铃以1千克的重量递增，但最后重量超过了运动员的要求，而试举又获得了成功。运动员可根据自己的意愿承认试举有效或拒绝接受。若拒绝，则允许根据原先要求的重量增加一次试举。如发生错误时的试举失败，或者杠铃未以1千克的倍数增加重量，则运动员自动获得机会按照原先要求的重量增加一次试举。

例4：试举失败是因为杠铃两端的重量增加得不均衡，或举重台设置有误，可根据运动员或其教练员的要求允许增加一次试举。

例5：广播员在宣布试举重量时报错了重量，仲裁委员会应按杠铃重量错误的做法允许运动员增加一次试举。

例6：比赛中，因运动员没在举重台附近而未能看见其他选手比赛情况，而广播员又在该他上场试举时漏报，则必须减轻杠铃的重量。

6. 混合级别或组别比赛的规定

在两名运动员或两个队之间进行的不同级别的比赛，运动员可轮流试举。试举重量轻的运动员先举，并在每次试举中保持这一顺序。

7. 休息时间

抓举比赛结束后有10分钟的休息时间。仲裁可延长或缩短休息时间，在此情况下要进行宣告。

8. 试举成败的判定

试举成败以两个或两个以上白灯（白旗）为成功，两个或两个以上红灯（红旗）为失败。

9. 名次评定

（1）个人名次评定

奥运会、亚运会、全运会及其他综合性运动会的举重比赛，是以抓举和挺举的总成绩来确定名次的；而举重锦标赛则计算抓举、挺举和总成绩的3项成绩。与名次有关的因素有：最好成绩，体重，完成最好成绩的时间，签号等。表7–5为名次评定示例。

表 7-5 名次评定示例

签号	姓名	体重	抓举			挺举			总成绩					
			1	2	3	1	2	3	抓举	名次	挺举	名次	总成绩	名次
5	A	62.00	134	140	142×	160	164	167×	140	2	164	3	304	3
99	B	62.00	140	142×	142×	165	171	173×	140	1	171	2	311	1
44	C	62.00	130	135	138	165	173	175×	138	3	173	1	311	2

（注：×表示试举失败。）

单项名次：在抓举或挺举的 3 次试举中，举起的最高一次重量为单项成绩，单项名次按单项成绩确定。

总成绩名次：以抓举和挺举两项成绩的总和来确定。

单项成绩或总成绩相等时，以赛前体重轻者名次列前；如成绩和体重均相等，则先举起该重量的运动员名次列前；若都相同，则以签号小者排名在前。

(2) 团体名次评定

根据各参赛单位运动员得分总和确定团体名次。

取前 6 名计分办法：分别得分 7、5、4、3、2、1。取前 10 名计分办法：分别得分 12、9、8、7、6、5、4、3、2、1。取前 15 名计分办法：分别得分 16、14、13、12、11、10、9、8、7、6、5、4、3、2、1。

在世界和洲际锦标赛及根据国际举重联合会竞赛计划进行的比赛，分别取前 25 名进行抓举、挺举、总成绩排名计分，即分别得分 28、25、23、22、21、20、19、18、17、16、15、14、13、12、11、10、9、8、7、6、5、4、3、2、1。最后根据得分多少确定团体名次，得分多的团体名次列前。

团体计分办法只计总成绩得分，或者还计单项得分，可由竞赛规程规定。

团体得分相等时，以获得第 1 名较多的团体名次列前；如仍相等，则以获得第 2 名较多的团体名次列前；余类推。如仍相等则名次并列。

在计单项名次的比赛中，即使运动员抓举全部失败，也允许参加挺举比赛。如挺举获得名次则应计入相应得分，但总成绩不能得分。若比赛仅以总成绩颁发奖牌，则抓举全部失败的运动员不能继续参赛。

抓举获得成功但挺举全部失败的运动员，可根据抓举名次计分，但总成绩不能计分。

表 7-6、表 7-7 为男、女团体总分表示例。

表 7-6　举重竞赛男子团体总分表

单位 \ 级别项目得分	56 千克			62 千克			69 千克			77 千克			85 千克			94 千克			105 千克			+105 千克			总分	名次
	抓举	挺举	总成绩	抓举	挺举	总成绩	抓举	挺举	总成绩	抓举	挺举	总成绩	抓举	挺举	总成绩	抓举	挺举	总成绩	抓举	挺举	总成绩	抓举	挺举	总成绩		

（可按实际参赛队单位数设计表格）

表 7-7　举重竞赛女子团体总分表

单位 \ 级别项目得分	48 千克			53 千克			58 千克			63 千克			69 千克			75 千克			+75 千克			总分	名次
	抓举	挺举	总成绩	抓举	挺举	总成绩	抓举	挺举	总成绩	抓举	挺举	总成绩	抓举	挺举	总成绩	抓举	挺举	总成绩	抓举	挺举	总成绩		

（可按实际参赛队单位数设计表格）

10. 破纪录的规定

（1）国际举联承认男子 8 个和女子 7 个级别的世界成年、青年、少年和奥运会抓举、挺举、总成绩纪录。

（2）少年运动员可以打破世界少年、青年和成年纪录；青年运动员可以打破世界青年和成年纪录；成年运动员可以打破成年世界纪录。

（3）世界纪录只能在列入国际举联赛事表的竞赛中创造。

(4) 奥运会纪录只能在奥运会比赛中创造。

(5) 只有通过兴奋剂检查的运动员其新纪录才会得到承认。

(6) 创造世界纪录时必须有 3 名国际级裁判员临场执裁。

(7) 只有超过原纪录至少 1 千克时才承认为新纪录；新纪录一旦创造，其他人不得以同样重量破该纪录。如遇两名或以上运动员均以同样重量超过原纪录，则先举起该重量的运动员为新纪录创造者。

(8) 只有按规定参加竞赛的运动员才能做破纪录的试举（不参加抓举竞赛的运动员不能参加挺举比赛，包括破挺举纪录试举）。

(9) 亚洲纪录只能在列入国际举重联合会和亚洲举重联合会赛事表的竞赛中创造，并必须有 3 名国际级裁判员临场执裁。全国纪录可以在国际比赛、全国比赛和经国家体育总局核准的比赛中创造，并必须有 3 名国家级或以上裁判员临场执裁。只有通过兴奋剂检查的运动员其新纪录才会得到承认。

三、竞赛的年龄分组和级别

国际举联承认 4 个年龄组，即少年组（17 岁以下，含 17 岁）、青年组（20 岁以下，含 20 岁）、成年组和大师组。参加世界成年锦标赛、世界青年锦标赛、世界大学生锦标赛等赛事的男女运动员，最低年龄为 15 岁；参加奥运会的男女运动员，最低年龄为 16 岁；参加青少年奥运会的男女运动员年龄为 14~18 岁❶；参加少年赛事的最小年龄是 13 岁；参加大师组的最小年龄不低于 35 岁。运动员的年龄组别按照出生年计算。

（一）成年和青年男子组设 8 个级别

56 千克级（体重 56 千克或以下）
62 千克级（体重 56.01~62 千克）
69 千克级（体重 62.01~69 千克）
77 千克级（体重 69.01~77 千克）
85 千克级（体重 77.01~85 千克）

---

❶ 青少年奥运会男子设 6 个级别，即 56、62、69、77、85、+85 千克级，女子设 5 个级别，即 48、53、58、63、+63 千克级。

94 千克级（体重 85.01~94 千克）

105 千克级（体重 94.01~105 千克）

＋105 千克级（体重 105.01 千克以上）

（二）成年和青年女子组设 7 个级别

48 千克级（体重 48 千克或以下）

53 千克级（体重 48.01~53 千克）

58 千克级（体重 53.01~58 千克）

63 千克级（体重 58.01~63 千克）

69 千克级（体重 63.01~69 千克）

75 千克级（体重 69.01~75 千克）

＋75 千克级（体重 75 千克以上）

（三）少年男子组设 8 个级别

50 千克级（体重 50 千克或以下）

56 千克级（体重 50.01~56 千克）

62 千克级（体重 56.01~62 千克）

69 千克级（体重 62.01~69 千克）

77 千克级（体重 69.01~77 千克）

85 千克级（体重 77.01~85 千克）

94 千克级（体重 85.01~94 千克）

＋94 千克级（体重 94.01 千克以上）

（四）少年女子组设 7 个级别

44 千克级（体重 44 千克或以下）

48 千克级（体重 44.01~48 千克）

53 千克级（体重 48.01~53 千克）

58 千克级（体重 53.01~58 千克）

63 千克级（体重 58.01~63 千克）

69 千克级（体重 63.01~69 千克）

＋69 千克级（体重 69.01 千克以上）

四、裁判员的职责

举重竞赛设有竞赛秘书长、仲裁、技术监督、裁判员、竞赛秘书、计时员、检录员、加重员、广播员、医务监督等。他们既相互配合又各司其责进行工作。

（一）竞赛秘书长（裁判长）

（1）负责整个比赛进程，并与仲裁委员会和技术监督密切合作。

（2）领导裁判人员学习和工作，制定竞赛程序，明确裁判分工，使裁判工作顺利进行。

（3）召开技术会议，核实运动员名单，监督抽签过程（若未进行电子抽签），必要时根据各参赛单位最终报名时确认的最好成绩进行分组。

（4）竞赛前检查训练、竞赛场地和器材设备，领取并核对各项纪录。

（5）监督称重以及分配称重室内的官员（国际举联技术规则及国际赛事对此有专门要求）。

（6）比赛时监督试举顺序，包括竞赛管理系统的运作以及有关竞赛文件的确认与签发。

（7）每级、每项比赛结束后，审核竞赛成绩和名次，宣布获奖运动员名单。

（8）大会结束后，做好工作总结。

（二）仲裁委员

（1）保证比赛按照技术规则的要求进行。

（2）比赛前，接受裁判员递交的裁判证书。比赛后，仲裁主任须在执行任务裁判员的证书上签字，待一个级别比赛结束后退还给执行裁判员。

（3）比赛过程中，发出首次警告后，仲裁可通过表决一致决定更换有错判行为的裁判员。

（4）观察裁判员在整个比赛中的工作后，仲裁委员填写表格（可填写比赛过程中的任何事件）。仲裁主任将表格上交。

（5）当多数仲裁判定裁判员评判出现技术性错误，仲裁经讨论后一致认为裁判员的判定有误时，有权撤销这一判定。以上决定须在仲裁主任的指挥下通过技术监督或其他官员与相关运动员（教练员）进行沟通，并通过广播员进行现场播报。

（6）为应用上述规则，仲裁委员必须使用仲裁桌上的设备对运动员每次试举做出他们的决定。这个设备必须配备5个绿色的二极管灯、5个白色二极管灯和5个红色二极管灯，每位仲裁都有一个带有红色和白色按扭装置的部件。当仲裁委员按其中一个按钮时，绿灯先亮。当所有的仲裁做出他们的决定时，白色或红色二极管灯才会显示。

（7）仲裁在颁奖时必须坐在各自的座位上，同时还应监督所有裁判员都留在原地。

（三）技术监督（副裁判长）

（1）检查举重台、杠铃、磅秤、电子裁判灯系统、计时钟、准备活动室及其他比赛设施。
（2）检查裁判员着装是否正确。
（3）比赛前将裁判员的证书放在仲裁主席面前，并于赛后负责收回。
（4）赛前检查运动员服装。
（5）在比赛过程中，保证只有持通行证的官员才可陪同运动员在赛区和活动区内。
（6）保证当运动员比赛时任何人（包括技术监督本人）不能出现在举重台区域内。
（7）比赛期间，保证成绩公布板的信息（运动员、试举次数、重量、时间、纪录等）准确，并待广播员宣布完毕后才允许运动员上台试举。
（8）保证杠铃杆和举重台的清洁。
（9）协助竞赛秘书长的有关工作。

（四）裁判员

（1）参加称量运动员体重。比赛前参加了介绍技术官员以后，将裁判证书递交仲裁主任。

(2) 确保杠铃的重量与广播员宣布的重量相符。

(3) 确保比赛过程中，除运动员外，其他人不得接触杠铃。

(4) 裁判员必须通过裁判灯信号表明判定结果。白灯（旗）表示成功，红灯（旗）表示失败。

(5) 试举动作完成后发出信号让运动员放下杠铃。

(6) 若未使用电子裁判灯系统，侧裁判员发现运动员试举过程中明显犯规，可举起手臂示意有犯规动作。如另一名侧裁判员或中间裁判员同意他（她）的意见，则中间裁判员应立即发令停止试举，并示意运动员放下杠铃。

(7) 若未使用电子裁判灯系统，可用红、白旗代替红、白灯。裁判员通过举起相应的旗子表示自己的判定。

(8) 比赛期间，裁判员不得试图影响其他裁判员的决定。

(9) 如破纪录，在比赛记录单上签署。

(10) 颁奖仪式时应留在原座位上。比赛结束后从仲裁席上收回由仲裁主任签名的裁判员证书。

（五）竞赛秘书（记录长）

(1) 参加技术会议，负责搞好抽签工作。

(2) 准备好比赛所需要的各种纪录和表格。

(3) 协同竞赛组根据技术会议确定的运动员参赛名单，编制比赛秩序单，送竞赛组审核付印。

(4) 称量体重时，协同检录员发放运动员卡片，在称量体重表上准确记录称量的运动员体重，编写比赛记录表。

(5) 比赛中审核试举顺序，记录运动员每次试举的成败和裁判员的判定，及时处理记录工作中发生的问题。

(6) 每级各项比赛结束时，审核获奖运动员名次，经竞赛秘书长审批，立即分送检录员。

(7) 比赛结束后，按总成绩整理该级成绩单，填写好破纪录成绩证明单和等级运动员成绩证明单等。

(8) 统计获奖运动员成绩及名次，协助竞赛组审核成绩记录表和团体总分表。

(9) 协助竞赛组编印成绩册，整理比赛资料送竞赛组归档。

（六）计时员

（1）赛前认真检查、核准计时表。在每次试举开始前设置 1 分钟或 2 分钟（连续试举）并启动表。在播音员宣布试举后或杠铃片增加后开始计时，计时以两者之中后结束者为准。

（2）杠铃提离举重台后即刻停止计时。

（3）若杠铃未达到膝盖高度，则重新开表计时。

（4）当出现改变试举重量或发生问题需要进行研究时，应立即停表，在仲裁委员会决定继续计时时，立即开表。

（七）检录员（长）

（1）称量体重前 5 分钟发放运动员卡片。

（2）赛前两小时，按签号通知运动员进入称量体重室，按参赛运动员名单发给相应的进入准备活动室入场证。

（3）介绍运动员前集合运动员讲解注意事项，发现弃权运动员立即通知竞赛秘书。

（4）比赛开始前介绍运动员时，带领运动员入场、退场。

（5）按广播员的点名，督促运动员出场试举和准备试举。

（6）检查运动员出场时的服装、护具。

（7）督促教练员在运动员试举结束后填写下一次试举重量。

（8）用手势或通讯工具向竞赛秘书（广播员或后场公布员）通报下一次试举重量，运动员更改试举重量后也应及时通报。

（9）比赛结束后如需发奖，应及时向竞赛秘书长索取获奖运动员名单，召集并带领获奖运动员出场领奖。

（10）协助通知有关兴奋剂的检查工作。

（八）广播员

广播员的职责是为了使比赛进行顺利和提高效率而进行恰如其分的广播，包括点名运动员试举和通知下一位运动员准备等。广播员助手的职责是接受检录员通知的重量（试举重量）变化信息并告诉广播员。

（1）赛前掌握运动员情况、技术官员等级情况，了解裁判员分工。

（2）比赛开始前 15 分钟，根据抽签号码顺序介绍运动员，运动员退场后介绍技术官员。

（3）比赛开始后，宣布杠铃重量，点名（签号、单位、姓名和第几次试举）运动员出场，预告下一位运动员准备。

（4）记录运动员每次试举的成败和裁判员的判定。

（5）竞赛中介绍举重常识和优秀运动员情况，活跃赛场气氛，鼓励运动员创造优异成绩。

（6）协同主持颁奖仪式。

附：举重比赛广播程序示例（仅供参考）

1. ××××年×××××举重锦标赛×子××千克级第×组比赛，现在开始。
2. 运动员入场（奏运动员进行曲）。
3. 介绍运动员（签号、单位、姓名）。
4. 介绍完毕，运动员退场（奏运动员进行曲）。
5. 请技术官员入场（奏运动员进行曲）。介绍技术官员
6. 中间裁判员：×××（先生、女士）××级（裁判等级）

    侧裁判员：×××（先生、女士）××级（裁判等级）

    侧裁判员：×××（先生、女士）××级（裁判等级）

    候补裁判员：×××（先生、女士）××级（裁判等级）

    技术监督：×××（先生、女士）××级（裁判等级）

    医务监督：×××（先生、女士）

7. 介绍完毕，请技术官员退场（奏运动员进行曲，播放轻音乐或介绍一些举重比赛常识）。
8. 介绍仲裁委员会成员（比赛还有 3 分钟时开始介绍）。

    仲裁委员会主任×××（先生、女士）××（裁判等级）

    仲裁委员×××（先生、女士）××（裁判等级）

    仲裁委员×××（先生、女士）××（裁判等级）

9. 介绍竞赛秘书长：竞赛秘书长×××（先生、女士）××（裁判等级）

10. 请裁判员向仲裁委员会递交裁判员证书。

11. 抓举比赛现在开始。

12. 杠铃重量××千克，请××号××（单位）×××（姓名）第1次试举，××号×××（单位）×××（姓名）准备。

13. 抓举比赛结束，休息10分钟（播放轻音乐或介绍一些举重常识）。

14. 挺举比赛即将开始，请裁判员、工作人员就位。

15. 杠铃重量××千克，请××号×××（单位）×××（姓名）第1次试举，××号×××（单位）×××（姓名）准备。

16. 挺举比赛结束。

17. 本级别（本场、第1组、今天下午、今天晚上）比赛全部结束，下面将举行颁奖仪式。

附：举重比赛颁奖程序示例（仅供参考）

广播员：

1. ×××××（比赛名称）举重比赛××千克级颁奖仪式现在开始，请颁奖官员和获奖运动员入场（音乐伴奏）。

2. 请竞赛秘书长×××（先生／女士）宣布抓举（或挺举、总成绩）比赛成绩。

竞赛秘书长：

1. 第3名，×××××（单位）×××（姓名）成绩××千克（若前3名有成绩相同者，则补充宣布体重。运动员上领奖台，站在冠军奖台的右侧）。

2. 第2名，×××××（单位）×××（姓名）成绩××千克（若前3名有成绩相同者，则补充宣布体重。运动员上领奖台，站在冠军奖台的左侧）。

1. 第1名，×××××（单位）×××（姓名）成绩××千克（若前3名有成绩相同者，则补充宣布体重。运动员上领奖台）。

广播员：

1. 请×××（宣布职务、姓名，先生／女士）为荣获第3名的运动员颁奖。

2. 请×××（宣布职务、姓名，先生／女士）为荣获第2名的运动员颁奖。

3. 请×××（宣布职务、姓名，先生／女士）为荣获第1名的运动员颁奖。

（注：若是国际比赛，对总成绩优胜者颁奖后，运动员站立在领奖台上，奏冠军国家的国歌，升前3名选手国家的国旗）

4. 请颁奖官员和获奖运动员合影留念。

5. 谢谢！请颁奖官员和获奖运动员退场（音乐伴奏）。颁奖仪式结束。

（九）加重员

（1）赛前协助核查比赛使用的杠铃重量。

（2）按广播员报告的重量准确地加好杠铃重量。必须对称地把最重的铃片加在最里面，其他按重量大小依次向外加。铃片摆放的位置须能让裁判员看清上面标明的重量，所有铃片都必须用卡箍固定在横杆上。检查杠铃片是否加紧、卡箍是否松动，以及杠铃位置是否合适。

（3）竞赛中注意保护运动员安全。

（4）随时保持举重台和杠铃的整洁。

（十）公布员

重大比赛一般均采用国际举重联合会规定的技术和信息系统，因此，前场和后场公布均采用电子显示屏进行，不设公布员。但是一般的基层举重比赛设置前场公布员和后场公布员。

（1）用记录牌（黑板）或其他方式公布运动员的签号、单位、姓名、体重、试举重量、试举次数、试举成败及各项纪录等。

（2）注意杠铃重量是否与公布的相符。

（十一）医务监督（值班医生）

（1）从称量体重开始直至比赛结束始终在现场。

（2）了解并熟练使用医疗设备，协助兴奋剂检查工作。

（3）运动员出现伤病时，及时提供医疗保健服务；与随队医生合作，并向教练员、官员和运动员建议受伤后是否适合继续比赛。

（4）比赛期间根据规则要求，决定是否对受伤选手增加额外的橡皮膏和绷带。

（5）若出现受伤，须酌情决定是否由队医进行治疗。若无队医，应及时协助向医疗机构转移进行治疗。

五、竞赛裁判的设备

国际举重联合会技术规则规定：在奥运会、世界锦标赛、洲际和地区性运动会、洲际和地区性锦标赛，以及其他国际举重联合会主办的大奖赛、国际邀请赛等比赛中，必须使用国际举重联合会规定的技术和信息系统（IWF Technology and Information System. 简称 TIS）。在国内高水平的大型举重比赛中，也会部分地采用这些技术和信息设备。这些设备包括竞赛管理软件、记分板、试举信息板、电子裁判灯系统、仲裁控制装置、计时钟、体重秤等。

（一）电子裁判灯系统

1. 电子裁判灯系统由下列部件组成：

（1）3名裁判员每人一个控制器。控制器配有红、白两个按钮和一个信号钮。

（2）举重台前最小高度500毫米的地方安装一个"放下杠铃"的声光信号器。

（3）两套或三套裁判灯，每套配有3个红灯和3个白灯，并排放置在场内，向运动员和观众显示裁判员的判定。

（4）一个或多个装有3个红灯、3个白灯和3个呼叫按钮的控制器放在仲裁委员的桌上供仲裁监控，并可召集某位或所有裁判员到仲裁委员桌前。

2. 系统操作

（1）3名裁判员对运动员的试举动作拥有同等的裁判权。

（2）每一个裁判员都必须根据有关的规则在按下白灯表示成功或按下红灯表示失败时给出"放下"的信号。

（3）当裁判员判定一次试举为"成功"时应当立即按下控制器上的白色按钮。

（4）当裁判员判定一次试举为"失败"时应当立即按下控制器上的红色按钮。当裁判员在运动员试举过程中看到错误或失败动作时，应立即按下红色按钮。

（5）当两个裁判员给出相同的裁定时，声光信号器将发出"放下"的信号示意运动员将杠铃放回举重台。

（6）如果一名裁判员按下白色按钮，另一名按下红色按钮，而第三名尚未按下，此时这名裁判员的控制器会间歇发出一种声音信号催促其速做决定。同样，如果两名裁判员按下相同颜色按钮，并且"放下"信号已发出，此时控制器也会发出间歇性的声音信号提醒第三名裁判员速做判定。

（7）3名裁判员作出判定3秒钟后，裁判灯亮起，分别以相应的颜色表示每名裁判员的判定。灯亮持续至少3秒钟。

（8）在声光"放下"信号发出后裁判灯尚未亮起时，裁判员有3秒钟的时间可以改变自己的裁定。如在成功完成一次试举后，运动员扔下了杠铃，则裁判员必须立即改按红色按钮，裁判灯随即亮起表示"失败"。如果来不及改变灯的颜色，裁判员应举起一面小红旗示意自己改变了裁定。

（9）当"放下"信号发出，裁判灯已亮，而运动员尚未放下杠铃时，中间裁判员应发出"下"的口令示意其将杠铃放回举重台。

（二）仲裁控制装置

比赛期间，仲裁可通过观看控制器监控裁判员工作。当裁判员做出判定后，控制器上相应颜色的灯亮起，仲裁委员能立即看到裁判员的裁决。如果仲裁主席拟召集某位或全体裁判员到自己的桌前询问，则只需按下相应按钮，被叫裁判员即能听到呼叫信号。

（三）磅秤

磅秤必须能称到200千克的重量，并精确到10克。称量体重室附近须配备一个精度相同的磅秤（试称磅秤），以便运动员随时查看自己的体重。磅秤检验合格证上的日期距离比赛之日不得超过3个月。

（四）计时钟

计时钟的功能为至少能连续运转15分钟的倒计时，能最少显示1秒钟的间隔进度，在运动员试举时间结束前90秒和30秒钟能自动发出声音信号。比赛现场和准备活动区的3部计时钟必须同步显示，并且一部面对观众，一部面对台上运动员，另一部在准备活动区内。

(五) 试举信息板和计分板

以下信息必须显示在试举信息板上：姓名，国际举联/国家/地区奥委会国家代码（国内比赛则显示单位名称），体重，试举次数，试举序号。

记分板必须设在竞赛区的醒目之处，以便显示比赛的程序和比赛成绩。记分板必须在比赛全程显示所有这一组参赛人员的信息，包括下列内容：序号，按照抽签顺序排列每位运动员单位，姓名，出生年，体重，3次抓举试举，3次挺举试举，总成绩，最后名次。

(六) 视频屏幕

必须在比赛区域和热身区域配备提供信息的视频屏幕。

图7-1—图7-5所示，为不同级别比赛的场地布局、后场信息公布系统及视频屏幕。

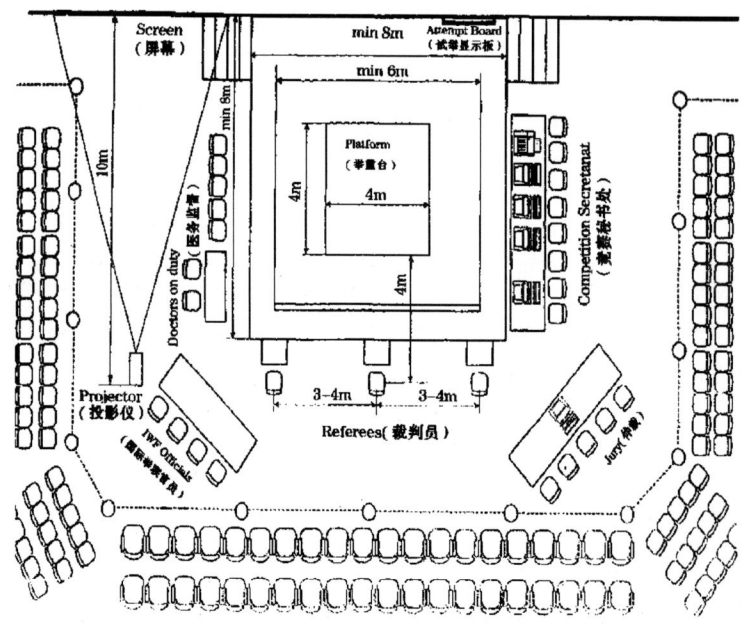

图7-1 重大国际举重比赛场地布局

第七章　举重技术规则与竞赛的组织

图 7-2　全国大学生举重锦标赛场地设备布局

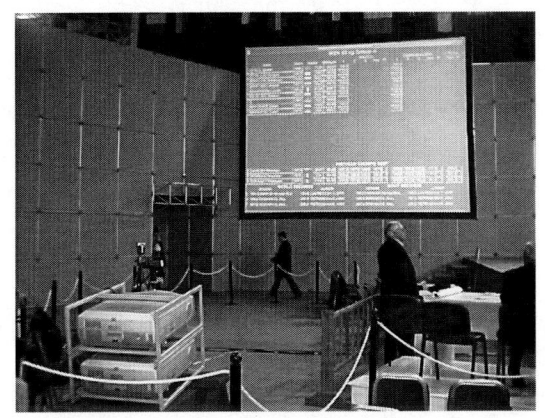

图 7-3　国际比赛采用的视频屏幕

图 7-4　国际比赛采用的后场信息公布系统

图 7-5　国际比赛场地设备布局

国内基层举重比赛以及社区群众性举重竞赛活动中，举重比赛器材、场地和裁判设备要因人、因时、因地而异。在缺乏标准场地器材设备和电子裁判灯光系统的情况下，可以制作并使用小白旗、小红旗代替电子裁判灯光系统的白灯、红灯来显示试举成功或失败；可以在坚硬的地面上绘出4米见方的白线区域，替代举重台进行比赛；在可以移动的黑板上绘制并及时填写比赛信息，以替代试举信息板和计分板的功能及时显示比赛进程和成绩等。这些简便易行的方法有利于群众性举重活动的开展。

思考题

1. 简述举重竞赛对器材、场地的要求。
2. 举重犯规动作有哪些？
3. 简述称量体重的基本要求。
4. 简述试举重量的规定。
5. 运动员在比赛中可以更改几次试举重量？哪种情况下可以更改试举重量？哪种情况下不能更改试举重量？
6. 怎样评定团体比赛名次？
7. 请简述裁判员的职责。
8. 开展群众性举重竞赛应注意哪些问题？

附录一　举坛人物简介

一、男子选手

1. 瓦西里·阿列克谢耶夫

前苏联运动员瓦西里·阿列克谢耶夫出生于 1942 年 1 月 7 日。这位被誉为"大力神"的运动员身高 1.85 米，体重达 153 千克。他在 1972 年第 20 届奥运会上以推举 235 千克、抓举 175 千克、挺举 230 千克，总成绩 640 千克的成绩夺得 110 千克以上级金牌。1976 年第 21 届奥运会他以抓举 185 千克、挺举 255 千克，总成绩 440 千克的成绩蝉联奥运会冠军。1970 年至 1977 年，他 6 次获得世界锦标赛冠军，82 次刷新世界纪录，是创世界纪录次数最多的运动员。

2. 里格尔特

前苏联运动员里格尔特出生于 1947 年 3 月 12 日。1970 年至 1981 年，他先后 65 次打破 82.5、90、100 千克级推举、抓举、挺举、总成绩世界纪录，多次获世界冠军。1976 年 7 月在第 21 届奥运会上以 382.5 千克的成绩获 90 千克级冠军。

3. 瓦尔达尼扬

瓦尔达尼扬出生于 1956 年 6 月 13 日，前苏联亚美尼亚人。先后 41 次打破 75、82.5、90 千克级抓举、挺举和总成绩世界纪录，21 次获单项或总成绩世界冠军。1980 年 7 月在莫斯科举行的第 22 届奥运会上以 400（177.5＋222.5）千克的成绩获 82.5 千克级冠军。

4. 苏莱曼诺尔古

苏莱曼诺尔古于 1967 年 11 月 23 日出生于保加利亚，祖籍土耳其，有"举坛神童"美誉。1984 年，17 岁的苏莱曼诺尔古 11 次创造世界纪录，名震举坛。

1988 年在第 24 届奥运会上,他以 342.5（152.5＋190）千克的绝对优势获得 60 千克级冠军,为土耳其赢得了历史上的第 1 枚奥运会金牌。在 1992 年的巴塞罗那奥运会上,他又轻松获得 64 千克级金牌,在 1996 年的亚特兰大奥运会上又一次获得 64 千克级金牌,成为首位在奥运会举重比赛中荣获 3 枚金牌的运动员。2005—2008 年,苏莱曼诺尔古担任国际举重联合会副主席。

5. 皮尔罗斯·迪马斯

皮尔罗斯·迪马斯 1971 年 10 月 13 日出生于阿尔巴尼亚,1988 年移居希腊。1992 年在第 25 届奥运会上,他首次代表希腊以 370（167.5＋202.5）千克夺得 82.5 千克级冠军,1996 年在第 26 届奥运会上以 392.5（180＋212.5）千克获 83 千克级金牌,2000 年在第 27 届奥运会以 390（175＋215）千克夺得 85 千克级冠军,2004 年在雅典举行的第 28 届奥运会以 377.5 千克获 85 千克级铜牌。他曾 10 余次打破世界纪录并获世界冠军,是首位获得 3 金 1 铜奥运会举重奖牌的运动员。

6. 卡基亚什维利斯

卡基亚什维利斯 1969 年出生于前苏联格鲁吉亚。1992 年在第 25 届奥运会上,他代表独联体以总成绩 412.5（177.5＋235）千克夺得 90 千克级冠军。1994 年他移居希腊。1996 年在第 26 届奥运会上他代表希腊以 420（185＋235）千克的总成绩获 99 千克级金牌,2000 年在第 27 届奥运会上以 405（185＋220）千克的总成绩夺得 94 千克级冠军。他曾多次打破世界纪录并获世界冠军。

7. 哈里尔·穆特鲁

哈里尔·穆特鲁,世界纪录创造者,3 届奥运会冠军。1974 年出生于土耳其。1996 年获奥运会 54 千克级金牌。2000 年获奥运会 56 千克级冠军,成绩为 305（137.5＋167.5）千克。2004 年在第 28 届奥运会上以 295 千克再获 56 千克级冠军。他曾 20 余次打破世界纪录,10 余次获世界冠军。

8. 伊林·伊利亚

伊林·伊利亚,哈萨克斯坦运动员,世界纪录创造者,两届奥运会冠军。出生于 1988 年,身高 1.75 米。2005—2011 年先后获世界举重锦标赛 85 千克级、94 千克级冠军,多次创造世界纪录。2008 年在北京举行的第 29 届奥运会上以

406（180+226）千克的成绩获 94 千克级冠军；2012 年在伦敦举行的第 30 届奥运会上以 418（185+233）千克的总成绩蝉联 94 千克级的冠军。

9. 陈镜开

陈镜开 1935 年出生，广东人，1956 年 6 月 7 日在上海举行的"中、苏举重友谊赛"中，以 133 千克的成绩，打破美国运动员温奇保持的最轻量级（56 千克级）挺举 132.5 千克的世界纪录，成为第一位创造世界纪录的中国运动员。1956—1964 年，他又先后 8 次打破挺举世界纪录。1979 年当选为中国举重协会主席。1987 年 11 月，国际奥委会授予他奥林匹克铜质勋章，以表彰他为发展奥林匹克运动做出的贡献。

10. 曾国强

曾国强 1964 年出生，广东人，中国第一位奥运会举重金牌获得者。1984 年在第 23 届奥运会上以 235 千克的总成绩获 52 千克级冠军。

11. 吴数德

吴数德 1959 年出生，广西南宁人。1979 年 11 月 3 日在第 33 届世界举重锦标赛上，以 110 千克的成绩获 52 千克级抓举金牌，成为中国第一位举重世界冠军。先后多次打破抓举世界纪录。1984 年在第 23 届奥运会比赛中以 267.5（120+147.5）千克的成绩夺得 56 千克级冠军。

12. 陈伟强

陈伟强 1958 年出生，广东省东莞人，1979 年 6 月 7 日在上海创造了 56 千克级挺举 151.5 千克的世界纪录。同年再破挺举世界纪录。1984 年在第 23 届奥运会上以 282.5（125+157.5）千克获 60 千克级冠军。

13. 姚景远

姚景远 1958 年出生，辽宁营口人。1984 年 8 月 2 日在第 23 届奥运会上以 320 千克的成绩获 67.5 千克级冠军。

14. 唐灵生

唐灵生出生于 1971 年，广西人。1995 年在广州举行的世界锦标赛上以

167.5 千克的成绩获 59 千克级挺举金牌。1996 年在第 26 届奥运会上以 307.5（137.5＋170）千克的总成绩获 59 千克级冠军，并打破总成绩世界纪录。

15. 占旭刚

占旭刚出生于 1974 年，浙江开化人。1995 年在广州举行的第 67 届男子世界举重锦标赛上以 347.5 千克的成绩获 70 千克级总成绩冠军。1996 年在第 26 届奥运会上以 357.5（162.5＋195）千克的成绩获 70 千克级冠军，并打破抓举、挺举及总成绩世界纪录。2000 年 9 月在第 27 届奥运会上以 367.5 千克成绩获 77 千克级冠军。成为中国首位两届奥运会举重冠军。

16. 石智勇

石智勇出生于 1980 年，福建龙岩人。2004 年 8 月在第 28 届奥运会上以 325（152.5＋172.5）千克的成绩获 62 千克级金牌。2005 年获世界举重锦标赛 69 千克级抓举、挺举、总成绩冠军。

17. 张国政

张国政出生于 1974 年，福建顺昌县人。2000 年获第 27 届奥运会 69 千克级第 4 名，2002 年获世界锦标赛挺举、总成绩冠军，2003 年以 197.5 千克打破挺举世界纪录，同年获世界锦标赛 69 千克级 3 项冠军。2004 年在雅典举行的第 28 届奥运会上以 347.5（160＋187.5）千克的总成绩获 69 千克级金牌。

18. 龙清泉

龙清泉出生于 1990 年 12 月 3 日，湖南人。2008 年 8 月 10 日在第 29 届奥运会 56 千克级比赛中，以 292（132＋160）千克获金牌。2009 年获世界举重锦标赛 56 千克级冠军。

19. 张湘祥

张湘祥出生于 1983 年 7 月 16 日，福建人。2000 年获第 27 届奥运会 56 千克级铜牌。2008 年 8 月 11 日在第 29 届奥运会 62 千克级比赛中以总成绩 319（143＋176）千克获金牌。

20. 廖辉

廖辉出生于 1987 年 10 月 5 日，湖北仙桃人。2008 年 8 月在第 29 届奥运会 69 千克级比赛中，以总成绩 348（158＋190）千克获金牌。2009 年获世界举重锦标赛 69 千克级冠军。

21. 陆永

陆永出生于 1986 年 1 月 1 日，广西人。2008 年 8 月 15 日在第 29 届奥运会 85 千克级比赛中，以 394（180＋214）千克获金牌。

22. 林清峰

林清峰出生于 1989 年，福建人。2012 年在伦敦举行的第 30 届奥运会上，以 344（157＋187）千克的总成绩获 69 千克级冠军。

23. 吕小军

吕小军出生于 1984 年 7 月 27 日，湖北人，在 2012 年奥运会上以 379（175＋204）千克的成绩获 77 千克级冠军并打破总成绩世界纪录。

二、女子选手

1. 杨霞

杨霞出生于 1977 年，湖南人，中国第一位女子举重奥运会冠军。2000 年在悉尼举行的第 27 届奥运会上以总成绩 225（100＋125）千克的成绩获 53 千克级金牌，并打破 3 项世界纪录。

2. 陈晓敏

陈晓敏出生于 1977 年，广东鹤山人。2000 年 9 月在第 27 届奥运会举重比赛中以总成绩 242.5（112.5＋130）千克获 63 千克级冠军。

3. 林伟宁

林伟宁出生于 1977 年，山东人。2000 年在第 27 届奥运会上以总成绩 242.5

（110＋132.5）千克获 69 千克级冠军。

4. 丁美媛

丁美媛出生于 1979 年，辽宁人。2000 年 9 月在第 27 届奥运会上以总成绩 300（135＋165）千克获＋75 千克级冠军。

5. 陈艳青

陈艳青出生于 1979 年，江苏人，1997 年、1999 年获世界锦标赛冠军。2004 年以 237.5（107.5＋130）千克的总成绩获第 28 届奥运会 58 千克级冠军。2008 年 8 月 11 日在北京举行的第 29 届奥运会上以 244（106＋138）千克的总成绩再获 58 千克级冠军。

6. 刘春红

刘春红出生于 1985 年，山东人。两届亚运会冠军，两届奥运会冠军。2004 年在第 28 届奥运会上以 275（122.5＋152.5）千克获 69 千克级冠军。2008 年 8 月 13 日在第 29 届奥运会上以 286（128＋158）千克再获 69 千克级冠军。刘春红先后 30 余次打破世界纪录，是创举重世界纪录最多的女运动员之一。

7. 唐功红

唐功红出生于 1979 年，山东人。2004 年 8 月在雅典举行的第 28 届奥运会比赛中荣获＋75 千克级冠军。

8. 陈燮霞

陈燮霞出生于 1983 年，八一队运动员。2008 年 8 月 9 日在北京举行的第 29 届奥运会上以 212（95＋117）千克的总成绩获 48 千克级冠军。

9. 曹磊

曹磊出生于 1983 年，吉林运动员。2008 年 8 月 15 日在北京举行的第 29 届奥运会上以 282（128＋154）千克的总成绩获 75 千克级冠军。

10. 张美兰

张美兰出生于 1983 年 10 月 9 日，韩国运动员。2004 年在第 28 届奥运会上以 302.5（130+172.5）千克获+75 千克级银牌。2008 年 8 月 16 日在第 29 届奥运会上以 326（140+186）千克获+75 千克级冠军，并 5 次打破抓举、挺举及总成绩世界纪录。

11. 王明娟

王明娟出生于 1985 年，湖南人。先后多次获世界锦标赛冠军并创造世界纪录。2012 年在第 30 届奥运会上以总成绩 205（91+114）千克获女子 48 千克级冠军。

12. 李雪英

李雪英出生于 1990 年，河南人。2012 年在第 30 届奥运会上以总成绩 246（108+138）千克获女子 58 千克级冠军。

13. 周璐璐

周璐璐生于 1988 年 3 月 19 日，山东人。2012 年在第 30 届奥运会上以 333（146+187）千克的总成绩获 75 千克以上级冠军并创造总成绩世界纪录。

三、国际举重联合会官员

1. 朱莱斯·罗塞（Jules Rosset）

朱莱斯·罗塞，男，前国际举重联合会主席。1878 年出生于瑞士，后到巴黎并加入了法国籍。他曾经是一位成绩突出的摔跤运动员，1914 年在他的大力倡导和努力下，成立了法国举重（重竞技）联合会并担任主席。他先后于 1920 年 8 月—1937 年 9 月、1946 年 10 月—1952 年 7 月任国际举重联合会主席，领导世界举重运动达 23 年。1952—1956 年任国际举重联合会名誉主席。1973 年 3 月 18 日逝世，享年 95 岁。

2. 克拉伦斯·约翰逊（Clarence H Johnson）

克拉伦斯·约翰逊，男，前国际举重联合会主席，1906 年出生于美国。1933 年起，他先后担任美国举重协会司库和执委，后任美国举重联合会主席 11 年，并任泛美举重联合会主席近 20 年，后任泛美举重联合会终身名誉主席。1960—

1972 年任国际举重联合会主席。1972—1992 年任国际举重联合会副主席。他担任国际举重联合会官员长达 42 年,为国际举重运动的发展做出了努力。

3. 哥特弗雷德·肖德尔（Gottfried. Schodl）

哥特弗雷德·肖德尔,男,前国际举重联合会主席,1924 年出生于奥地利的维也纳,先后从事过举重训练,担任过编辑和体育经理。1964 年当选为国际举重联合会执委,1968 年当选为国际举重联合会副主席,1972—2000 年任国际举重联合会主席。

4. 塔马什·阿让（Tamas Ajan）

阿让·塔马什,男,前国际举重联合会秘书长,现任国际举重联合会主席,1939 年出生于匈牙利,能讲英语、俄语,并获政治学博士学位。1983 年成为匈牙利国家青年与体育部副部长。1970—1976 年当选为国际举重联合会副主席,1976 年 7 月—2000 年 12 月任国际举重联合会秘书长,2000 年 12 月当选为国际举重联合会主席。阿让也是匈牙利国家奥委会秘书长,国际奥委会委员,国际体育联合会副主席。

5. 马文广

马文广,男,国际举重联合会秘书长,1956 年出生于中国山东省菏泽市。1972 年开始从事举重训练,先后多次打破亚洲纪录。2003 年至今任中国举重协会主席,2005 年 3 月当选为国际举重联合会副主席,2009 年当选为国际举重联合会秘书长。

附录二　举重专业英语摘要

1. Terms and expressions	1. 术语和词句
IWF (International Weightlifting Federation)	国际举重联合会
AWF (Asian Weightlifting Federation)	亚洲举重联合会
CWA (Weightlifting Association of the People's Republic of China)	中国举重协会
weightlifting competition	举重竞赛
World (Asian) Weightlifting Championships	世界（亚洲）举重锦标赛
Junior World Weightlifting Championships	世界青年举重锦标赛
drawing lots	抽签
lot number	签号
scale	磅秤
doping control room	兴奋剂检查室
training hall	训练馆
competition hall	比赛馆
2. Weightlifting apparatus	2. 举重器材
bar (bell)	横杠（铃）
barbell	杠铃
discs (plates)	杠铃片
collar	卡箍
sleeves	套筒
kilograms	千克
platform	举重台
electronic referee light signal system	电子裁判灯光信号系统
timing clock	计时器
red light	红灯，失败
white light	白灯，成功
squat rack	深蹲架
press bench	卧推凳
score display board	计分显示牌

续表

record board	记录牌
magnesium	镁粉，氧化镁
magnesium powder box	镁粉盒
eolophony powder	松香粉
lifting belt	举重皮带（腰带）
bandages	绑带
plaster	胶带
leather wrist	皮护腕
colo（u）r	颜色
25kg red	25千克红色
20kg blue	20千克蓝色
15kg yellow	15千克黄色
10kg green	10千克绿色
5kg white	5千克白色
2.5kg red	2.5千克红色
3.（competition）officials	3.（竞赛）官员
IWF executive board	国际举重联合会执委
president（chairman）	主席
general secretary	秘书长
assistant secretary	副秘书长
technical committee	技术委员会
medical committee	医务委员会
scientific and research committee	科研委员会
competition secretary	竞赛秘书
technical controller	技术监督
chairman of the jury	仲裁委员会主席
jury member	仲裁委员
coach	教练员
Weightlifter（lifter）	举重运动员
chief referee	主裁判
side（left-side, right-side）referee	侧裁判（左侧，右侧）
doctor on duty	值班医生（医务监督）
referee card（licence）	裁判证（执照）

续表

loader	加重员
marshal	检录员
scorer	记录员
Time keeper	计时员
announcer	报告员，广播员
4. Lift and movement	4. 举式与动作
snatch	抓举
clean and jerk	挺举
power snatch	高抓
split jerk	箭步挺
powerlifting	力量举
squat (back squat)	深蹲（后深蹲）
front squat	前深蹲
half squat	半蹲
power jerk	半挺
press	推举
standing clean	高翻
dead lift	硬拉，硬举
Pulling	提铃（拉）
press behind neck	颈后推
jerk from the rack	架上挺
power jerk	借力挺
jerk press	借力推
abdominal curl	仰卧起坐
two-hand curl	双手弯举
peak power; maximun force	最大力量
first pull	第一次发力
second pull	第二次发力
assitance movement	辅助动作
assitance exercise	辅助练习
lifting costume	举重服
lifting boots	举重鞋
press from the bench	卧推

续表

method of grip	握法
hook grip	锁握
thumbs around grip	普通握
pmnated grip	正握
under grip	反握
ahemate grip	正反握
broad grip (narrow grip)	宽握（窄握）
squat snatch (squat clean)	下蹲抓（下蹲翻）
competition order	比赛顺序
result sheet (result book)	成绩单（成绩册）
first (1st, 2nd, 3rd) attempt	第1（第1，2，3）次试举
record lift	破纪录的试举
down	放下
good lift (no lift)	成功（失败）
result of snatch (C&J)	抓举（挺举）成绩
result of total	总成绩
zero	零分
incease (decrease) weight	增加（减少）重量
add	加（加重）
form (card, list)	表格（卡片，一览表）
competitor's card	运动员卡片，赛员卡
pass for the warming up room	准备活动室出入证
competition protocal	竞赛纪录表
record certificate	破纪录证书
group	组
incorrect movement	犯规动作
pulling form the hang	悬垂式提铃
pause	停住，间歇

附录三　举重运动大事记

时间	事件
公元前 550 年—公元前 500 年	1. 古代中国出现举关（举重）练习力量的形式 2. 古希腊出现举重活动记载
公元前 475 年	古代中国出现扛鼎的举重活动
公元前 307 年	秦武王举鼎绝膑
公元前 206 年—公元 220 年	1. 西汉时期出现举手鼎、转石、舞轮、翘关等新的举重形式 2. 中国汉代设"鼎官"负责扛鼎事宜，胜者封为"武力鼎士" 3. 汉代"百戏"中出现举重活动，并有翘关、扛鼎等举重表演 4.《后汉书》"逸民列传·梁鸿篇"载：孟光"力举石臼"。这是女子举重的最早记载
702 年	唐朝设置武举。翘关、负重为武举取士考试项目
960—1279 年	宋代临安民间举重表演中出现"掇石礅"项目
1368—1644 年	1. 明朝承唐宋武举制选拔武官，并以举石、舞刀、负重为选士项目 2. 明朝出现举石担的举重练习形式
1644—1901 年	清代实行武举制，并以开弓、武刀、掇石为考试项目
1800—1911 年	1. 中国出现举石锁的练习形式 2. 清代民间杂技艺术中，有与举重有关的表演项目，如"千斤石""五花飞石"等
18 世纪末	竞技举重开始兴起，最初盛行于欧洲。在伦敦的音乐厅和马戏班里，经常有大力士表演各种举重活动
1882 年	英国《体育生活》杂志在伦敦组织了"世界举重冠军赛"
1891 年	第 1 届世界举重锦标赛在伦敦举行
1896 年	第 1 届现代奥林匹克运动会在雅典举行，举重为正式比赛项目。比赛不分体重级别，竞赛动作为单手举或双手任意举
1899 年	举重竞赛动作改为双手推举、双手抓举和双手挺举
1905 年	1. 1905 年 6 月 10 日，国际举重联合会（IWF）在德国杜伊斯堡成立 2. 举重比赛级别分为轻量级（70 千克级）、中量级（80 千克级）和重量级（80 千克以上级）

续表

时间	事件
1910 年	1. 举重级别分为 4 个，增加了次轻量级（60 千克级） 2. 纽伦堡人卡斯·贝格在法兰克福体育游戏展览会上首次展出了片杠铃
1920 年	举重级别分为 5 个，增加了轻重量级。分别为次轻量级（60 千克级）、轻量级（67.5 千克级）、中量级（75 千克级）、轻重量级（82.5 千克级）和重量级（82.5 千克以上级）
1922 年	竞赛动作改为单手抓举、单手挺举、双手推举、双手抓举和双手挺举 5 项
1928 年	竞赛动作改为双手推举、双手抓举、双手挺举 3 种，沿用至 1973 年
1929 年	上海精武体育会设置了一副铁制杠铃，现代竞技举重在中国开展
1931 年	第一本宣传举重健身运动的杂志在上海出版（《健力美》，赵竹光主编）
1935 年	1935 年 6 月 25 日中国加入国际举重联合会
1936 年	中国派出 3 名男子（黄社基、沈良、翁康庭）参加在柏林举行的第 11 届奥运会举重比赛
20 世纪 40 年代	美国开始举办女子举重比赛
1947 年	举重级别分为 6 个，增加了最轻量级（56 千克级）
1948 年	中华民国第 7 届运动会在上海举行，女子举重为表演项目
1951 年	举重级别分为 7 个，增加了次重量级（90 千克级），重量级体重限度改为 90 千克以上
1956 年 6 月 7 日	陈镜开在上海以 133 千克的成绩打破 56 千克级挺举世界纪录，举重成为中国体育史上第一个创造世界纪录的项目
1958 年	中国宣布退出国际举重联合会
1969 年	举重级别分为 9 个，增加了次最轻量级（52 千克级）和特重量级（110 千克以上级），重量级体重限度改为 90.01 千克到 110 千克
1973 年	1. 竞赛动作改为抓举、挺举两项。推举比赛取消 2. 中国加入亚洲举重联合会
1974 年	国际举重联合会恢复中国的合法席位
1977 年	举重级别分为 10 个，增加 100 千克级
1979 年	吴数德获世界锦标赛 52 千克级抓举金牌，成为中国第一位举重世界冠军
1984 年	1. 曾国强、吴数德、陈伟强、姚景远分别获奥运会 52、56、60、67.5 千克级冠军 2. 女子举重列入世界比赛并设 9 个级别，即 44、48、52、56、60、67.5、75、82.5、+82.5 千克级
1987 年	中国获第 1 届世界女子举重锦标赛 22 项冠军，并创造 22 项世界纪录，蔡军为中国夺得第 1 个女子举重世界冠军

续表

时间	事件
1993年	国际举重联合会将男子级别改为54、59、64、70、76、83、91、99、108、+108千克级，女子改为46、50、54、59、64、70、76、83、+83千克级
1996年	中国队唐灵生、占旭刚分别获奥运会59千克级冠军，70千克级冠军
1998年	男女举重级别从19个减到15个，即男子设56、62、69、77、85、94、105、+105千克级，女子设48、53、58、63、69、75、+75千克级
2000年	1. 女子举重成为奥运会比赛项目 2. 杨霞、陈晓敏、林伟宁、丁美媛分别获奥运会女子53、58、63、+75千克级冠军；占旭刚获奥运会男子77千克级冠军，成为中国举重首位两届奥运会冠军
2004年	中国队在第28届奥运会上获5枚金牌：石智勇、张国政分别获男子62、69千克级冠军；陈艳青、刘春红、唐功红分别获女子58、69、+75千克级冠军
2005年	国际举重联合会实行"1千克"技术规则
2008年	1. 中国首次承办奥运会举重比赛 2. 中国队在北京举行的第29届奥运会上荣获8枚金牌：龙清泉、张湘祥、廖辉、陆永分别获男子56、62、69、85千克级冠军；陈燮霞、陈艳青、刘春红、曹磊分别获女子48、58、69、75千克级冠军
2009年	中国举重协会主席马文广首次当选为国际举重联合会秘书长
2012年	1. 中国队在伦敦举行的第30届奥运会上荣获5枚金牌：林清峰、吕小军分别获男子69、77千克级冠军；王明娟、李学英、周璐璐分别获女子48、58、+75千克级冠军 2. 举重运动在世界广泛开展，国际举重联合会有会员协会189个

参考文献

[1] 杨世勇. 女子举重史话 [N]. 中国体育报，1987-03-21.

[2] Mihal Aptaker. The History of World Weightlifting Championships [J]. World Weightlifting, 1983 (2).

[3] 体育学院通用教材 举重 [M]. 北京：人民体育出版社，1991：17.

[4] Gottfried Schodl. The Lost Past—A Story of The International Weightlifting Federation [M]. The International Weightlifting Federation，1992.

[5] 钱光鉴、杨世勇. 中国举重运动史 [M]. 武汉：武汉出版社，1996：19.

[6] 傅起凤、傅腾龙. 中国杂技 [M]. 天津：天津科技出版社，1983：148.

[7] 杨世勇. 奥运会举重冠军成绩增长规律的年龄特征研究 [J]. 成都体育学院学报，1999 (1).

[8] 郭廷栋. 竞技举重运动 [M]. 北京：人民体育出版社，1990.

[9] 沃罗比耶夫. 现代训练的某些构想 [J]. 郭廷栋，译.体育与科学，1981 (2).

[10] 德沃尔金. 不同年龄肌肉力量和速度力量素质的变化 [J]. 彭可洗，译. 中国体育科技，1986 (6).

[11] 李岳生. 静力练习法发展肌肉力量的生物学基础与实践运用 [J]. 中国体育科技，1981 (1)：35.

[12] 多勃雷夫. 举重运动员的力量、战术和意志训练 [J]. 郭金荣，译. 中国体育科技，1984 (24).

[13] 黎涌明. 论核心力量及其在竞技体育中的训练、起源、问题、发展 [J]. 体育科学，2008 (4).

[14] David Webster.The Iran Game-An Illustrated of Weightlifting [M]. Great Britain，1976.

[15] Gottfried Schodl. The Lost Past-A Story of the International Weightlifting Federation [M]. IWF.Hungary，1992.

[16] Ture Widlund.Weightlifting at the Olympic Games 1896—1988 [M]. IWF. Hungary，1989.

[17] Yang shiyong. Resarch on the Age Characteristics of Olympic Champions in Men Weightlifting. Proceedings of 2004. Pre-Olympic Congress. Volume 1—2. Aristotle University of Thessaloniki, Greece.

[18] Yang shiyong. A Brief History of Weightlifting in Ancient China. Asian Weightlifting [J]. The Asian Weightlifting Federation.Singapore, 1996 (4).

[19] International Weightlifting Federation HANDBOOK 2013-2016 [M]. Hungary: IWF. 2013.

[20] Yang shiyong.Research on the Age Characteristics of the Olympic Champions in Womem Weightlifting [C]. ICSEMIS 2012 International Convention on Science, Education & Medicine in Sport. Final Programme: 132. Glasgow, United Kingdom.

[21] Yang shiyong.Research on Chinese Weightlifting Make More Glorious Achievements [C]. ICSEMIS 2012 International Convention on Science, Education & Medicine in Sport. Final Programme: 142. Glasgow, United Kingdom.

[22] 杨世勇. 中国举重史 [M]. 成都: 成都体育学院, 1987.

[23] 杨世勇, 董生辉, 钱光鉴, 等. 举重世界纪录和奥运会举重概览 [M]. 成都: 四川省科学技术出版社, 2007.

[24] 钱光鉴, 杨世勇. 中国举重运动史 [M]. 武汉: 武汉出版社, 1996.

[25] 钱光鉴, 杨世勇. 举重手册 [M]. 北京: 人民体育出版社, 1996.

[26] 钱光鉴、杨世勇. 亚洲举重史 [M]. 北京: 人民体育出版社, 1996.

[27] 杨世勇. 体育科研方法概论 [M]. 北京: 人民体育出版社, 2006.

[28] 杨世勇, 李遵, 唐照华, 等. 体能训练学 [M]. 成都: 四川省科学技术出版社, 2002.

[29] 唐思宗, 杨世勇. 身体训练学 [M]. 成都: 四川科学技术出版社, 1992.

[30] 杨世勇. 体育科研方法论 [M]. 成都: 成都科技大学出版社, 1989.

[31] 万德光. 现代力量训练法 [M]. 北京: 北京体育大学出版社, 1988.

[32] 钱光鉴, 杨世勇. 举重经典手册 [M]. 济南: 山东电子音像出版社, 2008.

[33] 于学岭、杨世勇, 等. 一百位体育世界冠军 [M]. 北京: 中国青年出版社, 1994.

[34] 杨世勇. 中国体育为何强大 [N]. 马来西亚.CHINA PRESS (中国报), 2002-11-29.

[35] 杨世勇.奥运会举重冠军成绩增长规律的年龄特征研究 [J].体育科学，1999（1）.

[36] 杨世勇，张婕，杨棠勋，等.第29届奥运会举重比赛的调研 [J].中国体育科技，2009（2）.

[37] 杨世勇.优秀举重运动员减体重战术的研究 [J].成都体育学院学报，2003（4）.

[38] 王清.力量训练研究综述 [J].中国体育科技，1989（3）.

[39] 杨世勇，等.论发展举重运动员最大力量的训练方法 [J].成都体育学院学报，1992（3）.

[40] 王宝成，等.EMS技术在国家举重队奥运攻关与科技服务中的应用研究 [J].北京体育大学学报，2001（2）.

[41] 郭庆芳，等.从举重运动员的肌力与肌电的关系看其力量训练的特点 [C].1981年中国运动医学学术会议论文汇编，1981.

[42] 杨世勇.提高举重运动员比赛成功率的探索 [J].成都体育学院学报，1999（4）.

[43] 杨世勇、唐照华.举重创破世界纪录的历史探索 [J].成都体育学院学报，1995（4）.

[44] 杨世勇.世界举重大赛获奖牌国家的情况分析 [J].成都体育学院学报，1995（1）.

[45] 杨世勇.历年创举重世界纪录的国家（地区）述评 [J].中国体育科技，1994（12）.

[46] 万德光、万猛.现代力量训练 [M].北京：人民体育出版社，2003.

[47] 刘北湘.运动生物力学——运动技术分析与评价 [M].成都：四川科学技术出版社，2008.

[48] 杨世勇.第27届奥运会中国女子举重述评 [J].成都体育学院学报，2000.6.

[49] 杨世勇.举重运动史略 [J].体育与科学，1987（6）.

[50] 杨世勇，钱光鉴，张婕.优秀男子举重运动员专项体能评价指标体系的综合研究 [J].成都体育学院学报，2012（10）.

[51] 杨世勇.保加利亚举重训练法在我国的试用 [J].成都体育学院学报，1985（1）.

[52] 杨世勇，张婕，杨棠勋，等. 力拔千斤——重竞技运动［M］. 北京：世界图书出版公司，2010.

[53] 杨世勇. 中国举重再续辉煌的研究［J］. 成都体育学院学报，2009（11）.

[54] 黄强辉. 谈举重训练方法的改革［J］. 中国体育科技，1984（21）.

[55] 福尔纳杰夫，阿巴杰耶夫. 谈保加利亚举重运动员的训练［J］. 郭廷栋，译. 中国体育科技，1983（25）.

[56] 多勃雷夫. 举重运动员的力量、战术和意志训练［M］. 索菲亚体育与运动出版社，1983（保加利亚文版）.

[57] 王云德，等. 举重技术的生物力学特征［J］. 体育科学，1984（4）.

[58] 李岳生，齐世闻. 上挺动作的动力学特征与技术分析［J］. 中国体育科技，1981（27）.

[59] 杨世勇. 浅谈中国古代的举重运动［J］. 四川体育科学学报，1983（4）.

[60] 杨世勇. 体育院校通用教材 体能训练［M］. 北京：人民体育出版社，2012.